JD38.201401

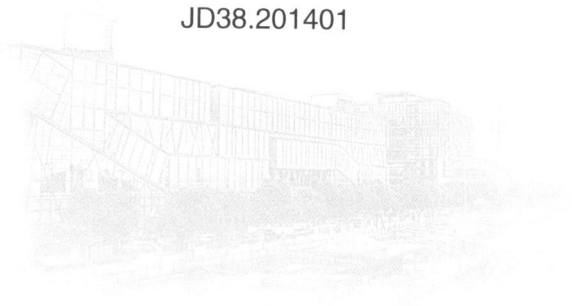

基于产业视角的宁波城市经济研究

JIYU CHANYE SHIJIAO DE
NINGBO CHENGSHI JINGJI YANJIU

许继琴　等著

ZHEJIANG UNIVERSITY PRESS
浙江大学出版社

前　　言

我国经济发展正在进入以城市经济为主导的新阶段。2014年,我国第三产业占GDP的比重达到48.2%,高于第二产业5.6个百分点,显示出经济由工业主导向服务业主导加快转变;城镇化率达到54.77%,进入城镇化快速发展的中后期,以城市群为主体的城市空间形态将成为主导形态。以城市为载体、以服务业为主导的城市经济在我国经济中的地位日益重要。

改革开放以来,宁波区域经济快速发展,产业结构升级加快。2014年,全市服务业增加值占GDP的比重达到44.6%,服务业占比稳步提升,但仍相对偏低,占地区生产总值50%以上的第二产业发展日益受到要素、环境的约束;宁波城市建设快速推进,中心城市建成区规模快速扩大,城市空间拓展、景观美化等取得显著成效,但功能提升还需加速。城市经济正在成为宁波区域经济发展的重点领域,城市经济的发展速度与质量关系到未来宁波区域的发展,以及宁波城市在全省经济格局、长三角城市群中的地位。但城市经济如何发展,对于一个长期专注于以临港工业为优势的宁波来说,是个相对陌生的领域,迫切需要理论的指导、经验的借鉴。因此,开展系统的、基于城市经济学理论研究的宁波城市经济发展研究,具有十分重要的现实意义。

城市经济可以从多个视角切入进行研究,考虑到宁波城市空间形态的规划已经完成,宁波城市建设在空间拓展与楼宇建设等方面已经取得显著成效,当前与未来的主要问题在于集聚企业、发展产业、提升城市功能,我们的研究从产业视角切入。基于产业视角的城市经济研究需要考虑到城市的个性特征。宁波城市经济是基于港口基础上的港口城市的城市经济,也是宁波作为长三角城市群区域中心城市的城市经济。我们关于宁波城市经济的研究分两大部分。第一部分是基于宁波港口城市和全球城市区域核心城市的城市经济理论探讨,包括第一章理论层面的城市经济及其产业特征的探讨;第二章在港口城市产业特性理论探讨基础上的国内外港口城市经济发展历程的梳理与比较;第三章在全球城市区域核心城市产业特性理论探讨基础上的长三角区域核心城市产业发展比较。第二部分是实证层面的宁波城市产业发展研究,第四章在服务业主导产业选择理论探讨的基础上,就宁波市服务业主导产业选择进行了定性与定量相结合的系统分析;第五章至第八章选择宁波城市经济中的主导产业和新兴产业进行专题研究。

宁波市区域经济研究基地以宁波大学区域经济学、产业经济学硕士点为依托,长期跟踪、从事港城经济的研究。此次从产业视角切入的宁波城市经济研究是我们长期研究方向中的一次针对现实问题的研究尝试,希望得到大家的批评与指正。

作　者

2015 年 8 月

目　　录

第一章　城市经济及其产业特征

宁波是一个港口城市,也是一个世界级城市群(全球城市区域)中的区域核心城市,宁波城市经济的发展既遵循城市经济发展的一般规律,也受港口城市、世界级城市群(全球城市区域)核心城市的城市经济发展规律的影响。因此,梳理城市经济、港口城市经济、世界级城市群中的城市经济及其产业特征,可为后续的宁波城市经济发展研究提供理论指导。

第一节　城市与城市经济

城市经济作为以城市为空间载体的经济形态,集约性、中心性、开放性、效益性和服务性构成其区别于其他区域类型的几大特征。城市经济的本质特征还在于它的空间集聚性,集聚经济是城市形成和发展的基本力量。

一、城市

依据不同的研究视角,城市有不同的定义与分类;依据不同的空间尺度,城市有不同的空间形态及发展规律。

(一)城市及其分类

城市作为一个综合体,从不同的角度观察会形成不同的认识。国内外学者从经济、社会、地理、历史、生态、军事等不同的视角,对城市的定义进行各种各样的归纳概括。

从经济学的角度来看,城市是商业、工业、金融、信息、旅游文化和各种服务业等非农产业和非农业人口的集聚地,是某一地区或国家生产、消费等经济中心和经济发展的龙头,在区域经济和整个国民经济中居于主导地位。

从社会学和人类学的角度来看,城市是特定的生活社区,是人类聚落的形式之一。由于人口的高度密集,它成为各种制度制定和实施的重要区域,在整个人类活动和社会结构中处于显著的战略要位。

从生态学的角度来看,城市是以人类社会为主体,以地域空间和各种设施为环境的生态系统,这个生态系统是城市社会与城市空间的对立统一体。

从行政管理的角度来看,城市是指国家按行政建制设立的直辖市、计划单列市、地级市和县级市。世界各国都从各自国家社会经济发展情况出发,制定自己国家的城市设置标准,城市设置标准差异较大。大多数国家基本采用居民点人口数量为标准。

综合以上各学科对城市的认识和定位,可以看出,作为非农产业人口集聚的生活社区,城市是集政治、经济、社会、文化发展为一体的节点。对此,城市可以定义为:一定规模及密度的非农业人口集聚地和一定层级或地域的经济、政治、社会和文化中心。其自然本质就是人类为满足自身生存和发展需要创造的人工环境;经济本质就是一种特殊的生产力。

城市本身所独有的成长规律和运行机制,造就城市的个性化特征:在空间载体维度上表现为物质设施的高集中度和环境的高组织化;在人口维度上表现为高度社会性和层次多元性;在经济维度上表现为要素的空间集聚性和规模经济性;在文化维度上表现为高度开放性和高度商业性。

城市可以从多种视角进行分类。按照城市的规模,城市可以划分为特大城市、大城市、中等城市和小城市。《中华人民共和国城市规划法》第四条规定:以市区和近郊区非农业人口计,不满 20 万的为小城市,20 万以上、不满 50 万的为中等城市,50 万以上的为大城市。习惯上,市区和近郊区人口在 100 万以上的,称为特大城市。新的城市规划分类以城区常住人口为统计口径,将城市划分为五类七档。城区常住人口 50 万以下①的城市为小城市,其中 20 万以上 50 万以下的城市为Ⅰ型小城市,20 万以下的城市为Ⅱ型小城市;城区常住人口 50 万以上 100 万以下的城市为中等城市;城区常住人口 100 万以上 500 万以下的城市为大城市,其中 300 万以上 500 万以下的城市为Ⅰ型大城市,100 万以上 300 万以下的城市为Ⅱ型大城市;城区常住人口 500 万以上 1000 万以下的城市为特大城市;城区常住人口 1000 万以上

---

① 　以上包括本数,以下不包括本数。

的城市为超大城市。

按照城市的职能,城市分为综合性城市和专业性城市,专业性城市中城市数量较多的是工业城市、商业城市、资源城市、港口城市、旅游城市等。

(二)城市的空间形态

城市内部在地租规律等的作用下,空间发生有规律变化,形成城市内部的空间结构。城市内部的空间结构可分为城市建成区和城市边缘区两大部分。在城市建成区内部,城市分中心商务区(CBD)、居住区等功能区。规模小的城市往往是单体城市,规模较大的城市则会形成城市副中心,成为多中心的城市。

对于单体城市而言,单体城市的影响区域突破了行政区的范围,产生以城市为中心的城市影响区域(或城市经济区、都市区),这类城市演变成为中心城市。中心城市作为具有强大的辐射力、吸引力和综合服务能力的城市,多指那些具有综合性、多功能的经济中心作用的城市。依据中心城市的辐射能力与范围,中心城市通常拥有全球城市或世界城市、国际区域性中心城市、国家中心城市、国家区域中心城市等多个层级。单体城市所带来的影响区边界具有模糊性、动态性、重叠性和层次性等特征,并且可能出现轮空现象。其空间结构往往呈现出核心区、直接腹地(强影响区)、间接腹地和过渡带的圈层结构。

对于城市化区域而言,在单体城市发展所形成的城市化区域过程中,区域内城市数量增多,彼此的联系日益密切;专业性城市不断向综合性城市转变,单中心城市向多中心城市发展,区域核心城市由单体型城市向飞地型城市转变,等等。对于中国而言,城市矛盾的核心还在于空间效率过低。因此,提升城市有效空间的规模容量,不是简单地扩张其物质空间,而是强化其空间运行效率和运行质量。这构成城市化区域的重大任务,尤其是在京津冀一体化战略提出以后,这种城市化区域更加具有现实意义。

城市在发展过程中分化、组合形成城市群,当前城市群发育最完善的城市空间形态是都市密集区(大都市带,megalopolis)或大都市连绵带(见图1-1)。大都市带作为许多都市区首尾相接组成的巨大城市地域复合体,需具特定的前提条件,才能合理形成和高效率发展。法国地理学家戈德曼在1957年提出的大都市带必备的条件包括:区域内有比较密集的城市;有相当多的大城市形成各自的都市区,核心城市与都市区外围的县有着密切的社会经济联系;有联系方便的交通走廊把这些核心城市连接起来,使各个都市区首尾

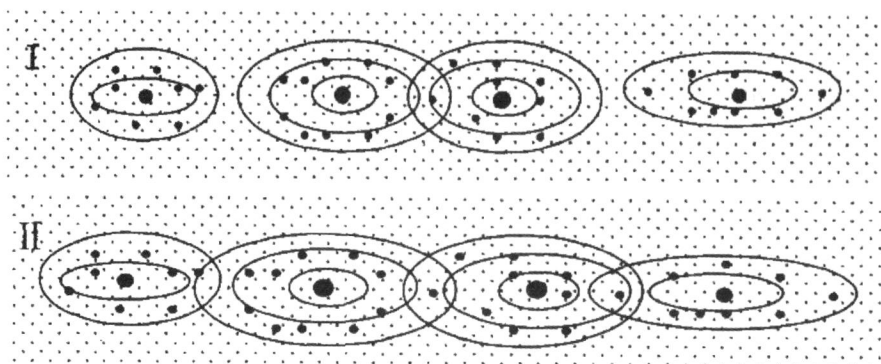

图 1-1 大都市带的空间形态示意

连接没有间隔,都市区之间也有密切的社会经济联系;必须达到相当大的总规模(2500 万人);是国家的核心区域,具有国际交往枢纽的作用。20 世纪80 年代初,戈德曼大都市带理论被引入中国后,国内对于城市群的理论与实证研究逐步开展起来,目前中国已形成长三角、珠三角和环渤海三大成熟的城市群和辽中南、山东半岛等区域性的城市群,且在区域经济和城市经济发展中发挥着领衔优势。

二、城市经济

城市经济学作为以城市空间要素利用为研究核心的城市资源配置和城市经济福利最大化的经济科学,重点围绕以集聚经济原理为内核的城市经济力的集聚与扩散及以城市公共产品有效供应为内核的城市经济实际问题两大层面展开分析论证。到底什么是城市经济,其特征又是什么,需要有一个准确的定位。

(一)城市经济的界定

城市经济作为一个独立概念并引起各学科的注意,始于 18 世纪产业革命时期。形成之初,多在理论界使用,并没有引起政府部门的注意。随着技术和产业的进步,第二次世界大战之后,无论是东方城市还是西方城市都处在高速的发展阶段之中,得到城市政府高度重视,外加城市政府管理职能的扩散,城市经济的内涵也发生了重大的演变。逐步实现以城市土地利用和城市空间结构规划为核心的城市经济概念,利用城市地理学、政治经济学等相邻学科拓展城市经济的内涵,并运用城市病的研究和治理理论将此概念的经济含义展现出来。随着时代的发展和经济理论的深入研究,部分学者试着将主流经济学派的逻辑思路融入城市生存和发展的经济学体系中,认为凡是与城市空间的资源利用相关的各种经济问题均可纳入城市经济的概念范畴中,诸如城市土地地租与土地利用、地方政府的经济职能等。在把城市经济问题纳入到主流经济学体系的实践中,逐步形成区别于主流经济学研究对象的城市经济概念。

关于城市经济的概念,周振华认为,城市经济(urban economy)是指由工业、商业等各种非农业部门聚集而成的地区经济。城市经济是以城市为载体和发展空间,二、三产业繁荣发展,经济结构不断优化,资本、技术、劳动力、信息等生产要素高度聚集,规模效应、聚集效应和扩散效应十分突出的地区经济。

这一概念界定中有三个关键点:一是城市经济作为一种空间经济,是"以城市为载体和发展空间"的,体现了城市经济的空间特性;二是城市经济作为空间经济的一种类型,是以二、三产业为主体的,体现了城市经济的产业特性;三是城市经济是"规模效应、聚焦效应和扩散效应十分突出的地区经济",体现了城市经济的集聚特性。

从空间特性看,以城市为载体是明确的,但再细究下来,还有两个问题。问题之一:对于某一特定的城市来说,是这个城市的行政辖区还是城市建成区?鉴于我国当前不少城市的行政辖区包括了大片的农村区域,我们认为,城市经济的空间是城市建成区,是已经成为城市形态的空间范围。问题之二:对于某一区域的城市经济总体来说,包括哪些级别的城市?是包括建制镇以上的所有城市还是仅指某一区域的中心城市?从理论上讲,应该是包括某一区域范围内建制镇以上的所有城市,但出于具体研究项目的需要,可以就某一区域的中心城市作为重点研究对象,尤其是对于中心城市的城市经济占整个区域城市经济总量比重很大的区域。至于城市经济与都市圈经济的区域,有学者认为,城市经济也不同于都市圈经济,都市圈经济实际上是城市群经济,是众多城市经济的集合体;而城市经济是指单个城市所辖的经济。[①] 我们认为,这要取决于如何看待都市圈经济,如果是从都市圈的行政辖区来看,则都市圈经济等同于都市圈范围的区域经济;如果是从都市圈的城市经济视角出发,则都市圈经济是指都市圈中各级各类城市的总体,等同于城市经济,是都市圈范围的城市经济。城市经济可以是单个城市的经

---

① 俞海山:《发挥产业集聚效应　增强宁波城市经济的辐射功能》,《宁波日报》2013 年 8 月 13 日,第 A07 版。

济,也可以是某一区域范围内的城市经济。

(二)城市经济的特征

与城市作为实体空间的特征不同,城市经济作为一种经济形态,具有不同于其他区域类型的特征。

1. 城市经济的集约性

城市经济是各种生产要素高度集聚的结果。这种高度集聚性,使得城市成为经济活动与人口高度密集的区域,城市经济成为高度集约的一种经济形态,表现为人均 GDP、地均 GDP 远高于其他区域类型。

2. 城市经济的中心性

城市是所在区域的中心,辐射、带动区域经济是中心城市的职能和作用所在。由此,城市经济是流量经济,其对外联系强度、对外辐射力是城市经济的重要表现。

3. 城市经济的开放性

城市经济表现为跨区域、跨国界的物流、资金流、信息流和商贸流的有效率活动,成为沟通城乡和国内外联系的纽带,引发出城市经济的开放性。

4. 城市经济的效益性

社会化大生产的合理分工与合作、市场规模的合理化与规范化、公共产品的整体化与系统化可以促使城市经济以较少的投入换取较多的产出,体现集聚经济的效果,实现投入产出的高效益性。

5. 城市经济的服务性

城市是非农产业的集聚地,并且随着社会经济发展阶段的演进,城市经济从经历了商贸经济到工业经济再到服务经济的变化。服务业,尤其是生产性服务业成为城市经济的主体,印证出城市经济的服务性。

(三)相关概念辨识

1. 城市经济与区域经济

区域经济是特定区域的经济活动和经济关系的总和。城市经济是以城市为载体的经济活动和经济关系的总和。

按照前述的城市经济以城市建成区为载体的观点,则城市经济的特殊性在于其空间是城市建成区这一特定的空间形态以及由这一空间形态带来的产业特性和经济运行特性等。从空间的角度看,区域经济的承载体是特定区域,这一区域一般是比较大尺度的空间,最小的尺度也是以某一城市为中心的城市影响区域或城市经济体或都市区,一般的尺度是某一行政区域或跨行政区域的经济区、经济带。作为城市经济载体的城市建成区往往是区域经济空间结构中的中心城市。

由于载体的不同,城市经济与区域经济所关注的问题及研究的理论与方法也就有所不同。城市经济的模型和技术工具主要用来分析一个城市建成区范围内的经济现象。区域经济学讨论比单一城市建成区范围更大的空间区域,其经济特征不同于单一的城市建成区范围内的经济特征。

2. 城市经济与县域经济

县域经济,是以县级行政区划为地理空间,以县级政权为调控主体,以市场为导向,优化配置资源,具有地域特色和功能完备的区域经济。县域经济属于区域经济范畴。县域经济是一种行政区划型区域经济,是以县城为中心、乡镇为纽带、农村为腹地的区域经济。

县域经济和城市经济,作为不同发展阶段的产物,与区域经济社会发展的特定阶段相适应,两者既相互关联、密不可分,又有着明显差异,特别是在经济形态布局、产业结构层次、资源配置方式等方面有较大的不同。①

城市经济不同于县域经济和市域经济,县域经济和市域经济包括农业经济,而城市经济不包括农业经济,这是县域经济和市域经济区别于城市经济的最大差异。②

总体来讲,县域经济和城市经济都是区域经济,但由于空间载体的不同而有较大差异。县域经济是小尺度的行政区经济,产业体系中农业占了较大的比重,空间体系中拥有完整的点线面结构。城市经济以城市建成区为载体,产业体系中几乎不包括农业,空间体系仅是城市内部的空间结构。但县域经济中的以各级城镇为载体的部分也可以是一种类型的城市经济。

第二节　城市经济的产业特征

城市产业决定了城市的职能,城市经济的产业特征因社会经济发展阶段的演进发生着有规律的变化。城市的基础职能决定着城市发展的高度,

---

① 卢子跃:《做大做强城市经济:宁波发展的战略选择》,《宁波经济》(三江论坛)2013年第10期,第3—5页。

② 俞海山:《发挥产业集聚效应　增强宁波城市经济的辐射功能》,《宁波日报》2013年8月13日,第A07版。

作为城市基础职能载体的相关产业是城市经济的主导产业。

一、城市经济中的基础产业与非基础产业

按经济功能和市场的不同,城市产业部门可分为两大类:主要满足城市外部市场需求的产业为输出产业(或基础产业);主要满足城市内部市场需求的产业为地方产业(或非基础产业)。

凡是主要为本市以外地区提供货物和服务的活动及其相应的工业、商业、交通运输业、文化教育和科研、行政、旅游业,均为城市形成、发展的基本因素,并相应产生城市的基本职能,如全国性或地区性的工业企业、交通运输、行政机关、大专院校、文化和科研机构及重要名胜古迹等。

城市的职能和发展规模,主要取决于其基础产业。基础产业强,城市发展繁荣;基础产业弱,城市发展衰落。因此,对于城市的经济发展来说,基础产业起主导作用。城市基础产业的选择与区域主导产业的选择既相同又不同。城市基础产业的选择更偏重于城市发展的区域优势,应是建立在城市发展优势基础上的专门化部门。城市基础产业是城市职能、城市辐射带动力的重要载体,因此,城市基础产业应是具有很强辐射带动力的部门。当然,城市基础产业作为城市的主导产业,直接影响着城市的发展前景,必须是拥有市场空间的需求旺盛的新兴产业部门,是创新部门。

在城市经济分析中,常使用"基础—非基础比率",即城市基础产业部门与非基础产业部门之比,它是表明城市职能结构的一种形式。城市经济增长取决于基础产业部门和非基础产业部门的比例,这一比例越高,城市经济增长率就越高。这种增长机制可以采用对城市劳动的需求来实现。对城市劳动的总需求来自两类活动:一是以来自城市之外的需求为对象的城市基础部门,生产输出产品;二是为满足城市自身的多种需求的地方产业,可称之为非基础部门。所以,对于"基础—非基础比率"也可以用这两类活动的经济收入或就业人口之比求得。

非基础产业部门一方面能够为基础产业部门提供产品和劳务,另一方面也能够为城市本地需求服务,维持城市的正常运行,是城市经济的基础,但不是城市发展的决定性力量。

二、城市经济的三次产业结构

从动态视角看,城市经济的产业结构是一个不断调整、变化的过程,从世界城市经济发展的历史看,都经过了工业经济向服务业经济转型的过程。世界不少城市,如纽约、伦敦、东京、巴黎等在 20 世纪 70 年代或之前就完成

了由制造型经济向服务型经济的转变。尤其是高端服务业在这些区域制造业衰败过程中的快速发展,使国际化大都市成为现代服务业的"领头羊"。这种产业转型,既是三次产业演进的必然规律,也是城市经济自身发展的客观要求,反映了城市产业结构的不断提升。[①]

工业化以前的城市多是商贸城市,商贸业及相关的交通运输业等是城市的主导产业。从三次产业结构来看,城市的产业结构以第三产业为主。

工业化过程中的城市,工业企业的集聚是城市发展的主动力,工业在城市经济中占有较重要的地位,工业城市、制造业城市增多。从三次产业结构来看,城市的产业结构呈现出二、三产业并重形态。

到了工业化后期,伴随着三次产业结构的演变和区域城市化水平的提升,城市产业结构再次发生变化,服务业,尤其是生产性服务业成为城市的主导产业。从三次产业结构来看,城市的产业结构以第三产业为主。

三、服务业内部的结构演变

第三产业内部的结构演变规律目前尚没有得到公认的理论,但有两个现象十分明显,一是生产性服务业的更快增长和比重的上升;二是新兴服务业部门的涌现和比重的上升。

1975 年,美国经济学家布朗宁和辛格曼在对服务业进行分类时最早提出生产性服务业的概念。生产性服务业是指为保持工业生产过程的连续性、促进工业技术进步、产业升级和提高生产效率提供保障服务的服务行业。它是与制造业直接相关的配套服务业,是从制造业内部生产服务部门独立发展起来的新兴产业,本身并不向消费者提供直接的、独立的服务效用。

现代服务业的增长是以生产性服务业的增长为主要特征的。这一过程在西方大致发生在 1960 年后。OECD(经济合作与发展组织)(2001)使用 1984—1998 年间 OECD 国家面板数据对服务业内部就业结构变动进行多元回归分析。研究表明,20 世纪 90 年代几乎所有 OECD 国家的生产者服务业就业比重都有大幅上升,多数国家的政府公共服务部门、消费者服务业就业比重也有所上升,而流通服务业的比重趋于停滞或下滑。目前,西方发达国家的生产性服务业占服务业的比重多在 50% 以上。

随着产业融合和分工深化,涌现出大量新兴服务业,如软件服务业、数

---

① 俞海山:《发挥产业集聚效应 增强宁波城市经济的辐射功能》,《宁波日报》2013 年 8 月 13 日,第 A07 版。

字出版产业、创意产业、动漫产业等。这些产业的出现及快速增长,正在成为服务业内部结构变化的重要动力。

四、服务业的空间分布

生产性服务业的空间分布,在宏观态势上表现为向大城市集聚,在微观态势上表现为在城市内部扩散。

生产性服务业在不同等级城市的分布是非均衡的,其布局形态对城市系统结构会产生巨大的影响。生产性服务业向大城市的集聚呈现出与城市规模的正相关效应,世界城市、区域性中心城市以及以这些城市为中心的大都市带等,是生产性服务业的最主要集聚地。生产性服务业在向大城市集聚的同时呈现等级扩散态势,沿城市等级空间扩散是生产性服务业空间演进的主要脉络,即生产性服务业总是从大城市向中小城市扩散。

在城市内部,生产性服务业以商务楼宇为载体,呈现出集群化发展格局。中央商务区(CBD)、休闲商务区(RBD)、创意产业园区等专业性商务园区等,是生产性服务业在城市中的主要布局模式。

第三节　城市经济发展原理

城市经济的本质特征就在于它的空间集聚性。因此,集聚经济是城市形成和发展的基本力量。

一、集聚与集聚经济的内涵

集聚是指资源、要素和部分经济活动等在地理空间上的集中趋向与过程。韦伯认为,集聚是指能够使企业获得成本节约的集聚经济,但前提是这种集聚是存在着种种内外联系的工业按一定规模集中布局在特定的地点。

关于集聚经济最早的研究是马歇尔关于"外部经济"的分析。马歇尔在其《经济学原理》中提出,工业之所以在产业区内集聚,除自然条件和宫廷的奖掖之外,获取外部经济是根本原因。马歇尔认为产业集聚的原因是:协同创新的环境,辅助性工业的存在,对有专门技能的劳动的需求与供给,劳动需求结构的不平衡,区域经济的健康发展,以及顾客的便利等。

韦伯从区位的角度论述聚集问题,进而提出"集聚经济"概念的。韦伯的"集聚经济"除了没有强调技术外溢的好处外,与马歇尔的外部经济是高度吻合的。1976年,英国学者巴顿在他的《城市经济学——理论和政策》中指出，"当地理上的紧密接近能为企业与工厂产生外在利益时，就出现了集聚经济效益"。2001年，我国的冯云廷也提出："集聚经济是指经济行为（不仅限于一种产业）在空间上的集中而带来的各种效益。"

与专业化经济相联系的规模经济利益和与多样化经济相关联的范围经济利益是集聚经济内涵中缺一不可的两个方面。集聚经济本质上是一种外部经济，是由聚集规模经济（外部规模经济）和聚集范围经济（外部范围经济）共同作用而形成的一种复合经济。

二、集聚经济的层次

集聚经济有三个层次：第一层次是企业层面的集聚经济，集聚的机制包括企业的区位选择，以及企业层面的规模经济与范围经济；第二层次是产业层面的集聚经济，也称为地方化经济（localization economics），是指同一行业的企业或一组密切相关的产业，由于聚集在一个特定地区，通过产业功能联系所获利的外部经济，也可以称为集群经济，主要的集聚机制包括外部规模经济和范围经济，产业关联和共享经济等；第三层次的城市层面的集聚经济，也称城市化经济（urbanization economics），是指由多个产业向城市地区集中形成的集聚经济，最主要的集聚机制是共享经济和外部经济。

集聚经济的三个层次之间存在着一种功能关系。一方面，低层次的集聚行为是高层次集聚功能的载体；另一方面，高层次的集聚经济对低层次集聚行为具有一定的约束和影响，构成了低层次集聚主体的制度环境。城市集聚经济不仅取决于微观层次上的集聚——企业的规模经济与范围经济，还取决于城市产业的集聚（地方化经济），产业的集聚又必须有物质载体——城市基础设施等，只有这样才能使企业和产业集聚经济转变为城市集聚经济。

三、城市经济的主要集聚机制

由于集聚能够产生集聚经济，所以各种经济活动为追求集聚经济也需要在空间上趋于集中。

（一）区位效应

优势区位的区位利益，即在同样的技术约束下，同样投入的优势区位的厂商比劣等区位的厂商可以获得更高的产出，从而单位产品的成本也就相应降低，利润也就随之提高。由于区位的不可位移，这种区位利益引导厂商作出向优势区位聚集的决策。

区位利益由区位因子和区域条件共同决定。产业布局是产业的区位因子与区域区位条件耦合的结果。区位因子决定了企业的区位指向。作为经济活动选择区位时所表现出的尽量趋近于特定区位的趋向,区位指向成为影响区域空间结构形成和发展的一种重要的、基本的力量。区位指向相同的经济活动往往都趋向于集中在区域内相关资源和要素集中分布的地方。

不同产业在地理空间上的分布主要受其区位指向的制约,并呈现出一定的地理集中趋势。同类企业受区位指向影响而在特定的空间集聚,它是集聚形成的外部因素和基本推动力量。区位指向促进了同类企业的空间集聚。不同产业部门的区位指向可能不同,但当不同区位指向的产业部门的区位在空间上重合时,就会进一步增强空间集聚的规模与程度。

产业的集聚过程实际上是企业区位选择过程。产业的区位指向为产业属性所决定,不同产业的区位指向受产业属性的约束存在明显的差异。对产业区位指向起作用的产业区位因子受产业的技术特征制约,为技术矩阵所决定。

产业的区位指向可分为不同的类型,包括:自然条件和自然资源指向、原料地指向、燃料动力指向、劳动力指向、市场指向、运输指向等。对于服务业来说,劳动力指向、市场指向具有重要地位。

因区位指向相同而形成的集聚,其目的在于充分利用地区优势来获得成本的节约。这种类型的集聚可分为三种类型:针对一种地区优势而集聚的许多属于同一产业部门的企业,针对一种地区优势而集聚的多个不同部门的企业,针对多个地区优势而集聚的多个不同部门的企业。

(二)外部效应

从成本最低的角度看集聚机制,外部范围经济和外部规模经济是两大集聚因子。集聚经济是外部规模经济和外部范围经济共同作用而形成的一种复合经济。事实上,与多样化相联系的外部范围经济和与专业化相联系的外部规模经济是集聚经济的两个侧面,互相融合在一起构成驱动产业集聚的系统动力。值得注意的是,集聚经济有一个适度的问题,过度集聚将导致负面作用,如拥挤效应、对投入品的争夺导致成本上升、同行过度竞争导致利润下降等。这表明外部非经济也可能伴随着集聚的发展而显现,集聚的合理规模取决于外部经济性与外部非经济性的平衡。

外部规模经济是指来自企业外部的成本节约,是由同一产业或相关产业的企业空间集聚带来的外部规模经济收益。这种外部规模收益主要是通过生产活动在特定地域内彼此接近,以及集中使用基础设施和专业化服务等获得的一种收益。集聚经济是一种外部规模经济,这是因为:一是经济活动在空间上的局部集中,必须达到一定的规模才有可能出现集聚经济,因此,集聚经济总是与规模联系在一起,它也是一种规模经济,故而可称为集聚规模经济。二是与企业内部规模经济不同,外部规模经济产生于众多企业在局部空间上呈一定规模的集中,以及由此带来的交互外部性。因此,集聚经济既是一种规模经济,也是一种外部经济。三是集聚经济作为外部的规模经济,总是与经济活动的空间分布分不开的,离开空间因素就无从谈论集聚经济。因此,集聚经济在本质上是一种空间上的外部规模经济。

　　既要获取分工效应,又要实现交易费用节约的途径就在于分工后各个相关单位的空间集聚。在这里,减少交易费是外部范围经济的主要动因,而对外部范围经济的追求是企业空间集聚的重要诱因。范围经济是一个与多样化经济相关联的概念,通常是指企业在同时经营多种事业时所产生的一种效应。范围经济也有内部范围经济和外部范围经济的区别。企业内部范围经济是指随着产品品种的增加企业长期平均成本下降。企业外部范围经济是指在同一个地方,单个企业生产活动专业化,多个企业分工协作,组成地方生产系统。外部范围经济是通过企业之间的分工与协作、交流与沟通所实现的成本节约。在这种情况下,产业组织是垂直分离或纵向分化的,专业化的企业之间通过外部交易网络,共同完成生产经营活动。外部范围经济更一般的内涵是生产或交易上关联企业之间的一种协同效应。对外部范围经济的企求,也是企业地理空间集聚的重要机制。

　　(二)共享效应

　　在外部范围经济和外部规模经济基础上实现的集聚经济效应最明显的表现便是共享经济效应。这种共享包括:公共物品的共享,中间产品和专业化服务的共享,人力资源、知识、信息等生产要素供给的共享。

　　共享效应是指集聚在一定区位上的企业,由于共同利用公共产品和公共服务获利的外部经济利益。

　　公共物品的供给具有一定的规模门槛,只有产业集群到一定的规模,公共物品的供给才是经济的。因此,包括基础设施在内的公共物品与产业集聚的形成之间是一种双向强化机制,产业集聚形成的规模是公共物品发展的前提条件,而公共物品供给的形成及完善,作为一种重要的产业发展环境是产业进一步集聚的重要条件。

　　中间产品和专业服务的供给也是如此。同类企业的集聚产生的需求是中间产品、辅助行业、专业服务发展的契机。因为，如果一个地区没有集聚众多的同类企业，专业提供中间产品和专业服务是不经济的，一个地区集聚的同类企业越多，对中间产品和专业服务的需求就越大，中间产品提供商和专业服务提供商就越有可能专业化并实现规模经济，提供的中间产品和专业服务就越好。而中间产品、辅助行业、专业服务的发展所形成的良好的产业发展环境，反过来又成为重要的聚集因子，吸引产业集聚。

由于产业集聚产生的劳动力需求，吸引着劳动力的流入，也为集聚区内的培训、教育机构的发展提供了契机。劳动力，尤其是专业化人才等高级要素的集聚为集聚区内的企业提供了一种柔性的劳动力供给平台，吸引着企业的加入。以劳动力尤其是专业化人才为载体的技术，也随着产业的集聚、人才的集聚在产业集聚区内聚集，为集聚区内的企业所共享。

知识与信息的共享，动力是知识与信息共享带来的利益，知识溢出与学习效应，以及创新网络的集体学习效应是企业集聚的重要机制。产业集聚产生的知识溢出成为产业集聚区内的企业创新的重要环境，在此基础上形成的"学习经济"（Learning Economics）也就成为企业集聚的重要机制。同类企业或相关企业在特定地域集聚，引致了专业知识的地理集中，基于地理邻近性和社会网络基础上的知识溢出加速了知识的扩散，使得知识成为"弥漫在空气中"的公共物品，为集聚区内的企业所共享，形成了在知识共享基础上的范围经济。在知识、信息共享和知识外溢基础上形成的"学习经济"和集聚区企业的"集体学习"，加快了产业知识的创新与集聚，从而形成了产业技术能力的良性螺旋式累积，并在这一过程中逐渐成为带有"根植性"的知识。空间接近性和共同的产业文化背景，不仅可以加强显性知识的传播与扩散，而且更重要的是可以加强隐性知识的传播与扩散，并通过隐性知识的快速流动进一步促进显性知识的流动与扩散，由此形成知识的溢出效应，获取"学习经济"，增强企业的创新能力。

第四节　城市经济发展新趋势

一、城市经济的协调与转型升级

（一）城市建设与产业发展的协调

在我国快速城镇化过程中，城市经济发展出现了两种现象：一是政府主导的城市硬件建设(或称为城市建设、"城经济")快速推进,表现为大力发展城市的公共产品,如城市道路和基础设施等,建成区面积快速增长,城市房地产大力推进,城市的景观变化迅速,为城市产业的发展提供了空间载体,但城市产业没有得到相应的发展,出现了"空城"现象。二是城市产业快速发展,人口快速集聚,但城市基础设施建设没有跟上,出现资源环境承载能力不足的城市拥堵和城市宜居性破坏,是一种"市经济"的失衡。

未来的城市经济发展,应在产城融合理念引导下,实现城市建设与城市产业发展相协调,不再是单纯地从经济效益的角度考虑城市发展,更是在综合社会效益和经济效益的基础之上,实现两者间的耦合协调。这一方面是城市经济可持续发展本身的使然,能够通过"城经济"与"市经济"的协调发展来深度革除当前城市发展中各式各样的失衡问题;另一方面也能够促使城市成为人类活动的最新价值形态的产出地,使得城市经济成为区域经济发展的引领者。

在城市经济发展过程中,新城的基于发达城市基础设施和现代化楼宇基础上的产业发展,老城的基于人口、产业集中基础上的旧城更新,近郊工业园区的转型发展,成为产城融合的三大主题。

(二)城市产业结构由低层次向高层次转变

城市产业结构由低层次向高层次转变是城市经济发展的重要新趋势,既表现为三次产业结构的升级,更表现为三次产业内部结构乃至产业自身的创新转型。

从城市经济的三次产业结构看,在工业化阶段,尤其是工业化的早期阶段,工业化与城市化的同步推进是城市经济发展的最重要动力,城市建成区尤其是城郊工业园区的建设,是城市建成区快速拓展的主要动力。与此相对应,工业是城市经济高速发展的主导产业,服务业以配套产业的形态出现并得以发展。到了工业化后期,尤其是后工业化时期,区域产业结构的发展规律与城市建成区集约发展的需求共同推动城市空间形态与产业的变化,城市建成区的空间拓展速度下降,城市建成区转而追求城市品质与城市的集约发展,"退二进三"发展现代服务业成为城市经济转型升级的主基调,服务业发展加速成为城市经济的主导部门。

在城市经济三次产业结构的升级过程中,城市经济的三次产业内部结构也发生着有规律的演变。工业从城市建成区向外转移,包括向中心城市的外围城镇转移的城乡转移和向城市经济区以外区域转移的区际转移,保留下来的是高集约度的都市工业。服务业中的现代服务业,尤其是知识密集型的生产性服务业得到更快发展,服务业的内部结构在升级。

伴随着新科技革命,尤其是新一代信息技术的广泛应用,城市经济的各个产业的形态、模式正在经历着巨大的变化。电子商务的兴起正在改变城市中心商务区的形态与业态,以零售为主的商贸业面临严峻的挑战,以体验为核心的休闲娱乐与餐饮等有了更大的发展机遇。互联网+背景下的金融保险、专业服务等有了新的发展机遇。

二、城市经济的网络化与专业化

(一)城市经济的网络化趋势增强

随着全球城市化的推进,全球城市网络形成。随着城市区域中全球城市的崛起,城市区域在全球化与地区化的双重力量作用下向全球城市区域转变。依托全球城市的全球资源配置能力以及区域的生产能力,全球城市区域成为全球竞争中的首要空间单元。

全球城市区域不同于普通意义的城市区域,也不同于仅有地域联系的城市群或城市连绵区,而是在高度全球化下以经济联系为基础,由全球城市及其腹地内经济实力较雄厚的二级大中城市扩展联合而形成的独特空间现象。从目前世界上的几大全球城市区域的发展历程看,在空间上都经历了多中心孤立集聚、多中心郊区化扩展、大都市区域形成、大都市区域扩展、大都市区聚合等五个发展阶段。在全球城市区域的空间运动中,存在"疏散的再聚集"现象,即首先必须将核心城市的人口转移到其他次级城市,同时又需要采取措施,使这些人口在那些次级城市再度聚集。

全球城市区域具有的特点包括:(1)强调大都市区—核心城市是全球城市网络的节点,体现出"城市区域—大都市区—核心城市"的多层次格局;(2)着眼于完整的产业链,涵盖管理控制、研发、生产三个维度的产业体系,而不仅仅强调生产服务业的控制功能;(3)明确全球城市是全球化与地方化相互作用的结果,即本地经济关系的动态网络与全球范围内区域间的竞争和交换网络的相互叠加。

按照全球城市网络理论,全球城市作为一个节点城市,更多是在它外在的连通性。在经济全球化和信息化大背景下,全球经济的"地点空间"正变成以信息流、物流、人才流、金融流等组成的"流"空间。处于这些"流"的节点的特大城市及周边城市构成的城市群,是最有竞争力的,也是当今世界经济的控制中心,如纽约、东京、巴黎等。①

在我国的新型城市化规划中,明确了城市群为新型城镇化的主要形态。作为新常态下三大国家战略之一的京津冀一体化战略,其目标就是要形成与长三角、珠三角相媲美的第三大城市群,从而在我国的东部沿海形成以三大国家级城市群为主体的沿海城市带。同步实施的长江经济带发展战略,则是通过规划建设长江中游、成渝城市群,形成上、中、下游以三大国家级城市群为主体的沿江城市带,从而巩固我国"T"形一级发展轴。

位于"T"形一级发展轴枢纽的长三角城市群,是我国发育最完善的大都市带,在上海提出打造全球城市的目标后,长三角城市群的发展目标随之转变为打造全球城市区域,其标杆就是以纽约为中心、以伦敦为中心、以东京为中心的全球城市区域。

（二）城市经济的专业化特征在强化

全球城市区域是指全球城市,以及 300 公里至 500 公里范围内的大都市区共同组成的区域,在全国乃至世界经济舞台上起着重要作用。

全球城市区域是多核心的城市扩展联合的空间结构,而非单一核心的城市区域。这一空间结构可以是圈层的、带状的或其他的形态,但最为重要的是"多中心"的空间结构。在全球城市区域中,多个中心之间形成基于专业化的内在联系,各自承担着不同的角色,既相互合作,又相互竞争,在空间上形成了一个极具特色的城市区域。在这个空间范围,全球城市得到了高能级的次一级大都市区的支撑,使腹地得到有效拓展。

以高铁和地铁等高速轨道交通的大规模建设为代表的交通运输设施的变化,加上新一代信息技术应用带来的社交网络的变化,正在对全球城市区域内的城市之间的联系发生重大的变革性的影响,由此可能带来对全球城市区域内各核心城市间分工与联系的巨大影响,可以推导出的结论是:全球城市区域内的核心城市的中心性趋向弱化,专业化将成为这些城市在全球城市区域内竞争力和城市发展动力的来源。

长三角城市群内部城市的竞争强于合作。长三角城市群中的城市由于产业同构度较高,城市功能定位同质性较高,资源环境制约程度类似,以在接受上海核心城市辐射获得发展先机等方面均存在十分激烈的竞争。特别是在先进制造业发展、开放型经济发展、现代服务业发展,以及与上海形成

---

① 　陆大道:《以全新方式驱动"第四极"》,《湖北日报》2015 年 4 月 20 日。

产业链对接等方面存在着明显的竞争。未来的5～10年间，上海在城市群中的核心地位将进一步显现，北翼苏州、无锡等因外资经济形成的基础，将更容易形成制造业的升级，在战略性新兴产业上更胜一筹。南翼杭州在发展电商、软件等新产业和体验、健康等产业方面势头良好，宁波港口优势进一步显现，能否实现港口经济升级换代基础上的港航物流商贸业主功能与高端制造副功能升级决定着城市的发展前景。

三、工业城市向后工业城市形态的转变

（一）工业城市向后工业城市形态转变的现象

哈佛大学城市经济学家爱德华·格莱泽（Edward Glaeser）和芝加哥大学城市社会学家特里·克拉克（Terry Clark）分别对美国纽约、芝加哥、洛杉矶、费城、波士顿和底特律等大城市研究后发现，以制造业为代表的传统工业从城市中心撤离或衰竭，而以文化创意和休闲娱乐为主的新兴产业逐渐兴起。大都市的城市形态开始从生产导向型向消费导向型转变，一个新的城市时代已经悄然来临，即以消费为主的后工业城市形态。[1]

爱德华·格莱泽结合自己对纽约和波士顿的研究认为，传统的城市研究把城市优势锁定在生产上而非消费，现有的研究经常会忽视城市密度在促进消费方面的功能和角色。随着城市结构的转型，类似公司和社团这样的组织会变得更加具有流动性（more mobile），而大都市的增长会越来越依靠作为消费中心的城市功能与定位。[2]

把城市作为娱乐消费机器来探讨的学者，最早是特里·克拉克。从1983年开始，他领衔"财政紧缩与都市更新"（Fiscal Austerity and Urban Innovation，FAUI Project）研究项目，分别对纽约、伦敦、东京、巴黎、首尔、芝加哥等大城市进行了研究。结果发现，影响未来城市增长的关键因素已由传统的工业向都市休闲娱乐产业转变。[3] 城市的舒适性和便利性越高，城市的增长也就越快；相反，城市的舒适性和便利性越差，城市增长就越缓慢，甚至可能出现恶化和衰退现象，比如，美国的底特律市。底特律衰败的原因在于：工业转型失败造成经济衰退，经济衰退导致犯罪激增和社会动荡，城市舒适性和便利性受到破坏，再加上，传统社会管理方式的失败进一步推动人

① Terry Clark. Amenities Drive Urban Growth. Journal of Urban Affairs，2002(2).
② ［美］爱德华·格莱泽：《城市的胜利》，刘润泉译，上海社会科学院出版社2012年版。
③ 吴军：《场景理论与城市发展》，《中国名城》2013年第12期。

口外迁,特别是高素质人才的外流加剧了底特律的衰败。①

与底特律这些城市的衰竭刚好相反,芝加哥作为工业城市成功转型得益于城市舒适性和便利性的塑造。20世纪初到中期,工业时代的城市巨人,芝加哥大都市区是美国最重要的制造业带。然而,工业城市发展到一定程度所累积的问题,比如,产能过剩、空气污染、能源浪费、交通拥挤、基础设施陈旧、犯罪率上升、人口流失和社区衰败等,导致芝加哥由美国第二大城市下滑到第三大城市。针对这些问题,20世纪中后期,芝加哥推行了强有力的城市改造项目,兴建和更新大批的城市设施,以及开展多样性的文化交流,举办大型的国际赛事与活动。建设文化设施,鼓励市民活动,兴办公共教育,改善环境资源,发展旅游文化休闲,针对本土特色,发展足球运动联赛、爵士乐节……这些都是芝加哥政府为了改善城市面貌和提升城市魅力所采取的措施。现在的芝加哥完全是一个以消费娱乐休闲为主的城市。事实上,城市转型一旦成功,就会吸引大批高素质人才前来工作、生活和居住,从而带动城市的增长。传统的芝加哥号称"钢铁城市"和"工业时代巨人",现代的芝加哥被称为"艺术城市"、"创新城市"和"花园城市"。工业城市转型成功很大程度得益于生活娱乐文化设施提供的舒适性和便利性,从而吸引大批高素质人力资本聚集,推动产业升级和城市更新。

(二)后工业城市的基础是城市舒适性和便利性

未来大城市的竞争力体现在都市作为一个整体性场景在吸引高素质人力资本的能力上。后工业城市的消费形态,城市将作为一种生活方式而存在。因此,对生活质量的强调、对城市舒适性和便利性的塑造,将成为未来大城市建设的新行动战略。

城市舒适性和便利性在未来城市发展中起很关键的作用。而城市舒适性和便利性取决于城市设施。

爱德华·格莱泽将城市设施分为四类,更加注重城市硬件设施。第一,丰富多样的服务与消费品。研究表明,在伦敦和巴黎,城市发展的步伐与城市设施有着紧密联系,发展越快的城市,其拥有的设施越多。这些设施包括餐馆、剧院、影院、图书馆、博物馆、酒吧、大学、创意园,以及各种市民组织与活动等。第二,美学与物理设置。城市建筑体现着城市的景观,也影响舒适

---

① 根据美国人口普查,1950年,底特律人口达到历史峰值,为185万;2005年,底特律人口已经缩减到88万,比2000年减少了6.8%;2010年底特律人口萎缩到71万,相比鼎盛时期的185万,减少了114万,降幅为62%;这是美国60年来人口减少最多的城市之一。

性。此外,生态环境条件也是影响城市舒适性的重要因素。第三,好的公共
服务。优质教育资源与低犯罪率在吸引高素质人力资本方面发挥着重要作
用。健全的医疗、社会保障和社区服务等也起重要作用。第四,城市交通。
交通成本和时间成本是重要因素。城市边缘运动(the movement to edge
cities)和就业的去中心化(decentralization of employment)正在增加人们通
勤的距离,但却减少通勤的时间。这种现象产生的关键因素就是速度。

特里·克拉克对城市设施的五分类法更加偏向于城市软件环境,尤其
是生活娱乐文化设施。他认为,城市舒适性和便利性体现在生活娱乐文化
设施的组合上,而且,他把这种都市设施的组合称为"城市场景"。用城市场
景的更新与塑造,来推动后工业城市的发展,这是该研究团队提出的"场景
理论"(The Theory of Scenes)的重要内容。场景是由各种消费实践所形成
的具有符号意义的空间。[①]

场景理论揭示了生活娱乐文化设施组合形成特定场景,这种特定场景
又彰显了不同的文化价值取向,这种文化价值取向吸引着不同群体前来居
住、生活和工作,从而驱动区域经济社会转型与发展。这样的逻辑思维,可
以表示为:

生活娱乐文化设施→特定场景→价值取向→人力资本→消费实践→城
市更新与发展。

生活娱乐文化设施组合形成的城市场景与舒适性、便利性直接相关,同
时,它也影响着高级人力资本的迁入或撤离。总之,以消费为导向的城市设
施,和以此为基础开展的城市场景,对于吸引高端人才群体扮演着重要的
角色。

---

①　吴军:《场景理论与城市公共政策》,《社会科学战线》2014 年第 1 期。

第二章　港口城市经济的产业比较

宁波作为典型的港口,港产城互动是城市经济的基本驱动力。港口及临港工业的崛起成就了改革开放 30 多年来宁波城市经济的快速增长,未来的发展必然受港口及港口城市升级换代的影响。国际上已经完成港口及港口经济升级换代的城市经济发展历程,国内与宁波处在同一阶段的港口城市的发展经验,均可以为宁波城市经济的发展提供有益的借鉴。

第一节　港口城市的产业特征

港口城市以港口为基础,以港产城互动为发展动力,以港口与港口相关产业为主体,伴随港口的代际转变实现港口城市的转型升级。

一、港口城市发展机制

港口城市的发展以港口为基础,以港产城互动为发展动力。在港口升级换代带动下,在港产城互动作用下,港口城市实现空间拓展与功能提升。

(一)港口与港口经济

港口,是具有相应的设施和明确的陆域和水域分界线,且能够提供船舶靠泊、旅客上下船和货物装、储、运及相关服务的一个综合体。这实际上是一个狭义的理解,它仅说明了港口作为交通枢纽和旅客、货物集散地的运输方面的范畴。经过长期的历史发展,港口已经成为连接水陆经济、贸易、文化的一个重要交汇点,不仅可以运送货物、接送旅客,完成其运输功能,而且还具备在运输功能基础上发展起来的贸易功能、商业功能、工业功能及旅游功能等。它是一个以航运为基础,集商贸活动、工业发展等多种功能于一体的连接陆向腹地和海向腹地的区域发展大系统中的重要组成部分。与此相对应,港口功能有三个层次:一是运输链的中转点,以货物装卸服务为主要功能;二是货物暂时储存的缓冲区,以物流服务为主要功能;三是集成整合,以运输中介及其他业务为主体。当前的趋势是港口功能从"多元化"向"基地化"转变。

联合国贸易和发展会议报告将港口分为四代。第一代港口主要是海运货物的装卸、仓储中心。第二代港口除了承担货物的装卸、仓储外,还增加了工业、商业活动,使港口成为具有使货物增值效应的服务中心。第三代港口适应国际经济、贸易、航运和物流发展要求,得益于港航信息技术的发展,使港口逐步走向国际物流中心。第四代港口应该而且必须具有以下主要条件或符合以下主要特征:一是港口具有广阔的、交通便捷的经济腹地,特别是具有广阔的、直接的陆向经济腹地,其主动策划、组织和处理的直达国际贸易物流量(尤其是国际集装箱物流量)巨大。二是港口与所在城市融为一体,并以港口为核心来规划和发展整个城市的产业布局和功能定位。三是港口应该具有与时俱进理念下现代化港口的一切技术和服务特征,即具有大型化、深水化、专业化的航道和码头设施,具有密集的全球性国际直达干线,具有内外便捷、连接全球的公共信息平台,具有各种与之配套的服务系统和政策法律环境。

目前,对于港口经济的内涵尚未形成理论界认同的界定,一般认为港口经济从空间上看是一个区域概念,从产业上看是一个诸多产业的集合概念。空间视角的港口经济,是利用港口的节点区域优势,以港口为窗口,以一定的腹地为依托,临港区域与港口密切相关的经济。产业视角的港口经济,是港口及其关联产业,是以港航及相关产业为核心的产业经济。将两者综合起来,港口经济是以港口为核心、临港区域为载体、综合运输网络为动脉、港口相关产业为支撑、海陆腹地为依托,并实现彼此间相互联系、密切协调、有机结合、共同发展,进而推动区域繁荣的开放型经济。或者是在一定的区域范围内由港航、临港工业及其相关产业等有机结合而成的一种区域经济。

(二)港口城市的优势与特征

根据不同的分类标准可以对城市进行多种分类,港口城市是城市的一种类型。港口城市在英文中有两种表述:一是 portcity,是指有港口城市功能的城市；二是 cityport，是指以港口为成长基因的城市。

　　港口城市因拥有港口而有着其他城市无法比拟的优势。一是港口作为海陆交通枢纽，具有连接国内外市场的作用，可以通过海上运输把本国市场同国际市场连接起来。二是城市发展可充分利用港口内外双向的辐射力。港口的双向腹地一般具有三个层次。第一层次是港口所依托的城市；第二层次是通过各种集疏方式与港口联系的内陆地区；第三层次是港口之间通过航线连接的海外区域。港口腹地的第二、三层次的范围往往超过了城市经济辐射能力所达到的范围。因此，港口城市利用这一条件，可增强城市的功能。三是港口作为流通领域资金往来的汇集之地，具有融资方面的便利性。四是通过功能的发挥，物流和客流量的增加，可使港口成为信息汇集和发布的中心。

　　港口城市正是利用港口功能，其经济的发展与非港口城市有着明显的不同。一是港口城市具有发达的交通条件和国内、国外双向经济腹地，物流量大，经济外向型程度显著。二是港口作为综合运输网络的结合部，可带动港口各种运输方式和其他相关产业的发展，如水运、陆运、仓储业、代理业等的发展。而这些第三产业的发展，使城市产业结构呈现港口城市独有的特点。

　　（三）港城关系与港产城互动

　　港口城市的个性特征就在于港口在城市发展中的地位与作用，港城关系是港口城市经济的重要关系，港产城互动是港口城市成长的基本驱动力。

　　关于港城关系，"无通不城，无埠不港，港为城用，城以港兴"，"建港兴城，以港兴城，港为城用，港以城兴，港城相长，衰荣共济"，这是长期以来人们根据港口城市形成与发展的客观规律，对港城关系所作的辩证性概括，也说明了港城"互相促进、兴衰与共"的依存关系。宁波市的"以港兴市，以市促港"发展战略也基于此。

　　实际上，港口与城市之间的兴衰与共是通过产业这个中间环节实现的，港产城的互动才是港口城市成长的真实动力。图 2-1 是我们对港产城互动的一种理解。

　　建立在港口基础上的港口—港口物流—商品交易是港城之间的最直接互动，以港口为优势发展起来的临港工业、海洋休闲旅游业等是港城之间的间接互动，港口通过带动港口相关产业的发展，实现着港口城市的繁荣。

图 2-1　港产城互动示意

二、港口经济的产业体系

(一)港口经济的产业构成

根据港口经济的形成机理,我们认为港口经济的产业体系是以港口业为基础产业,以港、产、城互动为机理形成的产业体系(见图 2-2)。

其中,港口业是基础产业,航运业和港口物流业是港口业的前后关联产业,即航运业是港口业的海向关联产业,港口物流业是港口业的陆向关联产业。航运业、港口业(可以合称为港航业)和港口物流业共同构成港航物流服务业体系的主产业链条。港口物流基础上的商品交易则是港口物流产业的价值链提升,也属于主产业链条。

为港口、航运服务的港口服务业和航运服务业,是港航物流服务体系主产业链条的横向关联产业。为上述主产业链条、横向关联产业服务的金融服务业、信息服务业是整个港航物流服务体系的配套产业。

临港工业是基于港口业和港口物流业基础上的衍生产业,但却是港口经济发展壮大的重要产业,是港口经济的重要支柱产业。临港工业内部的产业结构受临港区域的工业发展条件影响,不同的区域临港工业具有不同的产业构成。临港工业内部的产业结构同时还受与经济发展阶段相对应的工业结构演变规律作用,随着经济发展阶段的转变而转型升级。

港口物流业是衍生产业,但却是港口、城市功能的重要载体。

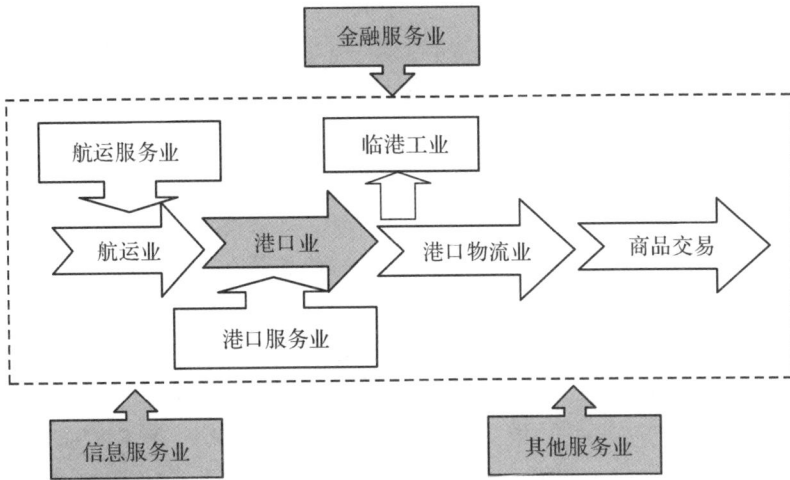

图 2-2　港口经济产业体系示意

(二)港口经济重点产业的作用

港口经济产业体系内部各产业在港口经济发展中发挥着不同的作用。当前,沿海港口以水深、泊位、设备和操作技术为基础的竞争优势差距越来越小,核心竞争优势逐渐转向港口的服务功能开发与链式拓展,沿海港口步入产业化发展的提速阶段,出现由装卸业向上下游延伸,从而打造港口服务产业链的发展趋势。港口增长方式更趋于高附加值、精细化、高端化服务,经营方式也转向以软实力作为核心的竞争力。

1. 现代物流业是港口经济转型的基础

港口发展历程一般遵循由简单的、分项的装卸业务起步逐步向全方位的、增值物流服务发展,由港口自身物流逐步向依托综合运输体系的区域化乃至全球化物流服务发展,由实体物流向以信息化为手段的货流、信息流、资金流发展的路径。在这个进程中,港口经营企业实现了由运输企业向物流企业,再到物流供应链管理者和综合物流经营人角色的演进。港口功能的拓展和港口企业身份的转换不仅是现代物流发展的要求,也是港口和港口企业推动现代物流发展作用的体现,更是港口城市打造现代物流产业、奠定区域物流中心甚至全球物流中心的重要支撑。某种程度上,我们可以将现代物流产业视作港口货运业发展的终极形态,是港口未来立于不败之地的重要战略性产业。

当前,经济全球化背景下港口之间的竞争正在逐步演变为物流链之间的竞争,鹿特丹港、汉堡港、釜山港、高雄港、新加坡港等一些世界级港口,都已开始着力向现代物流型港口转型。德国汉堡港借助其港口综合区位优势、便捷的运输条件,发展现代港口物流;荷兰鹿特丹港在其货物码头和联运设施附近发展配送中心,实现由货运中心向国际物流中心的转变。韩国政府提出釜山港以"全球物流网络策略"取代原来的"东北亚航运枢纽"转型目标。

2. 临港工业是港口经济发展壮大的保证

临港工业的出现标志着港口城市完成了从简单地服务于港口到积极地利用港口的转变,港口城市不再是被动地受港口驱动而发展,而是通过临港工业促进港城共同发展。当然,现代临港工业的发展和转型升级,是与工业化的发展阶段紧密相关的,港口作为现代生产力集聚的最佳区位是必要条件而非充分条件。临港工业经历了两头在外的加工制造业,以能源、资源进口的石油石化、电力、钢铁为主体的重化工业,以及以装备制造为主体的先进制造业和电子信息产业。临港工业也加快了装备制造和电子信息等产业的布局,促进以临港工业为龙头向产业链延伸发展。

3. 航运服务业是实现港口经济转型升级的主体

航运服务业作为港口经济发展到高级阶段的产物,是港口物流业和临港工业发展的必然要求,也是港口量能聚集、实现港城融合发展的标志之一。港口代际和港城关系的演进,在港口产业的发展上也体现了一种由低级向高级,由生产向物流再向综合服务分层扩散的过程。港口产业的发展仍然以物流产业为主导、临港工业集聚成为港口产业发展的一个主要特征,港口城市开始展现发展成为区域经济中心的实力。由于受港口城市自身土地、环保、劳动力等因素的影响,临港工业对城市的贡献呈现边际递减效应,迫切需要寻找新的港口经济增长点。港口产业向上游航运金融、贸易、服务等的高端化发展,发展航运服务业成为解决当前港口城市发展困局的重要途径。

航运服务业是港口产业发展的一个必然结果,也是推动港口和港口城市实现质变的重要推手,但只有真正确立其支柱产业地位,这一质变过程才真正完成。这不仅仅是一个港口产业的升级过程,而是代表着港口城市向区域乃至世界经济中心城市过渡,港口向港口的最高层次——国际航运中心的过渡,并不是所有的港口城市都能够完成这一进程。

4. 信息服务业是助推港口经济提升发展的条件

随着 GIS、GPS、EDI、无线射频识别(RFID)、WLAN 定位等信息技术的加快发展,信息化成为港口发展的关键因素和灵魂,是优化资源配置和业务流程,增强港口对市场的应变能力,实现港口价值不断增值的重要手段。汉堡港于 1983 年建立 EDI 中心,鹿特丹港 1985 年就开发了国际运输信息系统 INTIS。新加坡把国家 EDI 贸易网络系统(TRADENET)和新加坡港 EDI 网络系统(PORTNET)两个电子信息系统集成为新加坡国际航运中心信息平台,构成了政府监管机构、航运公司、货运代理和船东之间有效的、无纸化和便捷的沟通渠道,打造"智慧国"。随着企业内生产管理基本实现计算机化,港航企业生产管理信息化水平比较高,电子口岸 EDI 系统的应用日益深入,港口电子商务和物流系统迅速发展,港口信息化、智慧化建设正在全面推开。信息服务业有效整合了港口物流产业、临港产业和航运服务业资源,实现资源共享和一体高效,助推港口产业的提升发展。

2014 年交通部公布的《关于推进港口转型升级的指导意见》指出,港口未来发展方向是发挥信息化带动作用,促进智慧型港口建设。"互联网＋"对港口发展具有重要的意义,甚至将成为推动港口转型升级的决定力量。"互联网＋港口"的实质就是要使港口由海运物流链条上的空间节点升级为信息服务节点。其中的重点,一是将互联网向传感网延伸建设港口物联网,通过数据流的有效组织和融合,整合码头信息资源,建设港口大数据平台和码头作业调度的云计算平台,使得多个码头可以共享云计算服务,实现码头作业运营的标准化和智能化。二是在此基础上构建港口经济信息平台,将港口物流、电子口岸、支付结算、信息查询变为平台之上的多种应用和服务。

三、港口经济的转型升级路径

据世界典型港口城市的发展历程及特征,港口城市的成长分为以下阶段:港口商贸运输业主导阶段、临港工业发展阶段、临港工业与服务业互动发展阶段等。

(一)港口商贸运输业主导阶段

海港是海上运输与陆上运输的中转点。初期海港最基本的功能是连接各种运输方式,保证运输系统的整体运行,港口城市的初期发展动力来自海港的运输中转功能。初期阶段港口的转运功能吸引了直接服务于港口转运的装卸、货栈、仓储、海关、铁路运输等,为港口建设提供设备和船舶修理业务的工厂等行业是当时港口的主体,海港城市的经济运转以货运中转和商业贸易为核心,所以将该阶段称为港口商贸运输业主导阶段。这是港口城市发展的初级阶段,经济活动主要集中于货物集散和港口工业两大部门,港城的中转功能极为突出。

(二)临港工业发展阶段

随着对交通运输功能的加强和运输网络的完善,港口工业实力不断壮大,并成为港城经济的主体。港口功能除了转运功能外,堆存、贸易和工业制造等功能相继在港口产生。工业区位从内陆移向沿海地区。20世纪50年代至60年代,一些大型石化企业纷纷将生产基地建在港口。制造业,如钢铁公司、石油公司、大型机械装备制造、造船业等在物流链中充当了主角。工业化加剧和运输规模扩大使得临港工业聚集强化,形成临港工业区,带动港口工业化快速发展,并快速推动港口城市的人口规模、用地规模和产业的扩张,这一阶段是港口城市发展最快的阶段。

(三)临港工业与服务业互动发展阶段

港口信息服务业与港口贸易服务业的发展促进了港口集装箱物流业的繁荣。随着临港工业规模化、集约化、高科技化程度越来越高,吸引力增强,聚集了大量直接为港口服务的金融、保险、法律、会计、代理、海关、税务等服务业,同时由于人口的集聚规模加大,港口城市不断壮大和发展,进一步刺激了生活性服务业,如学校、医院、文化娱乐、商贸服务的发展,服务于这些经济基础部门的非经济基础部门也呈乘数规律持续增长。这一时期海港城市进入临港工业与服务业互动发展阶段,目前世界上大多数海港城市都已进入这一阶段。

第二节　国内外港口城市经济发展历程

作为一个港口城市,宁波虽然历史悠久,但在世界港口与世界城市网络中,却正在经历新一轮的崛起,是一个新兴的港口与新兴的港口城市。纽约、伦敦、巴尔的摩等经历了港口城市转型后的城市经济发展历程,以及正在经历港口城市转型中的新加坡、我国香港等城市的经济发展历程,还有正处在港口城市发展顶峰时期的上海、天津、深圳等城市的经济发展历程,从不同的发展阶段,都会对宁波城市经济发展提供借鉴与启示。

一、已经转型的港口城市经济发展历程

(一)纽约城市经济发展历程

1. 港口之城与制造业基地

就地理位置而言,纽约位于纽约州东南哈德逊河口,濒临大西洋。纽约港域宽广、水深适当,是西半球最优良的海港。19 世纪初的纽约是一座以制造业为主要发展动力、以港兴市的城市。

1807 年,从纽约出口的货物已超出美国任何一座城市或任何一个州。1825 年伊利运河的开通更推动了纽约港的发展,纽约的腹地通过这条运河深入到东海岸腹地,从而使该市获得了经久不衰的发展动力。运河开通 15 年后,纽约成为美国最为繁华的港口,吞吐量大于波士顿港、巴尔的摩港和新奥尔良港的总和。伴随经济繁荣,纽约人口也飞速膨胀,从 1790 年的 3.3 万人增长到 1860 年的 81.4 万人。至内战前夕,作为美国连接世界的主要港口及制造业中心的纽约已然成为美国的首位城市。

内战之后,纽约迎来了真正的大发展。在移民潮的推动下,这座城市迅速扩张。来自世界各地的移民使纽约人口迅速跃升至 790 万人。城市人口的增加迫使纽约必须向外扩张延伸城市空间。富裕的居民对市中心越来越多的贫民窟感到惊恐,纷纷迁至郊区。1883 年,沟通曼哈顿与长岛的布鲁克林大桥贯通。长岛的新区建设标志着纽约作为世界大都会的崛起。1898 年,大纽约都会正式成立,下辖布朗克斯区(The Bronx)、布鲁克林区(Brooklyn)、曼哈顿(Manhattan)、皇后区(Queens)、斯塔滕岛(Staten Island)等五个行政区。

2. 资本之都与跨国公司总部基地

进入 20 世纪之后,纽约的城市地位随着美国的崛起而愈加提升,逐渐从一个以制造业为重心的港口城市发展为美国乃至世界的"资本之城"。纽约在第一次世界大战后迅速赶超伦敦,跃升为世界最大的金融中心。但也经历过艰难的转型时期。

1929 年的大萧条以及随之而来的产业结构转型,使得纽约陷入了持续的衰退。20 世纪中后期,美国的新经济在西海岸如硅谷一带蓬勃兴起,传统的东部制造业中心如纽约则面临艰难的产业调整与转型。与这一时期的所有美国大城市一样,纽约也面临着信息时代的巨大挑战。原来的优势产业如港口运输业、制造业适应了一个工业城市的需要,然而对于一个日益以服务经济为主要产业的纽约来说,却无疑是种巨大的负担。最终纽约通过将

工厂外迁,以大规模的市政建设构筑起城市的内外交通网络体系,通过城市更新营造服务业发展环境,从而实现了在港口业衰败的同时,金融等其他服务业迅速崛起,成功地将其自身重塑为以金融等服务经济为主的世界资本之都和跨国公司总部经济大本营,金融业创造了全市 20% 的工作机会。

3. 创意之都与全球科技创新中心

2001 年的"9·11"恐怖袭击事件重创美国,纽约越来越高的商务成本与居高不下的生活成本,也增强了城市的扩散力,有些金融机构迁离纽约尤其是曼哈顿。2008 年金融风暴以后,纽约受到经济危机的严重冲击。为了维持其全球领先的城市地位,纽约开始了城市战略的转型:从高度依赖华尔街向依靠科技创新转变。"全球科技创新领袖"成为纽约的新目标。以曼哈顿熨斗大楼街区为源的"硅巷"和罗斯福岛科技创新基地是纽约成为"全球科技创新领袖"的重要空间载体。

狭义来看,"硅巷"指起始于纽约熨斗大楼街区的科技企业集群,集聚了大量新媒体、网络科技、信息技术等高科技企业。而后,"硅巷"的地理范围又扩散到布鲁克林的 Dumbo 区。广义来看,"硅巷"的范围远不止于此。在纽约打造"全球科技领袖"政策的支持下,科技企业在纽约市、纽约大都市区蓬勃发展,它们都属于"硅巷"的组成部分。"硅巷"的概念已经超越了地理范畴,成为一个覆盖纽约大都市区的庞大的科技创新集群概念。"硅巷"形成于此,主要是市场主导,而非上位规划促成。20 世纪 80 年代末至 90 年代初,纽约制造业严重衰退时部分非制造业企业倒闭,大量企业从纽约撤出,曼哈顿地区房屋空置率大幅提高,租金下降,为初创企业提供了在此立足的条件。同时由于这些初创企业有空间集聚的需求,大量的新媒体、网络科技等科创企业开始在第五大道和百老汇地区集聚,最早期的也是最为人熟知的"硅巷"就是在这个阶段形成。"硅巷"的空间扩散,一定程度上得益于"硅巷"本身对于纽约房地产市场的改变。随着"硅巷"的企业大量进驻曼哈顿下城核心地区,该地区住房空置率下降,租金上升。这就导致了支付能力不足的微小企业向纽约其他地区转移,"硅巷"入驻了更多实力更加雄厚的企业。另外,"硅巷"之所以产生于曼哈顿下城、百老汇地区,与该地区深厚的文化底蕴和创新氛围密不可分。全球顶尖的文化碰撞、最多元化的人才集聚,都增强了该地区的创新潜力。当然,金融支持也是"硅巷"诞生在曼哈顿下城地区的核心要素。纽约作为世界金融中心,科技投融资能力强大,金融与科技的结合成为现实。

为了振兴纽约科技产业,纽约市政府决定捐出土地,建立产、学、研一体的科技创新基地。在经过慎重的选址研究后,纽约市决定将这个科技创新基地选址于纽约核心地带的罗斯福岛。罗斯福岛位于纽约市曼哈顿和皇后区之间,岛上生态、景观条件优越。罗斯福岛与对岸繁华拥挤的曼哈顿岛仅仅只有一站地铁之距,并且还通过皇后大桥以及一部缆车与曼哈顿岛、皇后区相连,交通便利。然而,地理位置优越的罗斯福岛却十分萧条:整个罗斯福岛人口仅 1 万人左右,只有一条街道,商业活动寥寥无几,商店大多停业关门,仅有几家开业的也面临生意冷清的窘境。为了将罗斯福岛建设为大学、科研机构、科技孵化器与企业紧密结合的科研、教育、产业一体化的科技创新基地,纽约地方政府为罗斯福岛公开招募全球两所顶级大学,希望将罗斯福岛打造成可以比肩斯坦福大学城的科技创新地区。2011 年 12 月,康奈尔大学和以色列理工学院以雄厚的实力获得了入驻资格。此后,康奈尔大学成功邀请 Google、Facebook、eBay、亚马逊、Groupon、Juniper Networks、AMD、Twitter 等知名科技企业入驻康奈尔大学的罗斯福岛孵化器。以色列理工学院则计划把以色列的 100 多家著名"科技加速器"搬迁到它在罗斯福岛周围建立的产、学、研基地。目前,纽约拥有超过 1000 家科技初创企业,"科技加速器"数量也已从 2009 年的 0 家发展到现在的 12 家。根据规划,康奈尔大学和以色列理工学院将斥资 20 多亿美元,在罗斯福岛建造新的科技园区,纽约市政府则为项目投资 1 亿美元用于改造基础设施。一期建设于 2014 年正式开工,预计 2017 年完成。当然,罗斯福岛也受到一定的争议,比如面积过小、与岛外联系过少,无法形成向外扩张的规模化科技园区等。

(二)伦敦城市经济发展历程

1. 工业革命与海外贸易推动下的港城共荣

伦敦至今已有近 2000 年的历史。公元 16 世纪至 18 世纪,英国取代荷兰成为世界海上霸主,伦敦港口得到了快速发展,成为世界大港之一。

历史上的伦敦城市位于今伦敦桥上下游各 1 公里范围内,位于泰晤士河北岸,该区域是伦敦城市的起源,也是如今伦敦城市的中心。历史上的伦敦港也与城市发展相伴,位于城市的核心地区。

随着伦敦城市和港口的发展,伦敦港逐步由城市的核心港区向上下游延伸,重点是向泰晤士河的下游延伸。伦敦港成为当时世界最大的港口、世界航运中心。19 世纪至 20 世纪中叶集聚了世界各地船公司的代表机构,成为世界航运中心、贸易中心和金融中心。第一次世界大战的爆发打断了伦敦的发展进程，即使如此，20 世纪 20 年代伦敦港仍吞吐了英国 1/3 的货物。第二次世界大战中，除蒂尔伯里港池外，各港池都受到严重破坏，战后五年仍未恢复。

2. 工业化中后期港口与城市的转型

20 世纪 60 年代后，包括伦敦在内的英国制造业衰退与港航发展趋势的变化，导致了伦敦港的衰退。但在这个过程中，高端航运服务业、金融服务业等迅速崛起，伦敦完成了从制造业和港口运输城市向以金融服务业为主导产业的服务型城市的转型。

20 世纪 60 年代后，世界航运的专业化、大型化趋势深刻地影响了伦敦港的发展。受到泰晤士河水深等自然条件的制约，大型船舶无法抵达伦敦港，伦敦港的航运功能逐渐萎缩，老港区纷纷搬离城市中心。20 世纪 70 年代末，伦敦的制造业和港口运输业由于劳动力的成本劣势和世界航运向深海港口发展的趋势，发生了严重衰退，大量工人失业，码头纷纷关闭。

伦敦为减轻港口功能萎缩对贸易实体的影响，决定重振港口，于 2008 年启动门户港（London Gateway）计划。"伦敦门户港"位于伦敦以东、泰晤士河下游约 40 公里处，包括 6 个码头泊位，设计年吞吐量为 350 万标箱。"伦敦门户港"码头建成后将成为英国最大的港口。2012 年，伦敦港货物吞吐量仅为 4370 万吨，集装箱吞吐量为 190 万标箱，港口吞吐量的各项指标远远低于当今世界各大港口。

针对港口、航运及制造业的衰退，伦敦启动了加速发展服务业的城市转型行动。从 1984 年起，基于金融和其他生产性服务业的服务经济进入快速发展阶段，产业部门的就业比重发生了显著的变化。在制造业就业，以及整个社会的就业人口大量减少的情况下，伦敦的全部服务业就业人口稳定在 260 万人左右。伦敦就业人口从制造业转移到服务业，用了约 15 年的时间。1971 年，27% 的就业集中在制造业，69% 集中在服务业；到 1986 年，这一比例分别为 15% 和 80%。至此，伦敦完成了第一次转型——由一座制造业和港口运输城市转变为以金融服务业为主导产业的服务型城市。伦敦以其发达的航运金融、保险、信息等航运衍生服务，被公认为世界航运中心，成为世界各大港口城市转型发展的典范。①

在伦敦港转型发展的过程中，诸多老港口区域被更新为以金融、商务、

① 田莉、桑劲、邓文静：《转型视角下的伦敦城市发展与城市规划》，《国际城市规划》2013 年第 6 期，第 13—18 页。

住宅、旅游为主体功能的新兴区域,金丝雀码头(Canary Wharf)是其中最有代表性的地区。金丝雀码头位于伦敦多克兰地区西印度码头的中心,距离伦敦老城中心约5公里,曾经是伦敦最繁忙的码头之一。但随着伦敦中心城区港口功能的萎缩,金丝雀码头也逐渐衰落。1980年,金丝雀码头停止了运营。20世纪80年代中期,伦敦市政府成立了码头区开发公司,开始全面改造这一地区,规划将其打造成为与伦敦金融城(City of London)相匹敌的新兴商业中心。经过20余年的分期建设,金丝雀码头已由传统的港区转型为金融、商业、出版、教育等多领域混合的城市中心,商业和零售的建筑面积达到130万平方米。英国最高的三栋建筑均坐落于此,同时汇集了包括汇丰银行、花旗银行、英格兰银行、渣打银行等许多银行的总部、分部和商业巨头的总公司,仅员工就有8万之众,成为城市转型和更新的成功典范。①

3. 后工业化时期的再转型

20世纪末期,伦敦工业衰落的趋势已经十分明显,以污染高、能耗高、附加值低为特征的制造业,不得不开始谋求与现代服务业的融合。结合城市的土地资源有限、商务成本高的特点,传统的工业模式已经不能适应城市经济发展,高附加值的制造业成为可行的出路,而制造业的高附加值就需要由文化创意和科技创新来实现。这样,以创意为特征的产业在制造业与新型服务业结合中产生,成为创意产业的雏形。因此,创意产业来源于传统产业,是制造业发展和服务业升级后融合的产物。

1994年,澳大利亚公布了第一份关于文化政策的报告,提出了文化发展要以"创意国家"为目标,引起了英国政府的高度关注,但此时英国政府并没有把创意作为政府工作的重心。1997年,托尼·布莱尔当选后,成立了英国文化、媒体和体育部,下设"创意产业特别工作组"(Creative Industries Task Force,即CITF)。这样,以浓厚的政府色彩参与的创意产业发展模式逐渐形成。伦敦的创业发展发展加快。

伦敦已成为全球三大广告都城之一,2/3的国际广告公司将它们的欧洲总部设在伦敦。伦敦还是世界第三大影片制作中心,2/3的英国电影制作专职岗位集中在这里。伦敦拥有世界级的教育机构和设计机构,其中近3/4的机构有全球客户。同时,伦敦也是英国的创意之都,创意产业已经成为伦

---

① 上海市城市规划设计研究院综合交通规划分院(综合交通规划研究中心). 伦敦港口从航运向金融服务转型, http://mp. weixin. qq. com/s? biz=MzA4MzkxNjUxNw==&mid=201502385&idx=1&sn=c14523a8faf93f278d230d4d990f1720&scene=1.

敦最大的产业部门之一,总产出和就业仅次于金融和商业服务业。创意产业也是伦敦经济增长最快的几个产业之一,保持年均 4.5％ 的增长速度。从 20 世纪 90 年代末至今的 10 余年的迅猛发展,创意产业已经跻身为伦敦的第二大产业,并且全英国近 60％ 创意产业从业者都集聚在伦敦。伦敦已经由"工业之城"蜕变成了世界公认的"创意之都"。[①]

(三)巴尔的摩城市经济的转型发展

1. 历史上的巴尔的摩

巴尔的摩港位于宽阔深邃的切萨匹克湾顶端的帕塔普斯河河口,港湾宽广、航道水深、内潮差小、气候适中,是北美连接大西洋的重要出海口。每年都会有数万艘货轮出入港口,停泊在 200 多个码头上装卸货物。这里是美国进出口贸易的重要口岸。

巴尔的摩拥有丰富的森林资源、肥沃的土地和温和的气候,农业发达。在烟草种植基础上发展起香烟制造业。1742 年普通香烟等货物就从巴尔的摩海港运向欧洲。面粉和谷物等市场主要是面向西印度群岛。

2. 美国东海岸的工业港口

1827 年,美国的第一条铁路——巴尔的摩至俄亥俄铁路建成,使得巴尔的摩成为美国中西部连接大西洋的交通要道。交通条件的改变促进了贸易、造船、罐头食品制造以及钢铁工业的发展,巴尔的摩发展成为重要的工业港口城市。

18 世纪 90 年代,马里兰的造船业全国领先,而巴尔的摩则是切萨皮克湾造船业无可辩驳的领军者,聚集了世界上最有活力的众多造船公司。铁路建成后,许多大型铜、钢、化工、油料、汽车、军火公司环港立地,尤其是著名的伯利恒钢铁公司依港而建,钢铁业成为城市经济支柱。此外,牡蛎罐头是巴尔的摩的传统产业。附近的牡蛎养殖场,城市中不断增长的工人数量,以及铁路线路的增加,使巴尔的摩成为全国罐头产业中心。到 1870 年,这里有超过 100 家包装车间。

巴尔的摩在第一次世界大战期间再次繁荣;作为第二次世界大战期间的军事补给中心,在二战期间也保持着蓬勃发展态势。

巴尔的摩内港让巴尔的摩从一个名不见经传的工业小镇成长为一个著

---

① 许圣道、张康健:《城市经济转型期伦敦创意产业的发展及启示》,《商丘师范学院学报》2012 年第 1 期,第 30—33 页。

名的旅游胜地。如今,巴尔的摩内港则发展成为主要依靠旅游业的城市,而这种依赖需要一个兴旺发达的港湾来保证和提升巴尔的摩的吸引力。

这里交通发达,货运极为方便。如今,三条铁路和多条州际公路构筑了交通运输大动脉,使港口成为北美五大湖区、中央盆地与世界各国贸易来往的重要枢纽。

二战后,随着机械化运输和郊区化发展,巴尔的摩开始逐渐成为远离市中心的小县城。中产阶级向郊区迁移,经济活动也随之转移,巴尔的摩经济下滑。

3. 繁荣的休闲旅游城市

20 世纪 50 年代,企业和政府准备启动重建计划。巴尔的摩的城市复兴计划与内港复兴计划紧密相连,整个计划包括内港 97 公顷土地。首期开发项目查尔斯中心(Charles Center)的规划于 1963 年完成。政府购买了这块土地,并进行清理,然后出卖地块。除保留少数几个码头的旧貌外,开发商基本遵循"推倒一切,重新来过"的原则。

20 世纪 70 年代和 80 年代,广泛的社区振兴和发展计划开始实施。项目包括港口广场商店和餐馆的建设,马里兰科学中心、国家水族馆、美国梦幻艺术博物馆和通往郊区的快速公交线路的建设。

20 世纪 90 年代,巴尔的摩进入了新千年滨水区开发时代。此时许多老居民区的人口也开始增长。

伴随着对历史的保护,发展在过去与现代的精心融合中持续着。超过 10 亿美元的发展集中在酒店、零售业,以及提高对巴尔的摩海港艺术产品和技术的改进上。

1976 年,内港举行了一次盛大的周年庆,国际大帆船驶入内港,成千上万的游客涌入港口。1980 年,海滨广场和国家水族馆开放。该项目无论在经济增长方面,还是在城市形象提升上都取得了巨大的成功,带动了整个巴尔的摩的旅游业。此工程的成功引发了北美乃至世界范围其他城市的滨水区改造。巴尔的摩内港游憩商业区改建和重建的成功成为世界的榜样。每年吸引旅客达 700 万人次,这些游客带来了高达 8 亿美元的消费。

如今,巴尔的摩的旅游业仍在蓬勃发展,也成为巴尔的摩的就业引擎。近 8000 家旅馆、数以百计的餐馆、世界级景点、蓬勃的商业,旅游区俨然成为 1.6 万居民的就业源泉,港区也成为娱乐和商业的首选目的地。

二、正在转型的港口城市经济发展历程

(一)新加坡城市经济发展历程

1. 东南亚转口港基础上的转口贸易经济

新加坡的经济与新加坡港息息相关。就地理位置而言,新加坡港西临马六甲海峡,南临新加坡海峡,是扼守太平洋和印度洋的航运要道,战略位置十分重要。同时,新加坡港自然条件优越,水域宽阔,少有风暴,水深适宜,是一个得天独厚的自然良港。优越的地理位置是新加坡港迅速发展的重要条件。随着世界航运业的繁荣和马六甲海峡航运的繁忙,新加坡港的作用和地位越来越重要。

自13世纪开始,新加坡港就是国际贸易港口。1819年,英国东印度公司职员发现这是一个天然的避风深水港,便在此建立了一个贸易站,用以销售本国的工业产品和收购东南亚的各种原材料。作为自由港的新加坡因其优越的地理位置,贸易额很快超过马来西亚槟城自由港,由此也引起英国的重视,并通过各种手段取得其控制权。1819年,新加坡成为英国的殖民地。1924年后,西方殖民者在东印度公司和东南亚地区贸易频繁,促使新加坡的转口贸易额迅猛发展。

1959年以前,新加坡一直是英国殖民经济中的贸易站,经济来源以商品贸易为主,工农业居于次要地位,结构单一,呈畸形发展态势。转口贸易成为新加坡的经济支柱,工业基础薄弱,仅有的加工工业也是为转口贸易提供简单的配套服务。

2. 工业与港口互动发展的世界大港

1959年,新加坡独立。新加坡面积狭小,资源匮乏,甚至缺少一些必备的立国条件,使得新加坡的发展面临重重困难。为了解决困难,新加坡一方面继续重视转口贸易,视其为经济命脉,国之根本;另一方面又谋求多元化经济结构,先后颁布《新兴工业(豁免所得税)法案》和《工业扩展(豁免所得税)法案》,实行工业化计划,并在1961年设立裕廊工业区,以进口加工业作为突破,建立完整的工业基础,谋求经济发展的新动力。

工业化计划促进了新加坡工业的快速发展,并带动了对外贸易、交通运输、金融业以及旅游业的快速发展。此后,新加坡又开辟了30多个工业区,涉及电子零件、家用电器、军火工业、石化工业、电脑设计、精密机械、光学仪器等诸多行业,带动了新加坡经济的快速发展。

伴随着经济的发展和劳动成本的提升,1979年新加坡政府又提出了"第

二次工业革命"的口号,引导劳动密集型产业向资本、技术密集型产业转型,提高劳动价值和产品附加值,积极拓展海外市场。此外,在肯特岗工业园区,还利用新加坡大学的科研成果,形成"产学研"相结合的生产模式,为技术密集型工业注入新的活力。新加坡引进和承接了欧美、日本等发达国家的产业转移,成为世界第三大炼油中心、全球第五大半导体与工业设备制造商所在地、国际船舶换装修造中心、亚洲最大的修造船基地、制造全球 70%的海洋钻井平台。

新加坡工业的崛起除了建立高效率的工业园区和高度开放的自由贸易园区外,一个重要的因素就是利用港口优势发展石化工业和出口加工业,工业的崛起反过来又促进了港口的繁荣,临港工业和港口的港城互动在新加坡得到了很好的验证。同时,新加坡还十分重视通过信息化提升港口竞争力。早在 20 世纪 90 年代,新加坡就开始了港口物流管理信息平台的建设,将新加坡 35 个监管机构、货代、出口商、船公司、第三方物流服务提供商、仓库、供应商、保险公司、进口商、银行等相关单位整合于同一个信息平台,大大提升了新加坡港的物流运作效率。

在临港工业和信息化的推动下,新加坡港口快速发展。港口集装箱吞吐量的快速增长与地位的上升发生在 20 世纪 80 年代中期以后。在 20 世纪 80 年代和 90 年代,新加坡与香港的集装箱吞吐量同步快速增长,两港的规模相差不大。1990 年新加坡集装箱吞吐量超过香港跃居世界第一,1999 年被香港超过,但在 2005 年重新超过香港。

3. 国际航运中心建设基础上的区域性国际中心城市

新加坡继续增强港口竞争力,致力于建设国际航运中心。新加坡政府一贯重视发挥港口的优势,将港口作为国家发展的重要资源,能从长远的战略角度来规划港口的发展。一方面,政府在扩充、提升港口设施水平和能力时,在资金(包括政府投资、民间企业投资和国外投资)投入、技术支持和人力资源等方面都有保障,这使得新加坡港的基础设施水平始终保持世界先进水平。另一方面,得益于电子商务平台,政府职能部门、航运公司、物流企业、金融和法律服务机构等被连接到一个网络中,网络中数据共享、信息流畅、业务实时操作,提高了新加坡港的整体效率和服务品质。同时,充分利用在空运、炼油、船舶修造等方面具备的产业优势及国际金融和贸易中心地位,衍生出了许多附加功能的业务。在加强内部建设的同时,新加坡同世界许多国家和地区签订了自由贸易协定,实行自由港政策,实现自由通航、自由贸易,允许境外货物、资金自由进出,对大部分货物免征关税等,对中转货物减免仓储费、装卸搬运费和货物管理费等,以吸引世界各国船公司,进一步巩固了其国际航运中心地位。如今,新加坡港有 250 多条航线通往世界各地,平均每 12 分钟就有一艘船舶进出,已经成为世界最繁忙的港口之一,有"世界利用率最高的港口"的美誉。虽然 2010 年新加坡港的集装箱吞吐量被上海港超过,为世界第二大集装箱港口,但近年来的增速仍然强劲。2013 年的集装箱吞吐量为 3260 万标箱,与上海港差距有所扩大。

在此基础上,新加坡着力集聚世界性的物流、贸易企业,发展国际金融业务,提高城市能级。

在集聚跨国物流公司区域总部方面,为吸引航运企业集聚,新加坡也推出了各种特殊优惠政策。比如核准国际船务企业计划、船务物流企业计划、新加坡海事金融优惠计划、国际船运企业优惠、船舶注册登记制度等。截至 2013 年 12 月底,船只总吨位达 7360 万吨,是全球船舶登记总吨位最大的 10 个港口之一。这些便利条件促使新加坡的物流快速发展,吸引更多跨国公司在新加坡设立亚太区的区域总部。新加坡也成为世界主要物流公司的所在地,排名全球前 25 的物流公司中有 20 家在新加坡开展业务,其中敦豪(DHL)、德迅(Kuehne+Nagel)、山九空运(Sankyu)、辛克物流(Schenker)等公司在新加坡设立了区域或全球总部。[1]

在极具竞争力的简单税制环境下,为促进贸易,新加坡还推出了一系列针对性的专项鼓励计划。比如,2001 年 6 月,新加坡推出全球贸易商计划(Global Trader Programme),对政府批准的"国际贸易商"给予 5～10 年的企业所得税优惠,目的是为了吸引大型国际贸易公司前来设立区域营运中心,将新加坡作为其环球业务交易基地。世界经济论坛发布的《2014 年全球贸易促进报告》,从内外市场准入、边境管理、交通运输设施、信息通信技术使用以及运营环境等方面指标对全球 138 个经济体促进贸易发展的表现作出评估及排名,新加坡再次名列第一。

长期致力于建设国际金融中心的努力取得了成效。新加坡自 1965 年建国伊始,就以迈向"亚洲苏黎世"为目标,利用其作为国际贸易港的有利条件,加速发展金融市场。为了促进金融市场的发育成长,新加坡政府通过提供税收和管理上的种种优惠,重点培植了亚洲美元市场和金融期货交易所。1968 年,新加坡建立了亚洲美元市场,这是新加坡金融国际化的一个重要里程碑。1998 年,新加坡政府提出了"5 到 10 年内将新加坡建设成为世界级

---

[1]   董晨甦:《新加坡自由贸易区的发展》,《港口经济》2014 年第 2 期,第 36—38 页。

金融中心"的目标,进一步开放银行业,大力发展证券业,把发展资产管理市场和债券市场作为建设世界级金融中心的两大主要突破口。经过10多年的努力,虽然新加坡1998年蓝图的一些目标并没有完全实现,但是其在国际金融中心建设方面还是取得了很大成就,尤其是在资产管理市场、债券市场和外汇市场等方面。在资产管理市场方面,2003年新加坡的基金数量攀升至2700亿美元,超过了香港。财富管理行业管理的资产在2013年达到了1.82万亿新元。在债券市场方面,2002年底,新加坡整个债券市场规模就达到了1060亿新元(约576亿美元),其中公司债券市场发展尤为迅速。在外汇市场方面,2007年,新加坡已跻身于全球外汇交易量的第5位,其占全球外汇交易量的比例已达5.8%,与日本(6%)只有0.2%的差距。① 根据2013年伦敦金融城发布的全球金融中心指数,新加坡是全球第四大国际金融中心。其外汇交易量居全球第4位,跨国界贷款居全球第10位,柜面市场衍生交易居全球第13位。新加坡是亚洲地区第一个设立金融期货市场的金融中心,还拥有活跃的短期资金市场。来自金融业的收入占新加坡国内生产总值的比例已由20世纪70年代的5%提升至12%以上。

新加坡在信息技术发展和应用方面一直都处于世界领先地位。30多年来,新加坡不断推出国家层面的通信产业发展规划。根据埃森哲咨询公司2014年的研究,新加坡在"电子政务"方面排名世界第1;在"最佳互联国家"评估方面,世界经济论坛发布的《2014全球信息技术报告》将新加坡排在第2位。2015年公布的"智慧国家2025"十年计划是"智能城市2015"计划的升级版,新加坡再次在智慧国家建设方面处在世界领先地位。

(二)我国香港城市经济发展历程

1. 殖民统治下的转口港繁荣

从19世纪40年代到20世纪40年代的100多年时间里,转口贸易是香港经济的重要支柱。据资料显示,1845—1849年,从英属印度输出鸦片22.07万箱,其中3/4(即16.5万余箱)先集中在香港,然后转销中国内地。1847年,香港的进出船只已达700多艘,货物约23万吨;到了1914年,香港的进出口船只更是高达23740艘,载重吨位2307万吨,转口贸易在19世纪末20世纪初进入了鼎盛时期。伴随转口贸易而来的航运业务也带动了一

---

① 肖本华:《政府引导下的国际金融中心建设:亚洲金融危机后的新加坡经验及其对上海的启示》,《华东经济管理》2011年第1期。

些修船和造船业,以及造绳、炼糖、造火柴等相关的工业,但都是次要的经济活动,而且依附于港口。直到 20 世纪 40 年代末 50 年代初,转口贸易仍然是香港经济的重要支柱,其占出口的比重达 85％以上。

2. 工业化背景下的港口持续发展

20 世纪 50—70 年代,城市工业化促进了港口的发展。20 世纪 50 年代,以美国为首的西方国家对中国大陆实行经济封锁,致使香港的转口贸易走向衰落,香港被迫走上发展工业的道路。当时的工业主要以轻工业、加工业为主。这一时期,转口贸易在香港经济中的地位下降,港口主要服务于香港本地的货物。1959 年香港的本地产品出口达 22.8 亿港元,占出口总额的69.62％,第一次超过了转口贸易的比重;此后一直到 1970 年,本地产品的出口比重都处于上升态势,1970 年更是高达 81.03％。显然,从 20 世纪 50年代末起,香港已从过去的转口港城市向工业化城市转变。在工业化的推动下,香港于 20 世纪 70 年代初期建设葵涌集装箱码头并投入使用,标志香港港口的发展进入新里程,为日后的集装箱大港建设打下了坚实的基础。

3. 依托内地的转口港再度繁荣与经济的服务化

20 世纪 70 年代末起,香港与内地的区域合作促进了港口的繁荣。随着工业化的快速推进,香港经济在 20 世纪 70 年代开始出现了土地资源稀缺、劳动力资源匮乏、成本高等问题,产业竞争力下降,政府不得不寻求经济的再次转型,向金融、房地产、旅游、信息等多元化方向发展。70 年代末,恰逢中国改革开放政策实施,内地为香港企业提供了大量廉价的劳动力、土地资源以及减免税收等系列优惠政策,香港与内地的"前店后厂"合作模式广泛推行。两地的产业合作催生出源源不断的货物运输需求,此时由于内地的港口发展相对滞后,加上香港港口在区域中具有无可比拟的优势,几乎整个华南地区都依靠香港作为货物的出口地。而此时,香港的本地产品出口比重开始呈下降趋势,而转口贸易比重又开始上升。到 1988 年,转口贸易占出口的比重达 55.85％,超过了本地产品的出口。此外,1978 年后香港对中国内地的进口和出口(含转口)比重均快速上升,对中国内地的进口在 1991年就基本与对欧美的进口持平,1996 年开始超越欧美,并快速上升;从 1994年开始对中国内地的出口就已经超过对欧美的出口,此后也呈现出快速上升的势头。90 年代,香港作为内地货物转口港的地位不断加强。由此说明,两地的产业合作催生出庞大的货物运输需求,是香港港口繁荣的重要保障。

中国大陆的开放加上香港特殊的地缘位置,造就了香港的繁荣。1986年至 2004 年间,香港港口占据了全球第一大集装箱港口的位置。随着香港的制造业转移到内地,经济转型为以金融业和房地产业等服务业为主的服务型经济。①

4. 经济转型下的港口与城市发展转型

作为香港产业转移和港口货源主要腹地的珠三角,在进入 21 世纪后,开始了产业的转移与经济的转型。在中国大陆经济进入新常态的背景下,内地经济的加速转型,带动香港的港口与城市也进入了转型期。

就港口业务看,新加坡港在 2005 年重新超过香港港,上海港在 2007 年超过香港港,深圳港在 2013 年超过香港港,香港港从世界第一大集装箱港口降为第四大集装箱港口。

直接的表现是香港港增长速度的放缓。与前三个以及其他内地的港口相比,香港港的集装箱吞吐量的增长率最低。自 2004 年最高峰的 8%,下降至 2008 年约 1%,2011 年以来还出现了集装箱吞吐量的负增长。

深层次的原因是港口竞争力的变化。香港港与珠三角港口群中的其他内地港口以珠三角为共同腹地,在珠三角港口群中,香港港以“无形成本”为优势,“有形成本”则不如内地港口。近 10 多年来,香港港的“无形成本”优势在弱化,总体竞争力随之下降。香港港所享有的“无形成本”优势包括频密而覆盖面广的货轮班次、高效率的港口生产力、快速的船舶周转时间、畅顺的海关服务系统、自由港的地位等。这些优势都是货主相当重视的条件,因此,在过去,即使内地港口费用相对便宜,大多数货主还是会选择使用香港港口。然而近年来,珠三角港口迅速发展,硬件设施完备,服务质量如计算机软件水平不断提高,不少货主都尝试使用内地港口服务。同时,由于部分货主转用内地港口,船公司便大力扩展内地港口服务,这令内地港口的航班变得更为频密,航线不断增加。例如,深圳每周分别有 61 班和 58 班货轮前往美国及欧洲,而香港分别有 59 班和 63 班,可见深圳所拥有的班次的频密度已赶上香港。另外,深圳港的国际班轮的航线网络基本上已与香港一样,覆盖世界主要贸易地区,包括美洲、欧洲、澳洲、亚洲、地中海、中东等地。在这种情况下,香港既有的无形成本优势正不断被削弱。对比内地港口,现时香港港口拥有的无形成本优势是通关依然比内地港口通畅便利。香港是自由贸易港,在香港中转的货物可在离开香港后 14 天内,以电子方式报关。而内地港口则必须过了海关才能出货,通关时间因此存在不确定因素。这

---

① 许志桦、潘裕娟、曹小曙:《香港港口与城市发展》,《城市观察》2012 年第 1 期,第 59—67 页。

使得部分急于送货的货主即使需要缴付较高的费用,也愿意选择香港的港口服务。除了这项明显的无形成本优势外,内地港口的服务水平基本上已与香港港口看齐,而目前内地港口的通关模式也逐步改善,趋向更加便利化。这令不少货主为了节省成本转用内地港口,香港港口业务因而被逐渐摊分。在有形成本方面,香港港口明显高于内地港口。多份研究报告都曾指出,港口有形成本偏高是香港与内地港口竞争所面对的主要问题。而其中偏高的费用为道路拖运费、码头处理费等。道路拖运费方面,以 2006 年为例,在珠三角地区,无论起运地为番禺、中山、南海、顺德、东莞还是肇庆,以香港为目的地的拖运费都远高于以深圳和广州南沙为目的地的拖运费。在码头处理费方面,香港的费用也远高于其他地区。码头处理费是船舶营运商向付货人或收货人征收的费用。在这项费用里,除了文件费、汇率兑换风险等零碎费用外,有相当部分为船舶营运商给予集装箱码头营运商的码头服务费。由于香港的码头营运商的行为颇像寡头垄断企业的表现,它们之间缺乏有效竞争,导致香港码头服务费并没有因为竞争而出现下调压力。无论哪一条航线或哪一种集装箱类型,香港的码头处理费都远高于亚洲各个主要港口。因此,偏高的陆路拖运费及码头处理费使得香港港口的有形成本远高于内地港口。其结果是,在两地码头服务质量相差不远的情况下,大多数货主,尤其是规模较大的公司都会选择费用较便宜的内地港口,香港港口业务因而难以得到巨大的增长动力。

以往,由于内地港口业务正处于起步阶段,港口数目不多,设施并未完善,服务质量不高,所以在缺乏选择之下,不少内地的货主,尤其是珠三角的货主,都会选择香港作为货物的出口地。1996 年,香港港口在华南地区直接远洋货运中的占有率高达 96%,然而 2003 年,这一比例已下跌至 62%。究其原因,主要是内地港口不断增加,令货主有了更多的选择。2006 年底,连同香港的 24 个集装箱码头泊位在内,珠三角总共有 61 个集装箱码头泊位。这些港口与香港有一个共通点,就是其腹地主要为珠三角地区。根据香港统计处统计,2006 年,在抵港的集装箱里,有约一半来自内地,而其中的 67%装货地区为珠三角,可见珠三角对香港港口业务有着举足轻重的作用。由于新兴的内地南方港口大多以珠三角作为腹地,与香港的腹地高度重叠,所以这些港口都与香港港产生了直接的竞争。现在,将工厂设于珠三角西部的货主,可以选择南沙港;将工厂设于珠三角北部或东部的货主,则可以选择盐田港、蛇口港等。在收费较低、运输方便,以及港口之间的服务和设施水平不断拉近的情况下,货主们更愿意选择距离其货源地较近的内地南方港口。2006 年,香港转口贸易量仅占内地出口总量的 30％左右,更多的商品贸易转口被交由上海和深圳等内地港口处理。

港口业务的增长放缓与世界第一的排名被新加坡及上海取代引致了对香港能否维持其国际航运中心的地位的怀疑。考虑到香港整个航运业占本地生产总值的比重高达 20％～25％,也进一步引发了对香港城市经济前景的讨论。从伦敦、纽约等其他已经完成转型的港口城市发展经验看,在现阶段港口业务衰退的形势下,香港不能一成不变地固守港口业务,应着力发展航运服务业。

航运服务业是一个劳动密集型低、经济增加值高的行业,大多为全球性业务,不受地域限制,除了港口业务外,还包括软件部分,如船舶管理及注册、船舶融资、船舶保险、海事仲裁等;同时,航运服务业还能带动餐饮、住宿、娱乐等相关产业发展。因此,如果香港能大力发展航运服务业,将继续为城市发展带来庞大的经济利益,香港航运中心的地位仍能巩固。

香港发展航运服务业拥有难得的历史机遇:一是世界航运市场和航运业务由欧洲转至亚洲的趋势;二是内地航运服务业的相对薄弱。

世界航运市场和航运业务由欧洲转至亚洲给亚洲发展航运服务业创造了机遇。从远洋运输供应的角度看,亚洲所拥有的船舶数量及载重吨位都位居世界首位;从远洋运输需求观察,由于亚洲地区如中国、印度等经济发展迅速,制造业生产的货物数量及海运需求不断增加,码头起卸货物的数量庞大。因此,无论从船舶拥有量、载重量,还是港口业务,都证明昔日欧美垄断航运业的局面,已出现了深刻的改变,亚洲的力量正在壮大。在亚洲各国经济迅速发展的情况下,船东及航运企业对航运业硬件及软件的需求不断增加。在亚洲,航运业的硬件部分如船舶制造、维修等业务已有一定的规模。如现在世界三大造船国,即韩国、日本及中国,都位处亚洲。相对而言,属于软件部分的航运服务业在亚洲仍发展缓慢,缺乏一个可以媲美伦敦的航运服务业中心。事实上,亚洲的船舶拥有者及管理者的很多业务都在伦敦进行,一方面是因为伦敦是一个传统、成熟的国际航运服务中心,其航运服务一应俱全;另一方面,各地航运业的龙头都集聚在伦敦,人际关系网络发达,专业人才储备充足。可见,虽然当今世界航运市场的重心已从欧洲转向亚洲,但是与航运相关的服务业仍较多地集中在欧美,并没有同步转移至亚洲。长远来看,与航运相关的服务业逐步放到亚洲来似乎是必然的趋势,各项服务业聚集亚洲的最大优势是更能贴近市场、贴近实际港口业务的发生地,并更能迎合亚洲市场的业务特色和运作。但问题是这些业务如何放到亚洲来,以及放到亚洲的哪一个城市。这对香港来说既是机遇,也是挑战。若香港能把握航运业重心转移至亚洲的机遇,利用自身优势,更有效、更迅速地发展航运服务业,应能逐渐吸引亚洲船舶拥有及营运者使用香港的航运服务,改变单纯依赖伦敦航运中心的习惯。而西方与船舶服务业有关的跨国公司为了扩张亚洲业务,势必选择船舶拥有及营运者众多的香港作为业务根据地。长久发展下去,船舶拥有及营运者与航运服务业公司在香港集聚,又将进一步吸引更多世界各地的航运企业来香港,令香港作为国际航运中心的地位更为巩固。

除了世界航运市场的重心从欧洲转向亚洲的机遇外,内地航运业的发展也为香港航运服务业提供了难得的发展机遇和空间。近年来,内地航运业迅速发展,对航运服务的需求不断增长,国家需要建立一个国际航运中心,以减少对外国航运服务的依赖。随着世界航运业的重心正由欧洲转至亚洲,亚洲正需要一个能为船东及船舶管理者提供一站式服务的航运中心。中国是世界航运大国,船舶多,货运量大,增长速度快,但却欠缺一个高水平的航运服务中心。

香港航运业虽然直接从事集装箱运输的相对份额已有下降趋势,但为航运业服务的金融、保险、国际仲裁及其他专业服务获得了快速发展,其服务范围不仅涉及香港和珠三角地区,而且正在向长三角和环渤海地区辐射。香港应把握时机,利用既有的优势,充分利用内地庞大的市场,积极发展航运服务业,定位为亚洲乃至全球的航运交易、定价、管理、人才、融资中心,并保持和巩固其国际航运中心的地位。这对香港的经济发展意义重大,不仅可为香港在其集装箱业务面临衰退的情况下开拓一个新的有潜质的发展领域,更有助于香港巩固其作为国际航运中心的地位,增强香港的城市竞争力。

香港的发展面临越来越大的挑战。从经济总量规模看,香港2010年被上海、新加坡超越,2011年被北京超越,而广州、深圳的经济总量也在逼近香港。从领先的服务业领域看,港口业务已经被上海、深圳超过,人民币国际化尤其是人民币在资本项目下的可兑换的实现将进一步削弱香港的金融中心地位,内地自由贸易园区建设的推进则将进一步弱化香港自由贸易港的制度红利。面对上海、深圳等地在港口、航运、金融等多领域的竞争挑战,香港需要在提质方面营造新优势,巩固其区域性国际中心城市的地位。香港特殊的自由港制度安排、市场经济环境以及成熟的商业传统等,是香港的优势所在。

香港经济的转型创新已经启动。充分利用这些优势,培育新的经济增长点是香港当前城市经济发展的重点。在国际贸易领域,香港正在进行转口贸易的转型发展,离岸商品贸易正在取代传统的转口商品贸易,成为香港转口贸易的重心。香港已经重新回到了贸易为本的经济。从2003年开始,在香港统计局正常统计表中的本产出口和转口贸易就开始比港商经手、不在本土统计的离岸贸易要少。也就是说,香港这个贸易商埠在20世纪50年代进入工业化的第一次经济转型后,80年代制造业开始在本土退出历史舞台,香港经历了"前店后厂"依赖珠三角制造业加香港转口的第二次转型;现在,香港已经悄悄地进入了第三次转型:重新回到了国际市场掮客的角色,在覆盖更大的产地(超越珠三角,珠三角地区目前占港商离岸贸易的60%,进入全国和亚洲第三世界地区)的同时,提供更全面的全球供应链管理,完成全球销售链需要的多种服务。香港贸发局研究显示,自2006年起,每年的离岸贸易货值都高于转口货值。2011年,离岸贸易货值估计达4.5万亿港元,相当于同期香港转口贸易货值的1.4倍。事实上,2002年至2011年,离岸贸易货值增加了逾200%,远高于同期香港转口货值的130%增幅,2012年总量达到46689.47万港元,超过了同年33755.16万港元的转口贸易总量。[①] 香港仅贸易行业就有50万人就业,这些职位越来越多地与离岸贸易相关。2012年香港贸发局问卷调查显示,未来三年(2013—2015)不少企业会扩张,但主要不是在珠三角,而是广东其他地区、其他内地省份,以及东南亚,特别是越南等比珠三角劳动力更便宜的地方,这些地方业务的扩张会导致大多数企业在香港聘用更多的人手,以处理因为离岸贸易和生产带来的各种高端服务需求。香港拥有大量高素质的金融、法律、物流方面的人才,制度设计方面和国际接轨程度很高,因此在提供衍生服务方面具有很大的优势。香港作为有形贸易转口港的角色也可以延伸为资金、服务和金融工具的流通枢纽。香港贸易的组织结构、环境和地理已经完全不同于以前:在香港本地,靠强大的金融业、优良的对外交通运输基础设施、便宜兼完善的电子信息系统和令人信赖的法治环境为基础;在香港以外地区,靠市场力量,不断扩充和转移其庞大的贸易网络,将产地与市场连接起来;本地的环境与外地的市场一起促成了本地作为区域甚至全球供应链管理枢纽的定位。这是香港这个新型亚洲贸易中心的本质。[②]

---

① 数据来源:《香港统计年刊(2013年)》。

② 王缉宪:解读香港经济的本质:扩展的贸易圈与升级的产业内涵,http://blog.sina. com. cn/s/blog_6ba065170101ebhj. html.

三、正处在港口城市发展顶峰的城市经济发展历程

(一)上海城市经济发展历程

从历史纵向的视角看上海的港口与城市发展,可分为三个阶段。一是新中国成立之前上海港口与城市的第一次繁荣;二是新中国成立之后计划经济时代上海从消费性城市转型为生产性城市的调整;三是改革开放以来上海港口与城市的第二次繁荣。

1. 从小渔村到远东大都会的第一次繁荣

上海港最初仅仅是一个小渔村,直到 13 世纪才发展成为一个城镇。宋元时期,中国与海外来往频繁,上海开始凸显其重要性,商船云集。至明朝初步成为国家的纺织和手工业中心。港口和商埠的崛起始于清朝。

上海的崛起从近代开始,随着条约口岸的开放,因港设县,以商兴市。1840 年鸦片战争以后,清政府被迫签订了《南京条约》,依照条约规定,上海正式开埠通商。1845 年,英国在上海设立租界,外国人先后获得居住和贸易的自由,获得设立领事馆等特权,相继产生了一些外国商社、英美企业和合资企业,控制了上海的贸易和海运。到 20 世纪 30 年代,上海成为远东地区的国际商业中心、金融中心、交通枢纽。同时,对外贸易快速发展,超过广州成为全国最大的对外贸易中心。上海洋货转运占全国进口货物的比重,在 1884 年以前平均高达 50%,1885—1904 年间,随着其他口岸的开放,这一比重有所下降,但仍高达平均 42%。上海土货转运国外占全国出口总值比重低于洋货外贸埠际转运,但在全国出口中的地位仍占据第一。1864—1872 年间,上海土货转运国外占全国出口总值比重平均为 28%,1873—1892 年间,占全国出口总值比重平均为 22%,1892 年后出现了一个持续增长的时期。总体看,1864—1904 年间,上海土货转运占全国出口比重平均为 24%。[①]

进入民国,两次世界大战之间,是上海外贸在民国时期发展最快的阶段。1919—1929 年间,上海出口占全国的比重在 35%～45% 之间。经上海进口的商品规模波动很大,抗战胜利后一度占了很高的比重。如 1946 年,上海进口总值 12809 亿元,占全国进口总值的 85.3%,主要进口货物为美国倾销剩余物资和奢侈品。1948 年,上海进口总值占全国进口总值的 78.5%,主要进口货

---

① 复旦大学历史地理研究中心:《港口—腹地和中国现代化进程》,齐鲁书社 2005 年版。

物有橡胶原料、钢铁五金、化学产品、棉花、汽油、煤油等。①

2. 计划经济时期的转型

新中国成立后，上海城市功能定位发生了重要变化。1956—1977 年，中央将上海定位为全国的重要工业基地，主要为全国输出工业产品、技术和人才。

计划经济体制下的对外贸易，以及西方对我国的封锁，繁荣了香港的转口贸易，却相对削弱了昔日作为远东航运中心上海的地位。1953 年，上海出口货值 1.83 亿美元，占全国 17.9％。1958 年出口值上升为 6.29 亿美元，比重升至 31.75％。20 世纪 60 年代年均出口值 7.18 亿美元，20 世纪 70 年代年均 20.92 亿美元，占全国的比重在 30％～40％之间。进口的规模不同时期变化较大，20 世纪 50 年代先降后升，从 1951 年的 9600 万美元下降到 1954 年的 3758 万美元，1958 年恢复至 6600 万美元。三年困难时期进口额下降，1965 年恢复到 6000 万美元，"文化大革命"期间再次不断下降，1969 年降至最低点为 1600 万美元。20 世纪 70 年代开始恢复，1975 年突破亿美元，1978 年增至 1.33 亿美元。

1955 年，毛泽东在视察上海港时提出"上海港是我国第一大港，又是一个国际性港口，一定要把它管好"。由此，在"一五"和"二五"计划中重点推进对港口基础设施的建设，经过两次港口建设高潮，新建、改建泊位 22 个，其中 9 个为万吨级泊位，上海港实现了新的发展。

1953—1977 年，上海经济以工业为主导、以重工业为重点，从消费性城市转型为生产性城市。第二产业所占比重增加 25％，第三产业比重则下降 23％。改革开放之前，上海成为全国的工业基地，主要工业经济指标位于全国前列，第二产业产值占全国总值的 10％左右。

3. 改革开放以后的振兴

改革开放以后，上海作为全国经济中心城市，开始了港口与城市的振兴，可以分为三个时期：一是改革开放初期的准备阶段；二是 21 世纪 90 年代到 2010 年的快速发展阶段；三是正在进行的功能提升与质变阶段。

在港口建设方面，随着港口吞吐量的快速扩张，实现着港口空间从河港到河口港再到海港的拓展，在建设国际航运中心的过程中，成为世界第一大港。1979 年开始集装箱码头和老港区的改造，先后在黄浦江关港地区和长江口南岸的宝山地区建设新港区，使上海的港区范围由黄浦江拓展到长江

---

① 《上海对外经济贸易志》编委会：《上海对外经济贸易志》，上海社会科学院出版社 2001 年版。

口。1983 年建成第一个现代化集装箱码头,吸引国外著名的航运公司在沪设立机构。1984 年完成吞吐量 10066 万吨,首次跨入亿吨大港行列。2001 年,国务院在上海城市总体规划批复中,要求上海建设为国际航运中心。2005 年建成现代化集装箱深水港——洋山港,上海港的港区由长江口拓展到口外的东海。在这一过程中,尤其是 21 世纪 90 年代以后,上海港的集装箱吞吐量进入了高速发展阶段,2007 年超过香港成为世界第二大集装箱港口,2010 年超过新加坡港成为世界第一大集装箱港口(见图 2-3)。

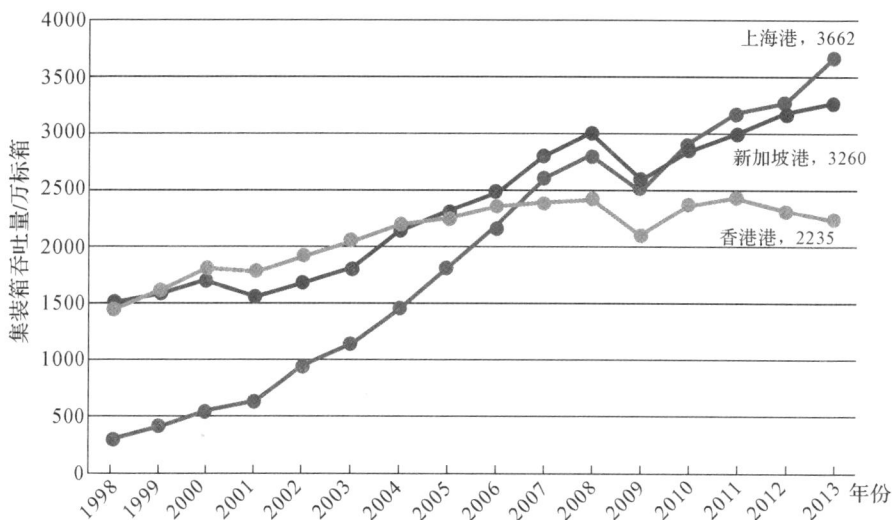

图 2-3　1998—2013 年上海港、新加坡港、香港港集装箱吞吐量
数据来源:历年世界海运报告。

在城市经济发展方面,改革开放后,上海重新审视自身城市功能定位,从全国工业生产基地重新回到了商贸、金融中心的定位。1984 年,国务院将上海定位为开放型、多功能的现代化城市。在产业发展方面,虽然仍重视发展制造业,在中心城区的外围建设各类工业园区支撑的工业型卫星城,着力培育新的支柱工业,金属冶炼、化学工业、机械工业等传统部门发展较快。但仍启动了三次产业结构的演变。1978 年至 1990 年,第二产业所占比重逐步下降,年均下降 1.5%;第三产业所占比重稳定上升,年均上升 4.3%。

1990 年,国务院批准上海浦东新区开发开放,1992 年进一步明确了上海应以浦东开发开放为龙头,以国际经济、金融、贸易中心(即"一龙头、三个中心")为新的建设目标,上海城市经济转型加速,国内经济、金融中心地位开始重新显现,国际地位迅速上升。2001 年,国务院在上海城市总体规划批复中,要求上海建设为国际航运中心,将上海建设目标扩展为具有"一龙头、四个中心"功能的现代化国际大都市。2009 年,国务院向上海提出了优先建设国际金融中心、国际航运中心的战略任务。上海城市转型与浦东新区的建设紧密相关。浦东新区是明确以高级服务业为主的国家级新区,进行了大规模的金融商贸地产的开发。1990 年至 1995 年是浦东新区的形态开发阶段,1996 年至 2005 年为功能提升阶段,2005 年后为制度创新阶段。同时,浦西中心城区加快了"退二进三"产业结构调整战略的步伐,工业土地与旧式住宅用地置换成办公用地后,办公和商业楼宇构成比例大幅上升,工业用地所占比重大幅下降。中心城区空间垂直高度化、功能集聚化、基础设施系统化、建筑风格多样化进展明显。上海外滩和陆家嘴金融贸易区组成的中央商务区轮廓初现,江湾、花木、徐家汇、真如等四个副中心也已经具有一定规模,城市"多中心"、"开敞式"的空间结构初步形成。[①]

在这一过程中,第三产业所占比重快速上升,1999 年第三产业所占比重首次超过第二产业,2005 年后第三产业从"量的扩张"逐渐向"质的提高"方向转变,第三产业与第二产业的占比差距迅速拉开(见图 2-4)。初步形成了以金融、房地产、商业服务为核心,科研、咨询、法律、会计、广告等飞速发展的服务业体系。高端金融服务,以及第三方物流、航运交易、船舶管理等高端航运服务快速发展。

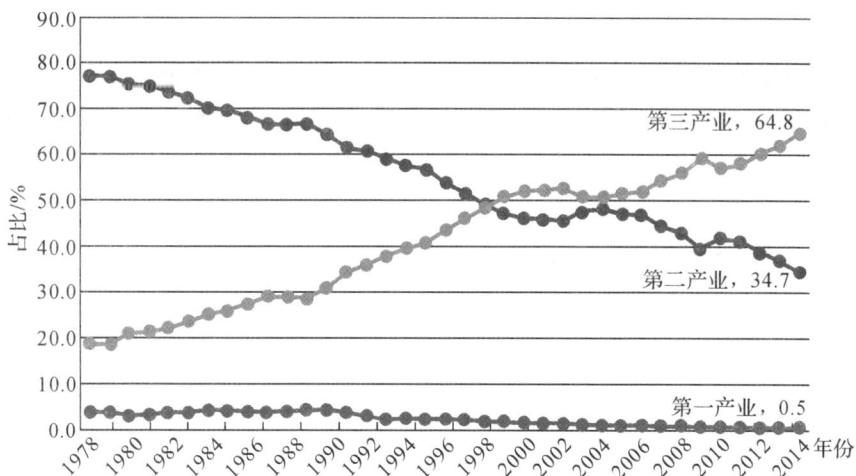

图 2-4 1978—2014 年上海市三次产业结构变化

---

① 曾刚、倪外:《新中国成立以来上海城市经济发展研究》,《经济地理》2009 年第 11 期,第 1777—1782 页。

4. 迈向未来的全球城市

科学制定城市发展战略是引领城市未来发展方向的路标。2050 年,中国将实现中华民族伟大复兴中国梦;再过 5 年,上海就要实现 2020 年建成国际经济、金融、贸易、航运中心的宏伟目标,上海将站上新的历史起点。在新的历史阶段,上海需要新的战略指引。

当前,上海的发展战略有两大新动向:一是在"四个中心"的基础上提出的建设"具有全球影响力的科技创新中心"或"全球科技创新中心";二是建设全球城市,即到 2040 年初步建成为具有全球资源配置能力,较强国际竞争力和影响力的全球城市。

从城市发展愿景看,上海应当成为体现文明特质的综合型、世界性全球城市,全球城市网络中最重要的节点城市,成为基于长三角的全球城市区域网络的核心城市。基于这样的发展愿景,应以多个层面的城市功能共同形成面向未来 30 年的上海城市功能体系。

从资源层面看,上海应当成为全球资源配置管理协调功能的控制节点,高端资本、商品、信息和人流的交换枢纽,"四个中心"就是体现这一全球资源配置管理中心的发展目标;集聚具有全球影响力的科学原创中心、研发总部、制造高地、具有全球影响力的科技创新中心是新的体现科技资源配置中心的发展目标。

从生态层面看,上海未来全球城市功能的转型,信息技术、大数据、云计算等科技创新日新月异,将催生出新的商业模式和服务业态,也必将改变城市居民的生活方式。新一轮的技术革命必将着力于人与人的协调发展、人与城市的协调发展、人与自然的协调发展。未来上海要建设的城市必然是智慧的、自然的全球城市。[①]

(二)天津城市经济发展历程

现代天津港位于渤海湾西端,为河海要冲,畿辅门户,在我国历史上对发展南北经济和文化交流起过重要作用。历史上天津港曾发生过三次大规模的历史变迁。从唐代的"三会海口"到金朝的"直沽港(三盆口)",从近代的"紫竹林"码头到现在的天津港,天津港的每一次变迁都在天津历史上引发了港城互动的演进过程,同时也推动着天津城市发展重心的转移。

---

① 肖林:《我们的上海、中国的上海、世界的上海——关于面向未来 30 年上海发展战略的思考》,《科学发展》2015 年第 1 期,第 5—9 页。

1. 港城共荣的三次起落

三会海口——漕粮运输。唐代,军需用品主要通过河路与海路联运的方式运输,这时就出现了具有泊船、装卸、中转、仓储等功能的天津最早的海港——军粮城海口,在唐代《通典》中称其为"三会海口"。由于三会海口港的兴盛,使得当时的军粮城一带经济繁荣,这也是天津历史上第一次出现因港兴城的历史过程。从形态形成的动力机制看,天津城得以建立和兴旺的原因也在于三岔河口在整个漕粮运输体系中的节点地位,其所引发的对军事上的需求和对商贸上的需求,前者立城,后者兴城。宋朝三会海口港南北转运的功能逐渐丧失,加上 1048 年黄河入海口变迁,港口作用消失,第一次港城互动结束。

直沽——内贸港口。金朝以后,位于南、北运河和海河交汇处的"三岔口"(即直沽港)成为金、元、明、清各王朝的漕运枢纽和军事要地。天津步入了第二轮的临港筑城、以港兴城。金朝兴河漕,元朝以海漕为主,明朝先海漕后河漕,清代先河漕后海漕,年转运量由金朝的 170 万石增加到元朝的 300 万石,至明、清的 400 多万石。繁盛的漕运使三岔口成为广连南北、辐射西东、河海同漕、水陆联运的枢纽,五方商贾,云集津门,形成了以港口为中心的商业活动区,其中天后宫和北门外沿河地带既是南北货物的装运集散地,又是天津商业的繁华区。直沽港的兴盛,使天津成为京都附近一个大型的门户城市,傍河筑港、临港兴城的格局在明代初期已成定势。此为第二轮的港城互动。

紫竹林——殖民性开放港口。紫竹林位于天津城东南马家口海河西岸,海阔水深,渤海的潮水经海河溯流至此,形成约 3~4 米的潮差,便于大型轮船进出和停泊,具有修建港口的优越条件。1860 年,天津被辟为通商口岸,外国列强在紫竹林上下海河两岸圈占租界、修筑码头,进行掠夺性贸易。至此,一个以转运漕粮为主的主权性内河港,沦为殖民性开放港口,紫竹林港区开始逐渐繁荣。1875—1899 年,到港船吨数和贸易值分别增长 1.3 倍和 3.5 倍。1900—1910 年,紫竹港区新建码头岸线达到 4100 多米,是开埠初期的 7 倍。随着紫竹林港区对外贸易的发展,其他相关产业发展较快,同时也推动城市重心向租界区移动,随后形成了近代天津城市商务办公区、豪华住宅区与商业区共存的基本格局。

天津港口作为我国北方最大的内河外贸港口,很大程度上带动着城市经济社会的全面发展。自从天津被迫开埠后,天津的近代工业也开始出现。1862 年开始,天津的机械制造业、船舶制造与修理业是我国最早出现的近代工业。20 世纪初民族工业兴起,1915—1922 年,先后开办了久大制盐、永利化学、黄海化学工业社等,开创了我国现代盐化工的先河。到 21 世纪 30 年代,以纺织、面粉、食品、轻工等为主的民族工业获得较快发展并形成相当规模。天津港成为仅次于上海港的中国第二大商港,成为北方的经济中心。

2. 计划经济时代实现从河港向海港的转变

1952 年,天津新港重新开港,并开始了从河港向海港转变。在 21 世纪的 50—70 年代,天津港经过 1951 年、1959 年的两次建港和 1973 年开始的第三期宏伟扩建。到 1976 年,由于海河断航,紫竹林码头被正式废弃,港区重心完全移到下游的塘沽新港,形成了以新港为主,由北疆、南疆、海河三大港区组成的中国最大的人工国际贸易大港。

但在计划经济时代的沿海与内地关系处理中,天津作为沿海地区,基本上没有新建大型工业项目,只有钢铁、化工等改扩建,工业基础没有得到充分利用和发挥,城市建设也没有随着港口的建设而迅速推进。

3. 改革开放以后的港城繁荣

20 世纪 90 年代开始,随着国民经济的快速发展,天津港的港口吞吐能力实现了历史性的突破,每年以千万吨的增长量,步入了快速增长期。2001 年,天津港吞吐量首次超过了 1 亿吨,改写了中国北方没有亿吨大港的历史。此后,天津港吞吐量以每年 3000 万吨的增长速度持续高速增长。2004 年吞吐量突破 2 亿吨,成为北方首个 2 亿吨大港,吞吐量位居世界港口前 10 名,其中集装箱超过 380 万标箱。2007 年天津港吞吐量实现 3 亿吨,集装箱吞吐量 710 万标箱。2010 年集装箱吞吐量超过 1000 万标箱,2013 年达到 1300 万标箱(见图 2-5)。2014 年,港口货物吞吐量 54002 万吨,集装箱吞吐量 1406 万标箱。虽然其发展迅速不如上海港、宁波港、青岛港、广州港,但呈现出稳定的增长态势。

天津港中心移至塘沽新港,随之吸引了天津工业的东移,沿海河及津塘公路两侧的筑港、航运、造船、轧钢、仓储业等迅速发展,同时也带动了塘沽各业兴旺,促进了临港经济技术开发区和保税区的建设,扩大了塘沽及天津市的辐射范围,强化了天津港口城市的地位和作用。[①]

---

① 李瑞莎:《天津港城互动关系演化路径研究》,天津师范大学学位论文,2013 年。

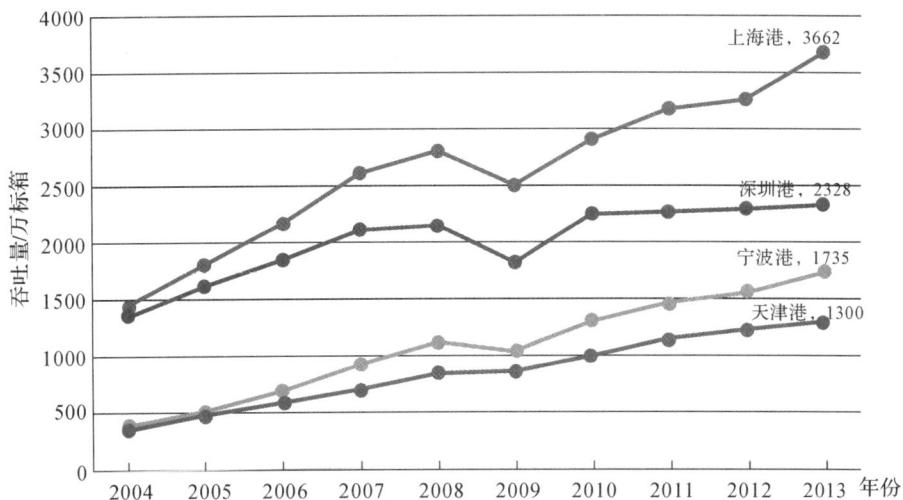

图 2-5　2004—2013 年上海、深圳、宁波、天津四港集装箱吞吐量

数据来源:历年世界海运报告。

据初步统计,2013 年天津实现地区生产总值 15722 亿元,第一、二、三次产业占比分别为 1.3%、48.1%、50.6%(见图 2-6)。作为港口城市,与上海相比,天津的三次产业结构演变相对滞后。上海是在 1998 年完成第三产业占比超过第二产业占比,并且经济服务化的趋势是稳定推进。天津的第二

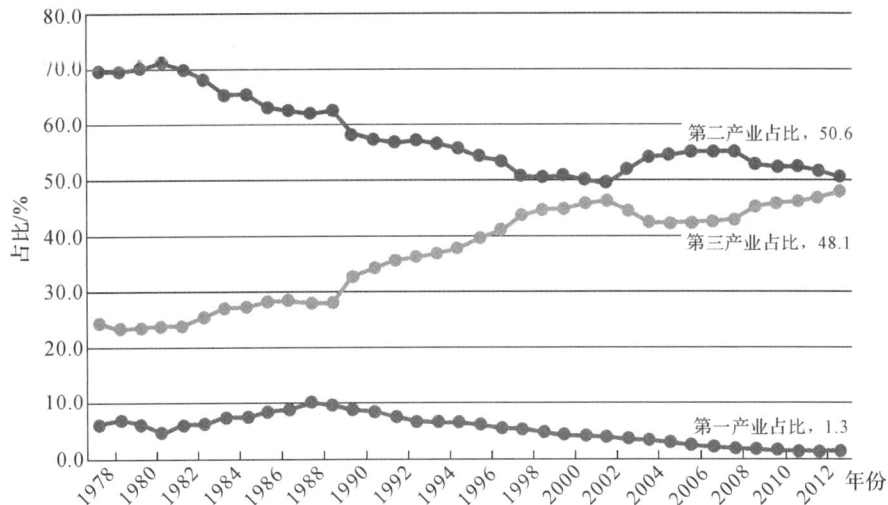

图 2-6　1978—2013 年天津市三次产业结构变化

数据来源:天津市统计年鉴 2014。

产业占比下降,第三产业占比上升,1998 年至 2002 年间放慢,在 2003 年至 2008 年间出现了逆转,直到 2013 年才实现第三产业占比超过第二产业占比,但 2014 年又几乎相当。这其中的一个重要原因是天津市紧邻北京的区位导致的城市群内第三产业发育不足,另一重要原因则是天津依托港口的重点是发展临港工业。

继上海浦东新区后,2006 年国务院发文设立天津滨海新区。天津滨海新区位于天津东部沿海地区,环渤海经济圈的中心地带,总面积 2270 平方公里,人口 263 万人,是中国北方对外开放的门户、高水平的现代制造业和研发转化基地、北方国际航运中心和国际物流中心、宜居生态型新城区,被誉为"中国经济的第三增长极"。

4. 京津冀一体化和自贸区下的发展前景

天津市作为我国北方经济中心及北方最大的综合性港口城市,是环渤海地区经济中心和京津冀一体化的交汇点和物流中心,是对内对外开放两个扇面的轴心。对内可成为联系南北方、沟通东西部的重要枢纽,腹地遍及北方 12 个省区;对外可面向东北亚,是中国北方连接亚欧大陆桥最近的东部起点。

京津冀一体化作为国家战略的强势推进,为天津城市的转型升级创造了难得的机遇。天津代替北京发展大规模高级服务业从而成为京津冀大城市群的核心城市将是天津市未来的发展目标。

天津东疆保税港区位于天津港东北部,规划面积约 30 平方公里。东疆港区分为码头作业区、物流加工区、港口综合配套服务区"三大区域",已形成完善的港口服务规模。东疆保税港区被国务院确定为中国北方国际航运中心和国际物流中心的核心载体,享受到多方面的先行先试政策。天津市已将其列为促进经济发展的工作重心,计划在未来 5 年内投资 500 亿元以上,在东疆保税港区旁填海造地近 40 平方公里,给未来自由贸易区的发展提供空间。

(三)深圳城市经济发展历程

1. 高速发展的深圳港

深圳港位于广东省珠江三角洲南部,珠江入海口东岸,珠江三角洲经济区的中心地区,毗邻香港。其 260 公里的海岸线被香港九龙半岛分割为东西两部分。西部位于珠江口伶仃洋的矾石水道东岸,水深港阔,具有天然的深水航道,是我国少有的深水河口港湾,经珠江水系可与珠江三角洲其他内河港口相连,经暗士顿水道出海可到达国内沿海及世界各地港口。东部港区位于大鹏湾内,港内水深 12~14 米,港区少淤,掩护条件好,是天然的深水良港,其得天独厚的区位地理优势成为集装箱枢纽港的理想港址。同时,深圳港与香港处于同一水域,呈互为依托之势,两地港口优势互补,联动发展。

深圳港是与深圳经济特区同步发展起来的,以跨越式的发展,创造了世界港口发展史上的奇迹,成为深圳一张光亮的名片。深圳港是我国发展最快的港口,港口凭借得天独厚的自然条件和特区优惠政策迅速发展起来。从 1980 年建成历史上第一个 5000 吨级海港码头,到 1998 年底跻身全球第 17 大集装箱港,深圳港经历了初步具备工业港功能、远洋运输港功能和正在形成的华南地区集装箱枢纽港三个阶段。

深圳先后投资 150 亿元建成蛇口、赤湾、妈湾、东角头、盐田、福永、下洞、沙鱼涌、内河等 9 个港区。1991 年底进入我国内地沿海十大港口行列,1992 年被国家正式列为我国综合运输网中的主枢纽港。据统计,至 1998 年底,深圳港口水域面积 106 平方公里,陆域面积 16 平方公里。海港码头泊位 119 个,其中经营性泊位 65 个,万吨级以上深水泊位 33 个,集装箱专用泊位 7 个。港口设计年通过能力已达 4700 万吨,其中集装箱年通过能力 210 万标准箱。码头岸线总长 16281 米,最大靠泊能力 7.5 万吨级。1998 年,深圳港完成货物吞吐量 3444.1 万吨,集装箱吞吐量 195.2 万标准箱,分别名列我国内地沿海港口第 8 位和第 2 位。至 1998 年底,共有 21 家国内外著名船公司在深圳港开辟了 27 条国际集装箱班轮航线,全年干线班轮靠泊达 1310 艘次,平均每月班轮靠泊 109 艘次。

深圳港的高速发展,已逐渐成为深圳市经济发展的一个新的增长点。据初步统计,1998 年港口业从业人员约 1 万人,港口企业、港口配套服务业及主要港口相关企业等的产值约为 118 亿元,其中港口企业营业收入约 70.7 亿元,利润约 10.8 亿元,税收约 2.2 亿元;而依赖港口生存、发展的相关产业,包括港口陆路(公路、铁路)集疏运业、临港工业、港口保税业、港口工程建筑业、海运业等的产值约为 264 亿元。由港口产生的直接经济效益和间接经济效益约为 382 亿元,对深圳市的经济发展作出了重大贡献。

深圳港的发展从一开始就走上一条由企业投资、建设、经营管理的新路。企业按照自筹资金、自我建设、自主经营、自负盈亏的滚动发展模式,建设和经营港口码头。为调动企业投资港口业的积极性,深圳市政府出台了一系列优惠政策,包括:减免企业的有关税收,减免或挂账港口发展所需的土地和岸线资源费,为企业提供各项优惠的金融服务(包括股票上市),允许企业与外商合资建设经营港口设施,鼓励企业发展以港口为纽带的临港工业和多种经营等。灵活的政策增强了政府对市场的调控能力和对企业的服务能力,同时也增强了企业适应市场经济环境的能力,港口的发展始终保持不竭的活力。

深圳市港务局作为全国第一个政企分开的行政机构进入深圳市政府序列,并依照有关法规、规章从规划、安全及港政管理等方面对港口实施宏观调控,统一管理,不干预港口企业的生产经营活动。口岸单位查验手续进一步简化,商检、卫检、动植检已撤离口岸查验第一线并实行三检合一,"边检管人,海关管物"真正得到落实。作为口岸管理体制改革重要组成部分的港口管理体制改革,在已经完成港务港监管理体制改革、引航管理体制改革、适度开放外轮理货服务市场改革之后,进一步实施港埠企业现代企业制度改革,使政府部门的管理和港口企业的运作向国际惯例靠拢。

深圳港充分利用经济特区的各项优势(包括优惠政策措施),积极吸引香港资金参与港口的建设与经营。据统计,香港企业界投资深圳港及其配套设施,约占全市港口投资的 2/3。正是由于香港港航界积极投资参与深圳港的建设,深圳港才能在短时间内,集装箱吞吐量跃居全国第 2 位、世界第 4 位,创造了中国港口发展史上的"深圳速度"。香港企业界参与深圳港口的建设与经营,一方面解决了建港资金不足的问题,另一方面引进了先进的管理观念、管理经验、管理方式、管理人才和国际货运网络,缩短了深圳港建设和管理与国际先进水平的差距。同时深圳港腹地宽阔,用地潜力大,地价低,为缓解香港港口后方用地不足提供了一条新的途径,为香港港口后方拓展了充足的发展空间。

深圳港以华南地区特别是珠江三角洲等辽阔的经济腹地作为依托,使港口具有充足的适箱货源。珠三角经济区包括广州、深圳、珠海、佛山、东莞等地,涵盖了广东省主要经济发达地区。珠三角是我国外向型经济最活跃的地区,其纺织成衣占全国的约 40%,塑胶、玩具、制鞋、箱包、家具、钟表占世界市场的约 20%,各类家电产品占全国的 30%～80%,各类 IT 产品占全国的 20%～80%,形成了从原材料、设备、半成品到产成品的巨大产业链。珠三角地区还凭借交通和区位条件的优势,通过建立泛珠三角经济协作区,将经济影响进一步扩大到中南、西南以至全国。

2. 全球知名集装箱大港

深圳港口已经从第一代港口跨入第三代港口行列,逐步向第四代港口迈进。特区建立伊始,深圳港蛇口港区的建设主要为特区提供建筑材料和工业原材料、成品运输和生活物资的运输,是典型的第一代港口。随着蛇口港区后续工程,以及赤湾和妈湾港区的建设,特别是蛇口港区和赤湾港区大规模临港工业的发展,深圳港开始向第二代港口发展。1985 年,深圳港与挪威签订化肥灌包复出口运输协议,深圳港初步显现第二代港口的雏形。之后相继有粮食、石油、木材、钢材等货物的中转运输,到 1990 年,深圳港基本形成第二代港口的框架。1991 年底,蛇口集装箱码头一期工程建成投产,深圳港开始向第三代港口方向发展,到 2003 年集装箱吞吐量一举跨过 1000 万标箱门槛,排到世界第 4 位。深圳港集装箱运输业务,特别是远洋集装箱运输业务的发展,使深圳港的性质和功能发生了根本变化。

港口不再局限于传统的运输方式的转换场所,而成为贸易、加工、金融、信息、运输等多种行业协同运作的平台亦即"物流平台",它使得原本分散的产业体系变成彼此之间相互联系的整体,成为国际物流的组织者,"港口经济圈"庞大的产业体系,覆盖社会生产、商品流通以及为它们服务的各个领域,港口与城市融为一体。探究深圳港得以快速升级的主要原因可以看到,珠三角经济高度发展,深圳及其腹地经济发达,进出口贸易活跃,适箱货源大量生成,与日益增长的进出口贸易量促进了相适应的港口来集散货物。而深圳港控江襟海,外近国际航道,内连铁路、公路、水路和空路,是海运进出的最佳门户之一。

目前,深圳港是名副其实的全球集装箱大港。2007 年,深圳港全年完成货物吞吐量 19993.76 万吨,同比增长 13.6%。其中外贸货物吞吐量 15354.3 万吨,同比增长 20.8%;集装箱吞吐量 2110.37 万标箱,占全国总量的五分之一,同比增长 14.3%。旅客吞吐量达 426.01 万人次,同比增长 9.05%,接近 1992 年 428 万人次的历史最高纪录。深圳港货物吞吐量从 1993 年起连续 16 年排行内地沿海港口第 8 位,集装箱吞吐量从 1997 年起连续 11 年排行内地港口第 2 位,从 2003 年起连续 5 年排行世界集装箱港口第 4 位。2007 年全年进出港船舶 29.84 万艘次,同比增长 13.95%,其中引领船舶靠离港 24335 艘次,同比增长 7.3%。

深圳港已经发展成为我国综合运输体系中主枢纽港和华南地区集装箱干线港。深圳港是我国内地国际班轮公司和国际班轮航线最多的港口。到 2007 年底,每月靠泊集装箱班轮超过 8500 艘;不包含国内航线和香港航线,其远洋航线集装箱运输量占全港集装箱吞吐量的 75%。全球有包括马士基公司等排名世界前 20 位的近 50 家国际船公司在深圳港开辟国际集装箱周班航线 197 条,而 2007 年净增 29 条。

目前深圳港以欧美、亚洲航线为主导,通达 100 多个国家和地区的 300 多个港口,已经成为世界上为数不多的班轮航线完全覆盖所有航区的港口之一,无论是航线覆盖范围、班轮密度,以及远洋运输的规模,深圳港都在全国名列前茅。

在集装箱班轮中,以深圳港及各港区命名的集装箱班轮已达 16 艘,其中以"深圳"命名的 6 艘,以"盐田"命名的 8 艘,以"赤湾"命名的 2 艘,充分显示了深圳港在国际航运界的地位在不断提升。此外,还有 4 家船公司在深圳港开辟了国内沿海港口内贸班轮航线 9 条。深圳港西部港口的华南公共驳船快线网点已覆盖广东及周边地区 15 个城市,共开通驳船航线 21 条。深圳蛇口、福永码头开通了往来深圳至香港(新机场)、澳门、珠海的客运航线 86 条。

深圳港的快速发展表现在政府和企业持续不断地对港口基础设施建设的投入,实现了港口功能结构趋于完善,推动港口生产建设快速发展。至 2007 年底,深圳港累计投资 425 亿元建设港口设施,已建成蛇口、赤湾、妈湾、大铲湾、东角头、福永、盐田、下洞、沙鱼涌、内河等 10 个港区。共建成 500 吨级以上泊位 159 个,其中万吨级以上泊位 69 个,码头岸线总长度 29222.3 米,形成货物年设计吞吐能力 14647.4 万吨。其中集装箱专用泊位 32 个,包括多用途集装箱码头能力在内,总设计吞吐能力 1357 万标箱;干散、杂及多用途泊位 53 个,总吞吐能力 1874.4 万吨;油气、液体散货泊位 17 个,总吞吐能力 802 万吨,其中集装箱吞吐能力 1357 万标箱;客运泊位 18 个,客运年设计通过能力 550 万人次。深圳港基础设施建设不断完善,整体实力得以再度提升,巩固了深圳港作为华南地区集装箱干线港的地位,为深圳和华南地区及更加广阔的泛珠江三角洲经济区经济发展提供了重要支撑。

3. 打造全球一流湾区城市

2014 年 12 月,深圳市委、市政府正式下发《关于发展湾区经济建设海上丝绸之路桥头堡的若干意见》(以下称《若干意见》),明确了这一战略部署的指导思想和总体目标,并围绕增强桥头堡开放引领、创新辐射、要素集聚、互联互通、基础支撑等五大功能提出了具体的措施路径。

为实现湾区经济与桥头堡建设同步推进、相互促进,《若干意见》提出,要以高质量的湾区经济推动海上丝绸之路桥头堡建设,以多层次的区域合作筑牢海上丝绸之路发展基石,实现湾区经济与桥头堡建设同步推进、相互促进。在发展目标上，到2020年，创新引领地位显著增强，开放合作层次不断提升，辐射带动作用日益强化，湾区经济形态和布局基本形成，与沿线国家在经济贸易、基础设施、文化交流等重点领域的合作取得突破性进展，在海上丝绸之路建设中的桥头堡作用凸显。到2030年，建成创新能力卓越、产业层级高级、交通网络发达、基础设施完善、生态环境优美的全球一流湾区城市，成为在海上丝绸之路中具有重要影响力的核心城市。

第一，要建设服务国家南海开发的战略基地。在打造湾区合作交流新优势，全面增强海上丝绸之路桥头堡开放引领功能方面，《若干意见》提出了四大措施，包括构建海上丝绸之路经贸合作枢纽、建设服务国家南海开发的战略基地、推动粤港澳世界一流湾区建设、促进前海成为海上丝绸之路重要战略支点。在建设服务国家南海开发的战略基地方面提出，要争取南海开发重大工程项目和企业总部落户，建设南海海洋科技中心、国家级海洋工程基地，以及融资、保险、租赁、海事仲裁等专业服务基地，强化对南海开发的支撑服务功能。在前海开发开放方面，要争取引进亚洲基础设施投资银行功能总部，探索设立中国—东盟跨境人民币结算中心。

第二，努力打造亚洲最大创投中心。在打造湾区创新驱动新引擎，全面增强海上丝绸之路桥头堡创新辐射功能方面，《若干意见》提出了三方面的措施，包括强化湾区自主创新基础能力、优化湾区自主创新生态体系、建设面向全球的创新策源地。在建设面向全球的创新策源地方面，鼓励领军企业到"一带一路"沿线国家设立研发中心、产品设计中心，合作建设国际技术转移中心和推广基地、科技企业创新园和孵化器等创新载体。发挥深圳科技金融发达的优势，努力打造亚洲最大创投中心，鼓励有实力的创投企业到沿线国家设立创投机构和创投基金。

第三，打造海上丝绸之路大宗商品交易中心。在打造湾区高端产业新形态，全面增强海上丝绸之路桥头堡要素集聚功能方面，《若干意见》提出了三方面措施，包括大力发展金融贸易核心功能业态、高端技术研发业态和高端价值服务业态。其中提出，要打造海上丝绸之路大宗商品交易中心，探索构建深圳与沿线国家资本市场的互联互通机制。

第四，共筑"信息丝绸之路"。在打造湾区多港联动新格局，全面增强海上丝绸之路桥头堡互联互通功能方面，《若干意见》提出了四大措施，包括着力强化世界级海港枢纽地位、加快建设区域性国际航空枢纽、充分发挥多港联动效应、全面拓展湾区发展战略纵深。其中提出，建设深圳港经内陆城市至中亚铁路班线，推进深圳港成为"一带一路"海铁联运枢纽；发挥"大航站区＋双跑道"双重优势,开通更多的东盟、南亚航班航线;建设服务沿线国家的大型国际数据中心,共筑"信息丝绸之路"。

第五,建立与国际接轨的民商事法治环境。在打造湾区城市环境新品质,全面增强海上丝绸之路桥头堡基础支撑功能方面,《若干意见》提出四大措施,包括全面打造国际一流营商环境、加快打造国际一流公共服务环境、突出打造国际一流城市环境、积极营造开放多元的国际化氛围。其中提出,充分利用特区立法权优势,探索建立高水平、国际化商事仲裁平台,建立与国际接轨的民商事法治环境;探索成立湾区经济联盟;依托本地高校、研究机构探索设立海上丝绸之路研究中心和特色学院,制定专门面向东南亚的留学生计划。

第三节 国内外港口城市的经验及其启示

综合上述处在港口城市不同发展阶段的国内外港口城市经济发展经验,结合宁波港口、港口经济、城市经济发展的实际,得出对宁波城市发展的经验启示。

一、港口城市中港口经济的占比先升后降

以港兴市是港口城市经济发展的重要起飞动力,港口带动港口城市的兴起,港口及其腹地是城市经济发展的重要前提条件,以港口主业和临港工业为主体的港口经济成为港口城市经济的主导产业。19 世纪之初的纽约是一座以港兴市的工业城市,运河的开通成就了港口的快速发展,港口的繁荣带动的是制造业的集聚。相对于纽约,伦敦的第一轮城市经济主体是港口主业带动的制造业、航运业、贸易,相对更多元化。巴尔的摩则以钢铁、造船为主,更突出了制造业在港口城市第一阶段中的重要地位。新加坡港口经济的起始与伦敦相似,伦敦是以对外贸易为起始,新加坡是以转口贸易为起始。但起始后,石化等制造业在新加坡港口经济占有更重要的地位。香港也是以转口贸易开始港口城市的发展,但其制造业的地位不如新加坡。上海、天津港口经济的繁荣也与运输、贸易相关,在计划经济特殊背景下,也都曾大力发展制造业,成为工业城市,改革开放后,天津依托港口发展临港工业的特色更为鲜明。深圳港口与城市的发展则是在特殊的政策、区位背景下实现的,港口的发展与毗邻香港相关,制造业的发展则是在港口与经济特

区的双重动力下实现的。

伴随港口城市的发展,港口城市均经历了经济的转型过程,港口的相对衰落和临港工业的外迁导致港口经济在港口城市经济中地位的相对下降,非港口经济部门上升为港口城市经济的主导产业。

宁波当前正处在港口主业与制造业发展的顶峰时期。从未来的发展角度看,港口的发展面临舟山港、上海洋山港的竞争,大宗散货的优势舟山港更强一些,集装箱的优势上海洋山港与宁波港不相上下。从长三角区域来看,随着经济发展进入后工业化阶段,港口运输增长将进入拐点。但在国家实施长江经济带战略和 21 世纪海上丝绸之路的背景下,以长江经济带为陆向腹地,以 21 世纪海上丝绸之路为海向腹地,包括上海港、舟山港、宁波港在内的长三角港口群还有较大的发展空间与时间。制造业的发展则面临土地、劳动力要素的制约与环境的约束,临港工业的增量发展空间有限,制造业转型升级成为必然,包括中心城区及近郊区部分制造业的向外产业转移与继续留在本地制造业的提质增效与绿色制造。从近年来同类城市的经济增长比较来看,宁波逐渐陷入了产业的结构性陷阱。原来支撑宁波城市与区域经济高速增长的以临港工业为优势部门的产业结构,正在因为制造业高增长的结束而服务业发育不足而转型滞后、增速放缓。宁波城市经济正在进入港口城市从港口、工业城市向服务业城市转型的艰难时期。

二、港口城市转型路径的多样化与个性化

由国际港口城市演进规律可见,在经历以港口为主业和制造业为主体的高速发展后,港口城市将转型进入以非港口经济部门的服务业为主体的新阶段。但不同城市的非港口经济部门选择或者说转型的路径各不相同。

不同的港口城市的转型路径各不相同,有学者将港口城市的转型路径归纳为两种:以提升促转型,以转型促提升。"以提升促转型"路径的特点在于重点围绕既有产业体系的能级提升需求而逐步进行调整。主要体现为港口体系的效率提升、既有产业的优势升级和城市生产者服务体系功能的补充完善。采取此种发展路径的国际案例如新加坡,突出表现为在产业转型提升的过程中,石化产业并没有逐渐萎缩,而是通过加强高新技术的注入,逐步向下游产业链环节侧重,提升产品附加值,并运用高科技控制工业污染问题。采取这种发展路径,有利方面表现在可先通过规模效应,奠定较为扎实的城市经济发展基础,但也具有转型成本较高、过渡期较长的不利因素。"以转型促提升"路径的特点在于注重经济发展重心的调整,并在这一调整

过程中逐步利用内外资源培育壮大产业体系。主要体现在港口体系的服务拓展、产业体系的衍生创新和城市综合信息网络的重点布局。采取此种发展路径的国际案例如日本横滨，为治理环境污染等问题，逐步调整产业发展重心，向高新技术领域和服务业领域倾斜，部分临港区域逐步调整为以发展高技术和服务业为主，同时充分利用区位优势与东京形成双子星座，二者错位发展、优势互补。采取这种发展路径，有利方面表现为转型过渡期短，可利用先发优势占得先机，但由于经济基础和产业结构支撑不足，转型风险较大。

从我们以上对国内外港口城市转型发展历程的分析看，港口城市从制造业城市向服务业城市的转型是个艰难的历程，既取决于港口城市本身的前瞻性规划、果断的基于产业转移基础上的产业转型，更取决于港口城市在所在区域城镇体系中的地位。纽约、伦敦、新加坡、香港、上海等在世界城市网络中居较高等级地位的城市，一般都经过了两次转型。第一次是从港口运输与制造业城市向金融中心的转型，第二次是从金融中心向创意创新中心或科技中心的转型。以巴尔的摩为代表的大都市带中非中心城市的转型则更多表现为从港口、工业城市向休闲旅游等专业性城市的转型。

对于宁波来说，当前政府所采纳的转型路径可归入"以提升促转型"。转型的重点放在港口经济的提升，以及依托港口发展相关的服务业。当前作为宁波未来发展重大战略举措推进的"港口经济圈"建设，其重点在于提升港口经济。包括通过优化港口及其集疏运网络增强港口辐射力、拓展辐射范围；依托强大的港口发展物流、商贸以增强城市的辐射力，并以此为基础发展城市经济；提升以临港工业为支柱的制造业，保持城市经济的持续稳定增长等。采取这一路径契合了当前国家实施的长江经济带战略和21世纪海上丝绸之路战略，也延续了宁波长期以来实施的"以港兴市、以市促港"战略，以及"建设现代化国际港口城市"的战略目标。但前提是宁波港继续繁荣。这有可能出现以下几种情景：情景一是宁波港与舟山港一体化如预期推进，宁波—舟山港与上海洋山港建立良好的合作共赢关系，宁波市与舟山市的统筹发展也在优势互补、利益共享的基础上协调推进，宁波中心城市成为宁波—舟山港的依托城市，则最终建成的是"上海国际航运中心"的港口经济圈，港航产业成为港口经济的重要支柱，港口经济成为宁波城市经济的主导产业。情景二是宁波—舟山港一体化如预期推进，舟山群岛新区实现跨越式发展，出现宁波、舟山双核心都市区，宁波与舟山分享依托宁波—舟山港的港航产业，宁波的城市经济需要其他非港口经济部门的支撑。无论是哪种情景,宁波需要做的备案是在尽力发展与宁波—舟山港相关的港航产业、物流产业、商贸产业的基础上,培育非港口经济部门,增强城市的多元化,以备港口动力衰退导致的城市经济发展动力不足。同时需要明确的是,宁波作为长三角城市群的核心城市,在毗邻上海的区位条件下,不具备走纽约、伦敦、新加坡的建设金融中心、航运中心等不同级别中心城市的转型之路。在上海提出建设全球城市目标并得到国家全力支持的区域背景下,非港口经济部门的选择只能走类似巴尔的摩的专业化、特色城市路径。

从总体上来看,宁波港口经济中的直接产业实力雄厚,但仍有待增强辐射能力。宁波港口经济的核心服务业发展迅猛,主要包括水上运输业和港口物流,尤其是港口的集装箱吞吐量已经名列世界各大港口的第5位。基础服务业,主要涉及船代货代、船员管理及船舶的供应、管理、修造和检验,正在加速发展过程中,综合实力日益凸显。主要包括航运金融、航运经纪、航运信息和咨询、海事法律仲裁以及港航人才培养的高端服务业仍处于起步阶段,强于舟山,弱于上海。港口经济中的港口依存产业目前仍是宁波港口产业发展的核心推动力,宁波的临港工业在高新技术、产业集聚、重大装备业发展、产业链延伸等方面要争取实现重大突破,促进临港工业发展模式转变,使生产工艺技术水平有明显提高,要素配套能力明显增强,形成技术先进、资源节约、环境友好、效益提高、带动能力强的临港工业新模式,以加快推进临港工业转型升级,优化依存产业结构。港口经济中的相关产业,尤其是贸易、金融、信息服务业等,是推动港口经济转型发展的新动力和新引擎,其发展关系到宁波港口、产业、城市未来的发展与转型。

三、港口城市转型的基础与前提

空间拓展与人口集聚是港口城市后续发展的基础。在港口城市发展过程中,第一阶段港口繁荣带动制造业集聚阶段的城市空间拓展与人口集聚规模,是第二阶段城市发展的基础。没有第一阶段城市规模的扩张,第二阶段的城市缺乏城市经济的规模效应,难以实现非港口经济部门的繁荣。纽约、伦敦、新加坡、上海在从港口、制造业城市向金融中心的转型时,都已经成长为国际大都市,不仅港口规模在世界港口中名列前茅,城市规模、城市功能都已经在世界城市网络中占据十分重要的地位,城市具备了自增强功能。

港口城市的经济持续繁荣以优势再造与城市更新为前提。在港口城市的两次转型中,城市在面对港口、制造业的衰落时,必须通过大规模的市政建设和城市更新,重新营造出与转型标的产业相符合的产业发展环境。20世纪30年代,纽约在面临大萧条加剧的港口、制造业衰退时,通过将工厂外迁,以大规模的市政建设构筑起城市的内外交通网络体系,通过城市更新营造服务业发展环境。21世纪之初,在面临金融风暴带来的金融产业发展危机和新科技革命孕育的新产业机遇时,大力推进罗斯福岛的科技创新环境建设,以支撑实现从高度依赖华尔街的金融向依靠科技创新的转变。伦敦、巴尔的摩的港区再造则早已经成为城市规划建设中的成功范例。此外,在港口城市转型过程中,资金、技术、人才、信息等要素集聚,将超越港口、物流本身,成为港口城市发展的主动力。

对于宁波市来说,从20世纪80年代开始的镇海、北仑沿海港口的发展带动的绵延几十公里的临港工业带,将中心城区的范围从内河交汇的三江口周边区域拓展到了河口、沿海的镇海、北仑区域,形成了三大组团相向发展的城市空间格局。近10年,中心城区南部新城的率先启动建设,东部新城大规模的东拓,快速拓展的中心城区的空间规模,正在进行的镇海新城、江北西部新城等开发还将扩大城市空间规模,为城市后续发展提供物理空间的基础。与城市空间快速拓展相对应,宁波中心城区的人口集聚也快速推进。在新城建设的同时,以城市轨道交通和城市对外交通为主的城市内外交通网络建设也在大规模推进。应该说,宁波中心城区的物理空间与城市交通等基础设施建设为中心城区加快发展服务业,实现港口城市从港口、工业城市向服务业城市转型创造了条件。但问题在于宁波城市集聚的人口与转型发展的主导产业需求存在较大的差距,尤其是与金融、专业服务、研发服务等知识密集型产业发展的要素要求还有很大的差距。

第三章　全球城市区域核心城市的产业比较

全球城市区域的概念是在世界城市和全球城市的基础上提出的,是指高度全球化下以经济联系为基础,由全球城市及其腹地内经济实力较雄厚的二级大中城市扩展联合而形成的独特空间现象。全球城市区域中核心城市的产业发展表现出与全球城市不一样的特征。在我国,长三角区域最有可能率先形成全球城市区域。本章在深入比较分析长三角区域 5 个核心城市产业规模与结构、模式与路径、政策与环境的基础上,找出宁波城市产业发展的优势和特色,结合长三角全球城市区域发展趋势分析,立足禀赋优势、产业基础及与全球经济的联系,探讨宁波城市功能定位,从全球视野、全球城市区域发展眼光,以及自身特色与基础,探讨宁波城市专业化领域选择。

第一节　全球城市区域核心城市的产业特性

全球城市区域概念是在全球城市概念的基础上发展而来,这一概念的提出至今不足 20 年,随着全球产业分工和价值链分工而产生。全球城市在全球城市区域中居主导和核心地位,这种主导地位表现为对全球要素的配置能力。全球城市和全球城市区域内的核心城市通过合作与竞争形成基于专业化的内在联系,共同参与全球竞争。全球城市区域的内部分工和联系的模式与机制各不相同。全球城市区域中的核心城市产业表现出发展机会均等性、结构与类型多样性、可变性和分工互补性等特征。

一、全球城市与全球城市区域

(一)全球城市的形成

二战以后,随着世界贸易增加和新的国际劳动分工逐步形成,以及跨国公司对各国经济的不断渗透,经济全球化进程不断加快。经济全球化推动了管理、金融和服务业的全球化进程,从而使城市在全球经济中所扮演的角色日益重要,城市之间的经济网络开始主宰全球经济命脉,并涌现出若干在空间权力上超越国家范围、在全球经济中发挥指挥和控制作用的世界性城市,一般称之为世界城市(World City)或全球城市(Global City)。

世界城市的概念早在 1915 年就由西方城市和区域规划先驱帕特里克・格迪斯(Patrick Geddes)在其著作《进化中的城市》(*Cities in Evolution*)中提出,他把一些主导着世界上大部分重要商业的城市称作世界城市。因此,格迪斯笔下的世界城市是国家政治和商业的中心,是以工商业为导向的区域性城市,是全球城市的雏形。真正最早从事现代世界城市研究的学者是英国地理学家、规划师彼得・霍尔(Peter Hall)。1966 年,霍尔所著的《世界城市》(*The World City*)一书对世界城市这一概念作了经典解释。世界城市不仅是国家的政治中心,同时也是国家的商业中心,在世界城市中坐落着许多国家和国际政治的权力机构或代理机构,集聚着各种商业机构和非政府组织,它们拥有巨大的港口、发达的高速公路和国际性机场,是全国银行和金融中心,中央银行、商业银行总部、保险公司总部和一系列金融代理机构坐落其中。然而霍尔所描述的世界城市只是工业化进程的产物,而且研究焦点多集中在城市空间结构变化和区域性功能上,并没有对世界城市的全球性功能和城市的等级体系作出系统的阐述。1986 年,美国学者约翰・弗里德曼(John Friedmann)系统地提出了"世界城市假说",认为世界城市是新的国际劳动分工和全球经济一体化背景下的产物,世界城市的本质特征是拥有全球经济控制能力,而这种控制能力的产生充分表现为少数关键部门的快速增长,包括企业总部、国际金融、全球交通和通信、高级商务服务等。弗里德曼认为世界城市具有以下五点特征:(1)世界城市是货币、劳动力、信息和货物等具有流动性资本的中心;(2)世界城市是全球资本积累的空间节点;(3)世界城市是汇集着经济、社会等多种复杂因素的大都市区;(4)依据经济控制力,世界城市处于城市体系的顶端,且拥有吸引国内外投资的能力;(5)世界城市中存在着一个特殊阶层——国际资本家阶层,他们致力于全球资本积累体系的正常运转,他们拥有全球性文化和以消费为导向的意识形态。世界城市的判断标准有两个：一是城市与世界经济体系连接的形式和程度，即作为跨国公司总部区位的作用、国际剩余资本投资安全性、面向世界市场的商品生产者的重要性、作为意识形态中心的作用等；二是城市所控制资本的空间配置能力，如金融及市场控制的范围是全球性的，还是国际区域性的，或是国家性的。

对全球城市理论研究最具权威性的学者应属美国哥伦比亚大学社会学教授丝奇雅·萨森(Saskia Sassen)。1991 年，萨森在其著作《全球城市——纽约、伦敦、东京》中用全球城市的概念取代了世界城市。萨森认为：第一，全球城市是对全球经济具有中心控制功能的城市。第二，在全球城市中集聚着大量的专业性生产者服务业，致使越来越多的跨国公司总部采取了外包的策略，他们经常从高度专业化的服务性企业那里采购一部分具有中心功能的业务，包括会计、法律、公共关系和电信等。第三，全球城市是具有特定类型的信息中心功能的城市。第四，在全球城市中，构成全球城市独特生产优势的主要部门是高度专业化和网络化的服务部门。第五，在全球城市中，专业服务公司必须提供全球性服务，这意味着产生一个全球性的分支机构网络。第六，在全球城市中，高级专业人员和高利润服务公司的数量不断增多，增强了城市的经济实力，与此同时，也加大了城市空间分布不平等的程度。

由此，我们认为全球城市是在全球化经济环境下，国际资本对全球经济进行控制和发挥影响的空间节点，也是国际移民流动的集散地，因此在全球经济体系中具有举足轻重的地位，是在全球经济中起支配和控制功能的关键城市节点。全球城市的形成动力从经济上看来自于两股强大力量的结合：以制造业为主的生产活动在全球范围内不断扩散，与此同时，对这种生产活动的控制不断地向大城市集中。

（二）全球城市区域的形成

经济全球化进一步以功能性分工强化不同层级都市区在全球网络中的作用，带来了全球范围全新的地域空间现象——全球城市区域(Global City Region)。全球城市区域不同于普通意义的城市，也不同于仅有地域联系的城市群或城市连绵区，而是在高度全球化下以经济联系为基础，由全球城市及其腹地内经济实力较雄厚的二级大中城市扩展联合而形成的独特空间现象(Scott,2001)。根据 Scott 的例证，一旦"都市区"、"大都市带"、"城市密集区"(Desakota)及"大都市连绵区"(MIR)被赋予全球经济的战略地位，就足以成为全球城市区域。全球城市区域这一新现象的出现，并不限于发达国家的大都市及其区域发展的过程。实际上，这种发展趋势是在全球范围内发生的，包括发展中国家，比如上海、布宜诺斯艾利斯、开罗、墨西哥城等。

目前学界尚未形成全球城市区域统一明确的定义。学者周振华认为[①]，全球城市区域具有城市区域集聚和扩展两个基本属性，但全球城市区域又具有其特殊规定性。这可以从全球城市区域内部内在联系的角度来说明。

首先，全球城市区域是以全球城市（或具有全球城市功能的城市）为核心的城市区域，而不是以一般的中心城市为核心的城市区域。从地理学角度讲，全球城市区域可以说是由一些主要大都市区域与周边腹地连接在一起的大都市区所构成的，其自身是一个分散的城市住区的场所。更为重要的是，在此区域中相互联系的诸多城市均参与到经济全球化进程中。也就是说，不仅是作为区域核心的全球城市，而且其中的二级大中城市也都具有高度的国际化。

其次，全球城市区域具有内在的更为宽泛的空间经济特征。强烈的全球化压力和地区间竞争突出了空间接近和凝聚对促进经济生产能力和形成优势的重要性。全球城市区域在其发展初期的地域、实体扩展中，通常会出现邻近地方政治单位（市、县等）一起进入的松散的联盟，在应对全球化的威胁和机会的基础上寻求效率。正是在这种有着高度经济联系的全球城市区域中，才有足够的人力资源、资本动力、基础设施以及相关服务行业支撑的具备全球化标准的生产。因此，巨大的全球城市区域充当了企业参与全球市场竞争的地域平台，这些企业扎根于全球城市区域的相关资源中。于是，全球城市区域因此而成为企业集群或公司网络争夺全球市场的地域平台。

再次，全球城市区域是多核心的城市扩展联合的空间结构，而非单一核心的城市区域。在全球城市区域中，多个中心之间形成基于专业化的内在联系，各自承担着不同的角色，既相互合作，又相互竞争，在空间上形成了一个极具特色的城市区域。从这一意义上讲，全球城市区域的圈层形成与圈层的专业化转变是同步进行的。

二、全球城市区域中的城市产业特征

（一）全球城市的产业特征

显然全球城市区域中的全球城市居于主导地位。美国经济学家萨森认

---

　　① 周振华：《全球城市区域：全球城市发展的地域空间基础》，《天津社会科学》2007 年第 1 期。

为,全球城市是发达的金融和商业服务中心,并将生产性服务业的集中度作为世界城市的主要评价标准。考察纽约、东京、伦敦等典型全球城市的产业发展历史和现状可以概括出全球城市的产业特征。

(1)产业结构以服务业为主,其经济形态已由工业经济形态向服务经济形态转变。第一产业比重微乎其微,第二产业比重不断下降,第三产业比重则不断上升,第三产业比重已大大超过第二产业和第一产业。目前上述典型全球城市的第三产业比重接近或超过九成。金融业发达,是全球金融中心,金融服务和商务服务所占比重高,达到服务业的近60%。生产性服务业发展速度快于其他服务行业,行业内部结构优化调整成为服务业发展的重要特征,生产性服务业的提升具有技术、知识关联的特点。现代服务业集聚和集群化发展趋势明显。

(2)先进制造业是全球城市产业的重要组成部分。高端制造和都市工业是其两个重要方面。高技术制造业和都市工业共同支撑了全球城市的全球制造业地位。制造业服务化和全球化趋势明显。制造业与服务业融合发展。

(3)全球城市对全球经济的控制力和影响力,集中体现在金融业、商务服务业、科技服务业、信息服务业、文体娱乐业和教育培训业等方面。这六大现代服务业行业是现代服务业的核心产业群。主要集中于全球城市的中心区或中央商务区,是其重点打造的核心产业,也是现代服务业发展的主动力。

(二)核心城市的产业特征

根据斯科特对全球城市区域的定义,全球城市区域内的大中城市可以称为二级城市,也有学者[①]称之为二级节点城市。但真正能称为核心城市的仅是与全球城市能级最接近的那些二级节点城市。核心城市与全球城市的产业存在内在联系和共同参与经济全球化形成的外在联系。但核心城市又具有不同于全球城市的产业特征。

(1)产业发展机会均等性。一般来说,全球城市区域中的核心城市的发展机遇是均质化的,因为交通区位是这些地区发展的主要动力。因此,只要其位于由全球城市辐射出来的发展轴线与强辐射圈范围内,就有同样的机

---

① 参见曹传新、胡晓磊:《世界城市地区二级节点城市产业调控研究——以廊坊市为例》,《经济地理》2012年第9期,第86—90页。

会成为节点城市。

（2）产业结构与产业类型多样性。由于全球城市产业发展有着较为悠久的历史，各类型产业都得到了一定发展，产业趋于多样。核心城市受到辐射作用，因此其产业结构和产业类型也呈多样化发展，但这种多样化是依托全球城市的产业外溢形成的，总体上呈现"小而散"的特点。

（3）产业可变性。全球城市区域发展历程表明，核心城市主动选择产业的能力较弱，其产业发展机遇主要来自全球城市的职能外溢和产业转移。全球城市每一次职能外溢和产业转移都会为核心城市的产业发展带来机遇，而全球城市产业转移的时间以及区位选择随机性较大，在不同的阶段机会是不同的。由于核心城市在区域中的从属地位，难以形成独立的产业链，进而造成自身的产业链条不稳定，必须随着全球城市的演变而被动演变。核心城市产业发展特征决定了要有较高的承载和弹性应对的空间结构体系。因此，政府需要实施主动干预和调控，否则在均质化的区域发展机遇面前，就会被别的节点城市所超越和取代。

（4）产业分工互补性。核心城市在全球城市区域产业内部分工中，主要扮演资源输出、承接全球城市职能外溢等功能，产业演变是随着全球城市的产业升级转型而进行的。在初级阶段，核心城市主要为全球城市提供日常的基本生产生活服务，主导产业以低端制造业和服务业为主，产业发展的内生动力较弱，受全球城市强聚集力的影响，处于产业洼地阶段。从产业空间分布上来说，常常呈现"破碎化、飞地式"特征。在成长阶段，核心城市成为全球城市重要的初级生产制造业基地，处于节点发育阶段。随着全球城市逐步进入功能扩散和要素辐射期，产业和城市职能全面外溢，全球城市迅速膨胀所带来的一系列问题的解决需要周边核心城市提供支持。具有区位优势的核心城市重点承接全球城市外溢的生产制造业以及现代服务业，这为核心城市向专业化中心城市转换提供了条件，并逐步发育成为全球城市区域的专业化服务节点地区。在成熟阶段，核心城市作为全球城市现代服务业的互补空间，专业化发展金融商务和配套、高新技术、现代物流、休闲商务服务业、先进制造业等高端职能，处于产业高地阶段。随着全球城市国际高端职能的不断聚集，核心城市成为支撑全球城市区域产业升级的重要基地。区域产业联系由"垂直分工"向"水平分工"转变，核心城市逐步从全球城市"从属配套"的地位向"主动协作"的地位转变，形成与全球城市互动而又相对独立的产业体系。核心城市定位为全球城市的区域枢纽，为全球城市服务，金融商务和配套、高新技术、高端制造业、现代物流等是其主导产业。

由此可见,全球城市区域中的核心城市要与全球城市实现产业联动,就要随着全球城市的产业升级改造而进行自身的产业调控,孤立于全球城市产业体系之外,仅仅依靠城市产业的自然演化是很难实现的,政府应该对产业进行必要的主动干预和调控。

三、典型全球城市区域中城市的分工与联系

以纽约、伦敦和东京为全球城市的三大全球城市区域是目前世界典型的全球城市区域。三大典型全球城市区域发展中内部分工和联系的模式和机制各不相同,但均按照明确的产业职能分工体系形成了高效的空间组织。一般来说,全球城市发展高端服务业,为区域内提供多种服务;二级核心城市发展配套服务业和先进制造业等,并形成各自特色。全球城市和二级核心城市建立统一的要素市场,通过就业与居住、生产与服务以及资本流入与流出等模式建立良好合作关系,共同提升区域整体竞争力。此外,三大全球城市区域在分工联系发展的过程中,都重视联合发挥市场力量和政府干预(一般通过自上而下的规划协调和推动)对区域内部的协调作用。

(一)以纽约为中心的波士华都市带

以纽约为核心的全球城市区域的范围比较大,可以认为与法国地理学家戈德曼(Jean Gottmann)所提出的"波士顿—华盛顿城市带"(简称"波士华",BosWash)一致。[①] "波士华"北起缅因州,南至弗吉尼亚州,由波士顿、纽约、费城、巴尔的摩、华盛顿五大都市和40多个中小城市组成。几乎囊括了美国东北部所有的大城市以及部分南部城市,绵延超过965公里,总面积约13.8万平方公里,人口约6500万人,城市化水平超过90%。该区域面积虽只占美国国土面积不到1.5%,但却集中了美国20%左右的人口,是美国人口密度最高的地区,同时也是美国经济的核心地带。该区域的制造业产值占全国总产值的30%,是美国最大的生产基地、美国最大的商业贸易中心和世界最大的国际金融中心。

纽约全球城市区域的城市层级结构犹如一座大金字塔,塔尖是纽约,第二层是波士顿、费城、巴尔的摩、华盛顿四大城市,再下面则是围绕在前面5

---

① 1961年,法国地理学家Jean Gottmann在其出版的专著《城市带:城市化的美国东北海岸》(*Megalopolis*:*The Urbanized Northeastern Seaboard of the United States*)中首次提出"城市群"的概念和理论。美国东北部城市群正是戈德曼的首个案例。戈德曼最初将其称为"波士顿—华盛顿城市带",简称"波士华"(BosWash)。

座核心城市周围的 40 多个中小城市。纽约全球城市区域在世界城市中的地位以及对世界经济的影响力，得益于城市群内的区域分工格局。

纽约总人口超过 2000 万人，占全国人口的 7.3%。作为全美乃至全世界的金融与商贸中心，有着最为发达的商业和生产服务业，为"波士华"提供多种重要的服务。位于长岛的肯尼迪国际机场承担着全国一半的进出口货物空运业务和 35% 的国际客运业务。

波士顿集中了高科技、金融、教育、医疗服务、建筑和运输服务业，其中高科技和教育是波士顿最具特色和优势的产业，沿波士顿 128 号公路形成了与"硅谷"齐名的高科技聚集地。通过其卓越的医疗服务和高等学府（哈佛大学、麻省理工学院），波士顿已经成为全球智力、技术的中心。

费城是美国最具历史意义的城市，优越的地理位置让费城成为美国最繁忙的港口，集装箱容量高居北美第二。港口发展带动了整个交通运输业的扩展，使费城成为"波士华"的核心交通枢纽。

首都华盛顿不仅是政治中心，同样影响着国际经济，全球性的金融机构，如世界银行、国际货币基金组织和美洲发展银行的总部均位于华盛顿。

从发展历程来看，外向型经济是"波士华"的主要驱动力量。在开放经济条件下，沿海地区一些主要的港口城市，如纽约、费城、波士顿、巴尔的摩迅速发展成带动区域经济发展的中心，并且以其巨大的技术经济能量向腹地进行辐射和扩散，形成大规模的产业集聚和城市绵延。

除华盛顿外，"波士华"其他中心城市纽约、费城、波士顿、巴尔的摩均是重要港口。"波士华"虽然包含多个港口，但各港口在发展中都有合理分工。纽约是商港，以集装箱运输为主；费城港主要从事近海货运；波士顿则是以转运地方产品为主，同时兼有海港的功能。港口间的分工协作构成了"波士华"产业错位发展的重要基础。

"波士华"城市间虽然经济联系紧密，但并未形成统一的、具有实体性质的城市群管理机构。区域间的协调和跨区域管理大多通过一些专业性管理机构进行。城市间协作是松散和非正式的。例如纽约和新泽西州于 1921 年共同成立了纽约和新泽西港务局。如今该局仍然控制着区域内多数交通运输设施，包括机场、桥梁、隧道和海港设施等，该局财政相对独立，收入来源于其所执行的项目。

高速公路和轨道交通是"波士华"交通联系的两种主要方式。城际交通体系极大地增强了城市之间的经济联系。另一方面也使人口郊区化趋势日益凸显，在"波士华"的发展过程中发挥了重要作用。"波士华"发展经验表明,交通对全球城市区域城市群发展具有重要影响：一方面,促进了城市群空间扩展并能改变城市外部形态,对城市空间扩展具有指向性作用;另一方面,又直接改变了城市群的区域条件和作用范围,产生新的交通优势区位、新城市或城市功能区,进而改变原有的城市群产业空间结构。

(二)以伦敦为中心的伦敦都市圈

伦敦全球城市区域可以认为与伦敦都市圈一致。伦敦都市圈以伦敦—利物浦为轴线,包括伦敦、伯明翰、谢菲尔德、曼彻斯特、利物浦等数个大城市和众多中小城镇。这一地区总面积约 4.5 万平方公里,人口 3650 万人,是产业革命后英国主要的生产基地和经济核心区。

由伦敦城和其他 32 个行政区共同组成的大伦敦是这个都市圈的核心。作为整个都市圈的龙头,伦敦是金融和贸易中心。近十多年来,以创意产业为主的新兴产业开始在大伦敦地区异军突起。创意产业目前已经成为仅次于金融服务业的伦敦第二大支柱产业。

伯明翰是仅次于伦敦的英国第二大城市,在英格兰中部、伦敦至利物浦的铁路干线上,也是全国主要铁路、公路干线和运河网的交汇点。是工业革命发源地,现代冶金和机器制造工业的创始地,为全国主要制造业中心之一,也是全世界最大最集中的工业区。工业部门繁多,以重工业为主,是世界最大的金属加工地区,汽车工业规模也很大,制造产品出口占全国 25% 以上。目前经济正向第三产业转移,金融业和旅游发展相当迅速。

谢菲尔德位于英国的中心,是英国的第四大城市。

曼彻斯特,英国第二繁华城市,世界上第一座工业化城市,英格兰西北区域大曼彻斯特郡的都市自治市、单一管理区,英国重要的交通枢纽与商业、金融、工业、文化中心。曼彻斯特是英格兰主要的工业中心和商品集散中心。发展新兴工业,以电子、化工和印刷为中心,拥有重型机械、通信器材、航空、炼油、玻璃、塑料和食品加工等 700 多种行业。曼彻斯特是英国除伦敦以外最大的金融中心城市,其金融/专业服务业包括银行和基金管理、保险、法律和审计、管理咨询、建筑和房地产等多个经济活动中处于前沿的服务业部门,该部门以频繁的大手笔并购整合商务活动,是服务型经济的最典型板块。

利物浦是英国第二大贸易港,是英国著名商业中心。对外贸易占全国 1/4。输出居英国首位。输入仅次于伦敦。是英国重要的船舶修造中心,修造厂和大型船坞主要分布在港区内侧。还有柴油机、喷气发动机、电器仪表、冶金、化学、食品和纺织等工业部门。

(三)以东京为中心的东京都市圈

东京全球城市区域主要范围是东京都市圈。狭义的东京都市圈以东京市区为中心,半径 80 公里的范围,包括东京都、埼玉县、千叶县、神奈川县。总面积 13400 平方公里,占全国面积的 3.5%;人口则多达 4000 多万人,占全国人口的三分之一以上;GDP 更是占到日本全国的一半。城市化水平达到 90% 以上。

东京全球城市区域形成了明显的城市职能分工体系,即各核心城市根据自身基础和特色承担不同的职能,在分工合作、优势互补的基础上,共同发挥出了整体集聚优势。

东京都集中了绝大部分的政府、行政、文化、管理机构,以及服务业、批发业、金融业、印刷业等众多部门,发挥着政治、行政的国际、国内,以及经济、金融、信息、科教文化等的中枢职能,是高科技产业、研究开发机构、商业、大学的集聚之地。

神奈川县发挥了工业集聚地和国际港湾的职能,同时加强了研发、商业、国际交流、居住等职能。其中,横滨市拥有国内最重要的对外贸易港(横滨港),加上企业总部、国家行政机关的聚集,促进了国际化、信息化进程,正在增强国际交流职能。川崎市主要承担生产制造和研发职能,川崎港主要为大企业运输原料和成品服务。厚木市则在研发、高技术产业和教育职能方面较集中。

埼玉县主要接纳了东京都部分政府职能的转移,已成为政府机构、居住、生活、商务职能集聚之地,在一定意义上成了日本的副都。其中,浦和市作为埼玉的行政中心,加上接纳东京都广域行政职能的转移,正在增强国际交流和商务职能。大宫市作为埼玉的经济中心,商业、服务业较发达,发挥着重要的商务职能。

千叶县发挥了国际空港、港湾,工业集聚地的职能,同时加强了商务、国际交流等职能。其中,千叶市拥有日本最大的原料输入港,已经形成以国际商务为主的业务职能。木更津拥有具有旅游和贸易性质的海港,商务、研发职能正在加强。成田市拥有新东京空港,国际交流、国际物流、临空产业、商业职能集聚。

广义的东京都市圈主要指日本东海岸太平洋沿岸城市带,从东京湾的鹿岛开始经千叶、东京、横滨、静冈、名古屋、大阪、神户和长崎,总面积约 10

万平方公里,占日本总面积的 26.5%,人口近 7000 万人,占日本总人口的 61%,全日本 11 个人口在 100 万以上的大城市中有 10 个在该大都市圈内。在东京都市圈内,又包括东京、大阪、名古屋三个城市圈。东京作为三大城市圈之首,是日本政治、经济、文化中心,也是世界上人口最多、经济实力最强的城市聚集体。

日本中央政府对城市圈的发展和建设采取了积极的行政干预方式,通过立法保证地方政府的自主权,为区域经济发展提供了宽松的政治背景;制定区域规划,包括建立交通、环境、信息共享平台,产业一体化与行政体制改革等具体措施,阐述政府的战略意图,引导市场主体行为;成立城市群协调机构,形成多中心的协调模式,是工业化赶超阶段经济发展体制与模式的协调机制的一种创新。

第二节 长三角区域核心城市的产业比较

按照《长江三角洲地区区域规划》,长三角区域的范围包括上海市、江苏省和浙江省,区域面积 21.07 万平方公里,以上海为中心向南北两翼展开的 16 个城市为核心区。从广泛性联系的角度看,这些城市均可以认为是处于上海全球城市区域内的城市,但考虑到这些城市的经济总量水平、区域经济影响力及与上海经济联系的紧密性,我们认为江苏的南京、苏州、无锡和浙江的杭州、宁波是上海全球城市区域内的核心城市。本节将对这 5 个核心城市的经济规模与产业结构、产业发展模式与发展路径、产业发展政策与发展环境三个方面进行比较分析。

一、规模与结构比较

(一)城市经济规模比较

城市经济规模是体现一个城市经济实力和经济影响力的基础。考虑到目前我国的统计口径中没有专门针对城市经济的统计,无法获得准确的城市经济统计数据,因此我们通过分析市域经济和市区经济的方式尽可能客观地展示这些核心城市城市经济规模状况。

1. 市域经济规模

5 个核心城市的市域经济规模呈快速扩大趋势,"九五"以来各核心城市的年均增长率为南京 16.6%、杭州 15.1%、宁波 15.6%、苏州 17.0%、无锡

14.9%。从市域经济总量比较,最大与最小经济规模之比从 1995 年的 1.54 倍扩大到 1.83 倍。苏州的市域经济规模一直以来居于首位,2011 年已率先突破万亿元,且与其他核心城市之间的差距不断拉大。南京的市域经济规模在这 5 个核心城市中一直以来居于末位,但 2011 年起赶超宁波。2013 年宁波市域经济规模仅为苏州的 54.77%,是与差距最小的南京的 88.97%(见图 3-1)。

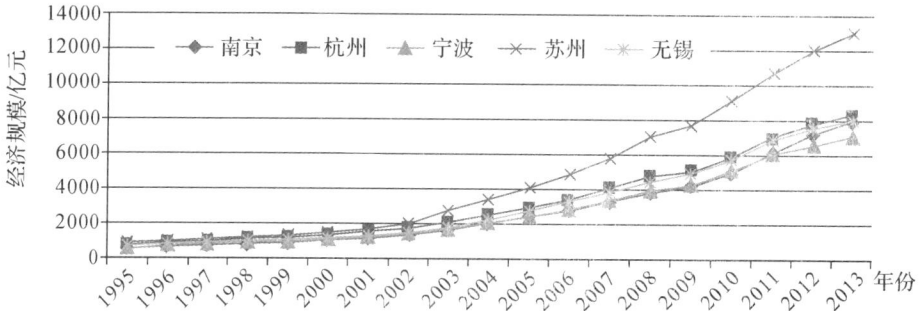

图 3-1　核心城市市域经济规模演变(1995—2013 年)
数据来源:各城市历年统计年鉴,各年产值均以当年价格计。

2. 市区经济规模

严格意义上,市区(市辖区)经济也不能准确地反映城市经济规模,因为现行的地方统计以行政区划来划分,部分所谓的城市辖区还包括大量的农村地区。但它是目前最接近于城市经济概念的可用统计数据。虽然各核心城市自 2000 年以来均有撤县(市)设区的情况,但在本章所选时段 2010—2013 年仅有苏州在 2012 年、南京在 2013 年有撤市设区,因此大体能够比较客观地比较核心城市市区经济规模。

与市域经济规模苏州一枝独秀相比,表 3-1 数据显示,近年来这 5 个核心城市的市区经济规模逐渐分化为两个梯队,南京、杭州与苏州属于第一梯队,这 3 个城市的市区经济规模均已在 6000 亿元以上,宁波、无锡属于第二梯队,刚突破 4000 亿元。市区经济规模的领跑者分别是杭州和南京,如果按南京全为城市设区单位看,即南京的市区经济就是市域经济,那么无疑南京的市区经济规模已经成为领头羊。即使剔除行政区划调整的因素,从 2012 年的数据看,南京市区经济规模仍是这 5 个核心城市中最大的。从市区经济规模变化来看,南京市区经济规模在 2012 年赶超了杭州;苏州的城市经济规模正在追赶南京和杭州,特别是在 2012 年吴江市改为吴江区后,极有可能赶超杭州直追南京。

表 3-1　核心城市市区经济规模发展比较(2010—2013 年)　　(单位:亿元)

	2010 年	2011 年	2012 年	2013 年
南京	4526.48	5538.93	6472.60	8011.78
杭州	4740.70	5589.86	6213.25	6639.86
宁波	3062.16	3621.89	3950.98	4309.46
苏州	3572.75	4061.44	6047.99	6620.83
无锡	2986.56	3563.89	3946.79	4173.89

注:由于南京下辖县市全部设区,南京统计年鉴从 2013 年起不再区分市域与市区数据,故南京 2013 年的数据与市域数据相同。

数据来源:各城市历年统计年鉴。

为了更客观全面地衡量市区经济规模,下面从其空间强度和人均强度两个角度作比较分析。表 3-2 给出了核心城市市区经济空间强度。总体上,随着市区经济规模的不断扩大,空间强度也在不断增大。与绝对经济规模格局相比,市区经济空间强度仍然表现出一定的梯队形态,无锡、苏州、杭州属第一梯队,宁波、南京属第二梯队。核心城市间的市区经济空间强度差距在不断扩大,2010 年时除南京不足 1 亿元/平方公里外,其余城市均在 1 亿～2 亿元/平方公里之间,且最大差距仅为 0.85 亿元/平方公里,而到了 2013 年最大差距达到了 1.3 亿元/平方公里以上。即使剔除南京因 2013 年撤县设区导致的空间强度下降,最大差距估计仍然在 1.1 亿元/平方公里以上。从空间强度提升看,无锡最快,提升了 1.6 亿元/平方公里以上。宁波的提升速度仅略高于南京。

表 3-2　核心城市市区经济空间强度比较(2010—2013 年)

(单位:亿元/平方公里)

	市区面积(平方公里)	2010 年	2011 年	2012 年	2013 年
南京	4733	0.9564	1.1703	1.3675	1.2163
杭州	3068	1.5452	1.8220	2.0252	2.1642
宁波	2461	1.2443	1.4717	1.6054	1.7511
苏州	2743	1.3025	1.4807	2.2049	2.4137
无锡	1644	1.8166	2.1678	2.4007	2.5389

注:由于南京在 2013 年时将溧水县和高淳县撤县设区,因此 2013 年的空间强度数据采用市区面积数据为南京市市域面积 6597 平方公里。

数据来源:根据各市历年统计年鉴数据计算得到。

　　表3-3给出了核心城市市区经济人均强度。总体上,随着市区经济规模的不断扩大,人均强度也在不断增长。与绝对经济规模格局相比,市区经济人均强度也表现出明显的梯队形态,苏州、宁波、无锡属第一梯队,南京、杭州属第二梯队。与空间强度一样,核心城市间的市区经济人均强度差距也在不断扩大,最大差距从2010年的不到5万元/人扩大到2013年的超过9.5万元/人,即使考虑南京撤县设区的影响,估计差距仍在9.3万元/人左右。从人均强度提升看,苏州最快,提升了约9.2万元/人,其次是宁波,提升了约5.5万元/人。

表3-3　核心城市市区经济人均强度比较(2010—2013年)(单位:万元/人)

	户籍人口(万人)	2010年	2011年	2012年	2013年
南京	557.41	8.1206	9.9369	11.6119	10.3250
杭州	632.62	7.4938	8.8360	9.8215	10.4958
宁波	227.59	13.4547	15.9141	17.3601	18.9352
苏州	332.90	10.7322	12.2002	18.1676	19.8883
无锡	242.61	12.3101	14.6898	16.2680	17.2041

注:①由于没有完整的各城市常住人口数据,表中人口数据为户籍人口数据。
②由于南京在2013年时将溧水县和高淳县撤县设区,因此2013年的人均强度数据采用南京市户籍人口数据643.09万人。
数据来源:根据各市历年统计年鉴数据计算得到。

(二)城市产业结构比较

　　城市产业结构的高级化或高度化,反映一个城市经济发展水平的高低和发展阶段、方向。同规模分析一样,我们从市域产业结构和市区产业结构两个方面进行比较分析。

1.市域产业结构

　　从市域产业结构的基本情况看,同市域经济规模一样,5个核心城市也形成了两个明显的梯队。南京、杭州已形成了三、二、一的结构,可以认为已经进入了服务经济阶段。而宁波、苏州、无锡则仍是二、三、一的结构,仍然处于工业经济阶段;进一步比较这3个城市的产业结构可知,苏州的第二产业比重相对最高,而无锡的第三产业比重相对最高,宁波的第三产业比重相对最低,无锡的第二产业比重相对最低,因此,无锡极可能成为下一个进入服务经济阶段的核心城市。从各产业的产值水平看,苏州第二产业的产值遥遥领先于其他核心城市,甚至接近南京的两倍。第三产业的产值也是苏州最大,宁波仅略高于苏州的一半。如果就第三产业的比重作为产业结构高度化的简单标准,那么南京的市域产业结构水平最高,宁波的市域产业结构水平最低(见表3-4)。

表3-4　核心城市市域产业结构比较(2013年)　　　(单位:亿元,%)

	总值	第一产业		第二产业		第三产业	
		产值	比重	产值	比重	产值	比重
南京	8011.78	204.64	2.55	3450.58	43.07	4356.56	54.38
杭州	8343.52	265.42	3.18	3661.98	43.89	4416.12	52.93
宁波	7128.87	276.35	3.88	3741.72	52.49	3110.80	43.64
苏州	13015.70	214.49	1.65	6849.59	52.63	5951.62	45.73
无锡	8070.18	148.54	1.84	4207.42	52.14	3714.22	46.02

数据来源:根据各市统计年鉴数据计算得到。

2. 市区产业结构

从市区产业结构的基本情况看,仍然存在着两个明显的梯队。且梯队的构成与市域产业结构梯队构成一致,南京、杭州为第一梯队,已处于服务经济阶段,宁波、苏州、无锡为第二梯队,仍处于工业经济阶段。与市域产业结构相比,各核心城市的市区产业结构水平均高于市域产业结构水平,均表现为第三产业比重提高,而第一、第二产业比重下降。仍以第三产业的比重作为产业结构高度化的简单标准,相比市域产业结构而言,各核心城市的产业结构高度化水平排名发生变化,杭州是市区产业结构水平最高的,而苏州是市区产业结构水平最低的,宁波仅略高于苏州(见表3-5)。

表3-5　核心城市市区产业结构比较(2013年)　　　(单位:亿元,%)

	第一产业		第二产业		第三产业	
	产值	比重	产值	比重	产值	比重
南京	125.4	1.94	2755.4	42.57	3591.8	55.49
杭州	114.91	1.73	2732.2	41.15	3792.8	57.12
宁波	61.3	1.42	2194.7	50.93	2053.4	47.65
苏州	79.8	1.20	3420.1	51.66	3121.0	47.14
无锡	45.3	1.09	2059.9	49.35	2068.7	49.56

注:由于2013年南京下辖县市全部设区,南京统计年鉴从该年起不再区分市域与市区数据,为增加可比性,表中南京数据为2012年数据,其余城市为2013年数据。

资料来源:根据各市统计年鉴数据计算得到。

（三）细分产业结构比较

由于无法获得全部核心城市市区的工业细分产业产出情况，工业细分产业结构分析以市域为对象。服务业细分产业结构分析则分别从市域和市区两个层面进行。工业与服务业细分产业结构均以 2013 年的数据为基础进行比较分析。

1. 细分工业结构

表 3-6 至表 3-10 列出了 5 个核心城市产值居前 10 位工业行业的名称、产值和占工业总产值的比重。各城市所列工业行业产值的总和占全部工业产值的比重分别为南京 76.91%、杭州 64.70%、宁波 73.03%、苏州 79.94%、无锡 79.69%。说明各核心城市的工业行业集中度都比较高。其中以苏州为最高，其产值居前 5 位的工业行业产值总和就占全部工业产值的 61.92%，甚至计算机、通信和其他电子设备制造业一个行业的产值就占全部工业产值的 32.59%。南京次之，前 5 位行业产值比重为 58.87%。最低是杭州，为 40.99%。

表 3-6　南京市产值前 10 位工业行业（2013 年）　　（单位：万元，%）

细分行业名称	产值	占工业总产值比重
计算机、通信和其他电子设备制造业	21388755.7	17.03
化学原料和化学制品制造业	17945126.2	14.28
汽车制造业	15991707.6	12.73
石油加工、炼焦和核燃料加工业	10838978.4	8.63
黑色金属冶炼和压延加工业	7783977.4	6.20
电气机械和器材制造业	7687076.2	6.12
通用设备制造业	3941587.1	3.14
金属制品业	3853857.0	3.07
纺织服装、服饰业	3688049.1	2.94
非金属矿物制品业	3475535.2	2.77

数据来源：南京市统计年鉴（2013）。

表 3-7　杭州市产值前 10 位工业行业(2013 年)　（单位：万元,%）

细分行业名称	产值	占工业总产值比重
化学原料和化学制品制造业	12591858	10.14
纺织业	10158350	8.18
电气机械和器材制造业	9784631	7.88
通用设备制造业	9485511	7.64
计算机、通信和其他电子设备制造业	8875175	7.15
电力、热力生产和供应业	6869578	5.53
化学纤维制造业	6620350	5.33
橡胶和塑料制品业	6300647	5.07
非金属矿物制品业	4938750	3.98
有色金属冶炼和压延加工业	4468021	3.60

数据来源：杭州市统计年鉴(2013)。

表 3-8　宁波市产值前 10 位工业行业(2013 年)　（单位：万元,%）

细分行业名称	产值	占工业总产值比重
石油加工、炼焦和核燃料加工业	16121204	12.39
电气机械和器材制造业	15384629	11.83
化学原料和化学制品制造业	14312832	11.00
电力、热力生产和供应业	8973106	6.90
计算机、通信和其他电子设备制造业	8086193	6.22
汽车制造业	7507808	5.77
通用设备制造业	7174537	5.51
纺织服装、服饰业	6283818	4.83
有色金属冶炼和压延加工业	5760873	4.43
黑色金属冶炼和压延加工业	5403571	4.15

数据来源：宁波市统计年鉴(2013)。

表 3-9　苏州市产值前 10 位工业行业（2013 年）　　（单位：万元，%）

细分行业名称	产值	占工业总产值比重
计算机、通信和其他电子设备制造业	98660025	32.59
黑色金属冶炼和压延加工业	28607524	9.45
电气机械和器材制造业	24595549	8.12
通用设备制造业	18544571	6.13
化学原料和化学制品制造业	17045891	5.63
纺织业	14628490	4.83
化学纤维制造业	12741409	4.21
专用设备制造业	10012065	3.31
汽车制造业	8969323	2.96
金属制品业	8192092	2.71

数据来源：苏州市统计年鉴（2013）。

表 3-10　无锡市产值前 10 位工业行业（2013 年）　　（单位：万元，%）

细分行业名称	产值	占工业总产值比重
电气机械和器材制造业	21057878	14.16
黑色金属冶炼和压延加工业	20184252	13.57
计算机、通信和其他电子设备制造业	16128833	10.84
化学原料和化学制品制造业	12704679	8.54
有色金属冶炼和压延加工业	12445244	8.37
金属制品业	8248989	5.55
通用设备制造业	8107435	5.45
纺织业	7946847	5.34
专用设备制造业	6532874	4.39
化学纤维制造业	5182994	3.48

数据来源：无锡市统计年鉴（2013）。

　　就单个核心城市而言，南京、宁波、无锡占比超过 10% 的行业有 3 个，杭州和苏州各只有 1 个。杭州和无锡占比超过 5% 的行业有 8 个，宁波有 7 个，南京有 6 个，而苏州仅有 5 个。进一步说明苏州工业行业集中度很高，也侧面反映了其工业行业特色明显。

就各核心城市比较而言,计算机、通信和其他电子设备制造业、化学原料和化学制品制造业、电气机械和器材制造业和通用设备制造业的产值占比均进入了各核心城市工业行业前 10 位。黑色金属冶炼和压延加工业的产值占比有 4 个核心城市进入了前 10 位。汽车制造业和金属制品业的产值占比有 3 个核心城市进入了前 10 位。结合各城市对应行业产值情况可知,苏州在计算机、通信和其他电子设备制造业具有绝对优势,不但其在工业中的比重极高,而且产值是其余城市该行业产值总和的 1.8 倍多;这一行业也是南京排名第 1 位的行业。化学原料和化学制品制造业各城市的产值水平相差不太,相对而言南京的产值最高,在各自工业产值中的占比也最高。苏州在电气机械和器材制造业上具有规模优势,但这一行业是无锡产值排名第 1 的行业。通用设备制造业在各核心城市中的行业规模排名的前 3 位以后,相对而言,苏州的排名最高,为第 4 位,且其产值是其余 4 个核心城市的 1.96～4.70 倍,是其余 4 个核心城市该行业产值总和的 65%。黑色金属冶炼和压延加工业分别是苏州和无锡产值排名第 2 位的工业行业,产值均超过 2000 亿元。

综合而言,各核心城市工业结构既有一定的相似性,又具有各自优势特色。相似性方面,5 个核心城市都具有比较齐全的工业行业门类。在全部 41 个工业行业中都涉及大部分行业,南京、杭州涉及相同的 37 个行业,宁波、苏州各涉及 35 个行业,无锡涉及 33 个行业。此外,从上述 4 个行业均进入各核心城市工业产值排名前 10 位说明它们之间不但结构有相似性,并且主导行业也具有较高的相似性。优势特色方面,一般来说,各核心城市产值占比排名第 1 位的行业均可认为是该城市的优势特色工业行业。但如果加上产值水平的考虑,可能在整个全球城市区域核心城市中不一定具有优势特色了。若以各核心城市工业行业占比结合产值情况分析各自工业行业优势特色,大体可以判断,苏州有 8 个行业具有优势特色,尤其在计算机、通信和其他电子设备制造业;宁波在石油加工、炼焦和核燃料加工业,电力、热力生产和供应业,以及纺织服装、服饰业 3 个工业行业上具有明显优势特色;无锡在有色金属冶炼和压延加工业,金属制品业,以及化学纤维制造业 3 个工业行业上具有一定的优势特色;南京的优势特色工业行业是汽车制造业;杭州相对而言没有明显的优势特色工业行业。

2. 细分服务业结构

与工业行业相比,各核心城市的服务业行业门类都齐全(见表 3-11 和表

3-12)。按照一般的界定,我们把现代物流业(以交通运输、仓储和邮政业计入)、信息服务业(以信息传输、计算机服务和软件业计入)、现代金融业(以金融业计入)、商务服务业(以租赁和商务服务业计入)、科技服务业(以科学研究、技术服务和地质勘查业计入)和房地产业的总和作为现代服务业。

就市域细分服务业结构而言,总体上5个核心城市形成了3个梯队,第一梯队是杭州,现代服务业比重超过60%。由于南京没有完整的细分行业数据,但同作为省会城市和副省级城市,可推测其比重与杭州接近。第二梯队是宁波和苏州,现代服务业比重刚刚超过50%。第三梯队是无锡,其相应比重略超40%。苏州和无锡典型的传统服务业行业比重较大,两个城市的批发和零售业均超过30%,再加上住宿和餐饮业,无锡的比重超过40%,苏州的比重超过35%,而这一比重最低的杭州相应比重则不到20%,南京略超20%,宁波略低于30%。

表 3-11　核心城市市域服务业产业结构比较(2013 年)　　　(单位:%)

	南京	杭州	宁波	苏州	无锡
批发和零售业	19.02	16.77	24.26	30.46	33.92
交通运输、仓储和邮政业	8.43	5.04	10.62	6.89	5.00
住宿和餐饮业	3.32	2.62	5.33	5.84	6.59
信息传输、计算机服务和软件业	—	13.58	3.27	4.54	2.90
金融业	19.42	19.91	16.11	16.14	12.15
房地产业	13.29	13.24	13.22	13.20	10.28
租赁和商务服务业	—	4.34	5.29	7.52	8.92
科学研究、技术服务和地质勘查业	—	4.27	2.37	1.90	2.06
水利、环境和公共设施管理业	—	1.12	0.68	1.07	1.11
居民服务和其他服务业	—	1.71	2.60	1.27	2.39
教育	—	5.96	4.89	3.16	3.87
卫生、社会保障和社会福利业	—	3.27	3.59	2.01	2.18
文化、体育和娱乐业	—	1.83	1.07	1.28	1.53
公共管理和社会组织	—	6.33	6.69	4.73	7.10
现代服务业	—	60.38	50.88	50.19	41.31

注:南京统计年鉴中历年细分产业的数据不全,只有5个细分产业数据,宁波2013年的数据也不全,表中为2012年数据。

数据来源:根据各市统计年鉴数据计算得到。

表 3-12　核心城市市区服务业产业结构比较　　　　　　（单位:%）

	南京	杭州	宁波	无锡
批发和零售业	19.80	16.20	22.25	28.38
交通运输、仓储和邮政业	7.75	4.28	12.14	5.53
住宿和餐饮业	3.47	2.47	4.93	6.47
信息传输、计算机服务和软件业		14.72	3.26	4.34
金融业	18.70	20.55	17.60	12.96
房地产业	12.22	13.15	13.64	9.82
租赁和商务服务业		4.52	6.42	11.49
科学研究、技术服务和地质勘查业		4.80	3.02	2.38
水利、环境和公共设施管理业		5.43	3.80	8.47
居民服务和其他服务业		1.43	1.76	1.13
教育		5.69	4.35	5.07
卫生、社会保障和社会福利业		3.25	3.25	2.89
文化、体育和娱乐业		1.99	0.81	0.85
公共管理和社会组织		5.85	5.90	7.58
现代服务业		62.02	56.08	46.52

注:南京和宁波的数据情况同表 3-11。苏州统计年鉴中未提供市区服务业细分产业数据。

数据来源:根据各市统计年鉴数据计算得到。

　　除了上述典型传统服务业行业差异外,各核心城市服务业细分结构差异主要体现在现代服务业细分行业。宁波在交通运输、仓储和邮政业方面有一定优势,这一行业的比重仅宁波超过 10%,是最低的无锡的 2 倍多,但从产值看则不及苏州和南京。金融业则形成了 3 个层次,杭州和南京这一行业的比重接近 20%,苏州和宁波略高于 16%,无锡略高于 12%,但从产值看苏州最大。无锡在租赁和商务服务业上有一定的比较优势,其比重是最低城市杭州的 2 倍多,但其产值不及苏州。杭州在科学研究、技术服务和地质勘查业上有明显比较优势,其比重是最低城市苏州的 2.2 倍多,其产值也是最大的;在信息传输、计算机服务和软件业上有很强的比较优势,不但比重是其余城市的 2.99~4.68 倍,其产值也是其余城市的 2.21~6.56 倍。

　　相比市域细分服务业结构,各核心城市的市区现代服务业比重均要高一些,其余的结构差异与市域情况类似。

二、模式与路径比较

费孝通在 1983 年首先提出了区域经济发展模式的概念。所谓"模式"，是指在一定地区、一定历史条件下具有特色的经济发展过程。[①] 可见，经济发展模式是对特定时空经济发展特点的总体概括。一个地区或城市经济发展模式的选择要考虑很多方面的因素，其中包括人口增长、资本实力、知识积淀和制度形态等内生要素，也包括文化传统、物质资源和自然环境等影响要素。考虑到城市产业发展模式内生于城市经济发展模式，而城市经济发展植根于其市域经济，因此从各城市市域经济发展模式和路径着手探讨比较各核心城市产业发展模式与路径，考虑到各城市服务业相似程度高，这里主要以工业发展为主进行比较分析。

（一）模式比较

市域经济是给定行政区划下特定空间的区域经济。5 个核心城市在行政区划上分属江苏省和浙江省。两个省份形成了两种典型的区域经济发展模式——苏南模式和浙江模式。苏南模式主要指改革开放以来苏州、无锡和常州等江苏南部地区形成的经济发展模式，浙江模式主要是指改革开放以来温州、台州以及由此扩展到浙东地区的经济发展模式。苏南模式的基本内涵是外生的政府力量和内生的市场力量共同推动工业化和城市化，浙江模式的基本内涵是内生的市场化和民营化推动工业化和城市化。这两种模式都处于动态演进之中，苏南模式初始时为摆脱当时僵化的计划经济体制和所有制体制的束缚，以发展介于国有制经济和民营经济之间的集体所有制经济来发展地区非农经济，提升地区经济发展效率，随着时间推移，逐渐又通过积极吸引和利用外资，以经济国际化、企业大型化促进经济结构和创新能力提升。浙江模式初始时以相对宽松的环境允许民营企业自生发展，利用商品市场促进经济活跃，提升地区经济发展活力，随着时间推移，通过鼓励自发形成的块状经济走向产业集群集聚，加上吸引和利用外资，促进经济发展效率、经济结构和创新能力提升。

然而，5 个核心城市不简单是这两种模式中的一种，各自具有自身的发展模式特点。

从总体模式看，南京在开放初期不属于典型的苏南模式，它是国家重要的工业基地，国有经济成分很高，大工业企业多，而民营企业和外资企业不

[①] 费孝通：《行行重行行——乡镇发展论述》，宁夏人民出版社 1992 年版，第 538 页。

足,苏南模式的特征在南京表现并不明显。但随着时间推移,逐步吸引外资,特别是 2000 年后,外资使用数量和外资企业数量明显增加,向新苏南模式接近。

苏州是苏南模式的发源地之一,特别是引进外资发展经济的模式又被称为"苏州模式"。所谓"苏州模式"是指以吸引外商直接投资来发展出口加工贸易为主要手段的"两头在外"的外向型经济模式。外向化、城市化和产业结构调整等方式开始成为苏州发展地区经济的新手段,吸引外资企业入驻的工业园区开始成为经济发展重要载体,苏州市工业园区更是成为全国工业园中的典范,外向型经济开始成为苏州市经济发展的主要特点,以此逐步发展成为现在的"苏州模式"。

无锡也是苏南模式的发源地之一,其发展模式大体经历了三个阶段:第一阶段乡镇企业"异军突起",形成了以"三为主"为特征的苏南模式,即所有制以集体经济为主,产业以乡镇工业为主,经济运行机制以市场经济为主。第二阶段通过实施"主攻日本、拓展韩台、兼顾欧美"的引资策略,迅速将开发园区建成了"外资高地"和"产业高地"。第三阶段适应全球化,提升产业结构。

杭州虽说是浙江的省会城市,但它的发展模式并非上述浙江模式的典型代表。杭州区域经济发展立足于区域内的资源,立足于国内市场,是典型的内源式发展。区域内民营经济环境吸引区外、境外的民营企业到杭州创业,还为高新技术领域的民营经济提供了市场。杭州的民营经济发展,形成了多种所有制、内外资企业、传统现代产业和谐共存的局面。

宁波也不算是典型的浙江模式,而是一种混合经济发展模式,也有称之为"宁波模式"。所谓宁波的"混合经济模式"是指以民营经济为主体,国有、集体、外资和个私经济相互促进、共同发展,一些原生的所有制形式通过一定的资产组织形式,混合为一种次生的所有制形式的经济发展模式。微观基础或原动力在于产权主体多元化、层次类型多样化的企业。

比较而言,5 个核心城市的经济发展模式虽然起点各有不同,但作为全球城市区域中的核心城市都经历了"由内而外"的过程,即根据自身不同的特点形成发展模式,最后均在经济发展中注入外资经济力量,形成与全球经济的联系,形成新动力。

为了进一步揭示各核心城市产业发展模式,我们分别从重轻工业结构、工业企业所有制结构、工业企业规模结构等方面进行剖析,进而佐证上述核心城市经济产业发展模式的分析。

从轻重工业结构看(见表 3-13),5 个核心城市均是重工业占主导地位,尤以南京为最,达到近 80%。相比而言,杭州的重工业比重最低,但也超过了 60%。说明核心城市工业发展模式是以重工业为主,这与中国的经济发展阶段、长三角区域产业发展优势、全球区域城市目前阶段的功能是相符合的。

表 3-13　各核心城市轻重工业产值比重比较(2013 年)　　(单位:%)

	重工业	轻工业
南京	79.65	20.35
杭州	60.81	39.19
宁波	72.02	27.98
苏州	73.94	26.06
无锡	76.25	23.75

数据来源:根据各市 2014 年统计年鉴中规模以上工业企业经济指标数据计算得到。

从外资工业企业产值比重看(见表 3-14),总体上 5 个核心城市的外资企业工业发展中的作用均较大,其产值占工业总产值的比重均在 30% 以上,即三分之一左右的工业产值是由外资带来的。苏州表现出了明显的外资经济特征,其工业产值接近三分之二是由外资企业提供,且企业数量占到总规模以上工业企业数量的 44.25%。南京从外资工业企业产值比重看,具有新苏南模式的特征,但企业数量占比较低,说明南京的外资企业平均规模较大,这与外资进入较重的工业行业有关。无锡的工业中外资企业贡献率没有表现出明显的苏南模式特征,且其产值比重与企业数量比重是最接近的核心城市,说明就平均而言,无锡的外资企业规模较小,这与外资进入较轻的工业行业有关。宁波因为港口城市的关系,外资企业产值比重也较高。

表 3-14　各核心城市外资工业企业产值比重比较(2013 年)　　(单位:%)

	南京	杭州	宁波	苏州	无锡
外资企业产值比重	40.88	30.30	38.55	64.30	34.73
外资企业数量比重	24.18	19.06	27.85	44.25	25.35

数据来源:根据各市 2014 年统计年鉴中规模以上工业企业经济指标数据计算得到。

从企业规模结构看(见表 3-15),苏南模式的几个核心城市的大型企业所占比重都较大。南京的大型企业数占到近一半,这与它国有企业较多的经济所有制基础和重工业比重高的经济结构相一致。苏州的大型企业数量占比最高,达到了54.45%,这与它的工业结构重型化、外资企业比重高相一致。无锡的大型企业数量比重也达到了44.02%,但其小型企业比重也占到近三分之一,这与它选择利用外资发展轻量级的高新技术产业有关。杭州和宁波的大型企业比重较低,均不足三分之一,但小型企业比重均超过了三分之一,这与它们的工业结构相对较轻、民营经济发展有关。但宁波大型企业的比重接近三分之一,则与它作为港口城市,临港大工业发达紧密相关。

表 3-15　各核心城市工业企业规模结构(2013 年)　　　　　　(单位:%)

	大型企业	中型企业	小型企业
南京	47.63	22.58	29.79
杭州	28.80	31.42	39.79
宁波	32.82	30.36	35.69
苏州	54.45	19.75	25.80
无锡	44.02	23.13	32.86

注:《统计上大中小型企业划分办法(暂行)》(国统字〔2003〕17 号),大型企业是指同时满足从业人员数 2000 人及以上、销售额 3 亿元及以上、资产总额 4 亿元以上的企业,中型企业是指同时满足从业人员数在 300(含)~2000 人、销售额在 3000 万(含)~3 亿元、资产总额 4000 万~4 亿元的企业,小型企业是指同时满足从业人员数 300 人以下、销售额 3000 万元以下、资产总额 4000 万元以下的企业。大中小型企业均指规模以上企业,目前是指年主营业务收入在 2000 万元以上的工业企业。

数据来源:根据各市 2014 年统计年鉴中规模以上工业企业数量计算得到。

从空间结构看,南京中心城市在经济发展和城市化推进过程中发挥着明显的主导作用。市域—县域—镇域三个层次的空间存在着明显的城市化水平落差和巨大的经济落差,说明其产业发展的城市集中度很高。苏州通过规划建设工业园区吸引外资企业入驻,从而成为经济发展重要载体。苏州市工业园区更是成为全国工业园中的典范。苏州大部分的民营企业都是为跨国公司配套生产零部件和提供相应服务的。因此,苏州产业布局在市域范围内比较均衡,与城市化发展基本同步。无锡通过中心城市改造,农村城市化进程不断加速,出现了乡镇企业与城市企业兼并重组、城市企业向工业园区转移、乡镇企业总部和营销中心进入城市等新的势头,无锡地区成为全国城乡差别最小的地区。杭州曾一度受到城市空间限制而束缚了产业发展,在城市中心不断集聚区域外民营经济后,城市产业调整和空间调整推动城市规模扩张,民营经济比重上升是城市化强有力的推动力,中心城区重点发展第三产业,第二产业向工业园区集聚,促使城市规模突破旧城格局。宁波产业空间特征是园区经济加块状经济,通过布点各类经济开发区发展外资经济和重点产业,通过块状经济借助民营经济发展特色产业。

(二)路径比较

产业发展模式的动态演进就是产业发展的历史路径。总体上各核心城市均经历了内源式发展到外源式发展的历程。

南京产业发展的路径可以概括为经济服务化、工业重化、经济类型多样化。南京从新中国成立到20世纪80年代,一直是作为全国重要的综合性工业基地来布点和建设的。南京在1978年三次产业结构为12.5∶67.5∶20.2,1999年为5.7∶46.2∶48.1,首次出现"三二一"的产业结构。但之后的2000年到2006年二、三产业的比重出现了反向调整,2007年起形成了稳定的"三二一"结构,目前第三产业比重已达55%。从工业行业看,电子信息、石油化工和汽车制造历来是南京的支柱产业。从轻重工业发展来看,重工业化比较明显,重工业比重由1978年的70.2%上升到1999年的75.9%再到2013年的79.7%,基本表现为稳步提高的过程。从企业性质构成看,国有企业数量和产值比重从1978年的22.7%和78.4%下降到1999年的13.8%和27.2%再到2013年的7.3%和34.5%,外资企业(包括港澳台资企业,下同)数量和产值比重从1985年开始有第一定中外合营企业到1999年的23.1%和27.3%再到2013年的24.2%和40.9%,私营企业数量和产值从1999年的10.9%和4.0%上升到2013年的49.6%和16.9%。说明南京工业从完全依靠国有企业到外资企业数量和产值超过国有企业这样一条由内而外的发展道路。但总体上来说,南京的国有企业在工业中的地位仍然很高,而民营企业数量虽然已接近总数的一半,但产业影响力仍然有限。

苏州产业发展的路径可以概括为外向型、加工化、园区化。苏州在1978年三次产业结构为28.1∶55.7∶16.2,到2013年为1.7∶52.6∶45.7,前一个阶段是工业不断扩张的过程,后一个阶段是工业比重开始下降的过程,但仍处于明显的工业经济阶段。苏州传统上是以轻纺工业为主的轻工业城市,通过引进外资尤其是国际大资本发展制造业,倾向于资本密集型的制造业,建立和发展了新兴产业群以及以此为基础的高新技术产业,大大促进了工业发展,电子信息和通信设备产业等成为其主导产业。苏州以建立工业园区为载体,吸引大量的跨国公司在苏州投资建厂,发展来料加工贸易为主的出口加工贸易,形成"两头在外"的外向型经济模式。它的产业发展以外资企业为龙头,大部分民营企业为跨国公司配套生产零部件和提供相应服务。苏州产业已深度融入国际分工体系之中,借助外资力量促进城市化发展和产业结构调整,体现出了极强的要素集聚能力。通过这种外资发展模式建立和发展了新兴产业群以及以此为基础的高新技术产业,其中电子信息和通信设备产业发展为全市第一大产业,也是外商投资企业规模和生产规模最大的产业。

无锡产业发展与苏州类似,大体也经历了乡镇工业、外资利用和嵌入全球产业价值链的过程。1978年三次产业结构为14.3∶68.3∶17.4,到2013年为1.8∶52.1∶46.0,期间,第一产业比重基本处于不断下降中,第三产业的比重则不断上升,而第二产业比重在20世纪末以前一直在60%以上,21世纪头3年比重下降到60%以下,但之后又有所上升并超过60%,直到2006年开始才逐渐下降。无锡产业发展大体经历了三个阶段,第一阶段乡镇企业"异军突起",产业以乡镇工业为主,经济运行机制以市场经济为主。第二阶段外资利用,通过实施"主攻日本、拓展韩台、兼顾欧美"的引资策略,迅速将开发园区建成了"外资高地"和"产业高地"。第三阶段适应全球化,提升产业结构。整个过程中,无锡通过中心城市改造,农村城市化进程不断加速,出现了乡镇企业与城市企业兼并重组、城市企业向工业园区转移、乡镇企业总部和营销中心进入城市等新的势头,成为全国城乡差别最小的地区。无锡已形成电子信息、机电一体化及精密机械、生物医药、新材料、精细化工等五大主导产业,以及新型电子元器件、数字化办公设备、软件等十大高新技术产品群。

杭州产业发展的路径具有内源式、民营化、轻型化等典型特征。1978年三次产业结构为22.3∶59.6∶18.1,到2009年首次形成"三二一"结构,比重为3.7∶46.9∶49.3,这期间第一产业比重不断下降,第二产业比重经历初期的不断下降后,20世纪90年代以来一直基本维持在略高于50%的水平,2007年起开始下降到50%以内,2013年三次产业比重为3.2∶43.9∶52.9。杭州的工业以轻工业为主,区域经济和产业发展立足于区域内的资源,立足于国内市场,是典型的内源式发展。杭州区域内民营经济发达,吸引区外、境外的民营企业到杭州创业,还为高新技术领域的民营经济提供了市场。杭州的民营经济发展,形成了多种所有制、内外资企业、传统现代产业和谐共存的局面。在城市中心不断集聚区域外民营经济后,城市产业调整和空间调整推动城市规模扩张。民营经济比重上升是城市化强有力的推动力。中心城区重点发展第三产业,第二产业向工业园区集聚,促使城市规模突破旧城格局。化学制品制造、纺织、饮料制造、医药制造、装备制造是杭州目前的主导产业。

宁波产业发展的路径可以概括为先商后工,先小后大,先散后聚,先内后外,先低后高。1978 年三次产业结构为 32.3∶48.0∶19.6,到 1992 年为16.6∶60.4∶23.0,第二产业比重达到最大,之后比重大体保持在 55% 左右,第三产业比重总体处于不断提高之中,但 2006 年跨上 40% 后,一直处于略高于 40% 的水平上,到 2013 年三次产业结构为 3.9∶52.5∶43.6。宁波工业发展中农村工业形成是巨大的推动力,农村工业的发展起步于数万农民推销,带动家庭工业发展,进而促进农村工业。个私企业大多从小配件和小加工入手,随着企业规模扩大、发展规范化,产业体系日益扩展,形成门类繁多的加工制造体系和企业群体。产业空间发展经历了从"村村点火、乡乡冒烟"向集镇和园区集中,产业集聚产生规模经济和范围经济,并拉长纵横向产业链。宁波工业发展经历了从依托周边地区资源和市场到依托国外资源、开拓国际市场的发展历程,产业层次也随之不断提升。宁波目前的优势产业是临港产业,主导产业是石化、电气机械、服装等。

三、政策与环境比较

(一)政策比较

涉及产业发展的政策有许多,包括财税、土地、人才、科技等,本部分并不从具体的政策条文进行比较,而从宏观的角度对产业发展导向政策和城市政策优势进行比较。各城市针对各自选择的主导产业均给出了相应的财税政策、贸易政策、金融政策、知识产业政策、人才政策等。

从产业发展导向政策看,各核心城市的产业发展导向具有高度的相似性,这与我国整体的阶段性产业发展导向一致,但也存在着一些特色化发展的差异。这可以从各核心城市"十二五"规划进行解读。南京选择的工业支柱产业是电子信息、石油化工、钢铁、汽车,其传统产业包括纺织服装产业、食品产业、建材产业、船舶产业;选择的现代服务业或生产性服务业为金融、现代物流、商务服务业、现代商贸业、旅游会展业、文化创意等。杭州选择的支柱产业是新一代信息技术、高端装备制造、生物、节能环保产业,并把新能源、新材料、新能源汽车产业作为先导性产业,其传统产业包括纺织丝绸、汽车及零部件、轻工食品等;选择的现代服务业是发展文化创意、旅游休闲、金融服务、信息与软件、现代物流、商贸服务等服务业支柱产业,同时强调发展楼宇经济、总部经济、服务外包、空港经济、会展经济、健康经济等新型服务业态和商业模式。宁波选择重点临港产业为主导产业,包括石化、钢铁、造船、汽车、造纸、纺织服装、家用电器、电子电器、电工电器、装备制造、精密仪器、生物制药、模具、文体设备、汽车零配件等特色优势产业;选择的现代服务业是国际贸易、现代物流、金融保险、科技信息、现代会展、文化创意、现代商贸、休闲旅游等,同时强调发展新材料、新一代电子信息、新能源、新装备、海洋高技术、节能环保、生命健康、创意设计作为未来的支柱产业和先导产业。苏州选择的战略性重点产业领域是新能源、新材料、生物技术和新医药、智能电网和物联网、节能环保、新型平板显示、高端装备、软件和集成电路,其传统支柱产业是电子信息产业、装备制造产业、化工产业、冶金产业、纺织产业、轻工产业;选择重点发展的生产性服务业是金融、现代物流、商务服务、软件与服务外包、科技和信息服务等产业。无锡选择的主导产业是物联网、新能源与新能源汽车、节能环保、生物、微电子、新材料与新型显示、高端装备制造、云计算等战略性新兴产业,其传统优势产业是机械、纺织、电子信息、特色冶金;选择的现代服务业包括软件与服务外包、工业设计与文化创意、研发服务、科技金融,传统支柱服务业为旅游业、商贸物流业。

从5个核心城市政策优势看,南京、杭州、宁波均为副省级城市,国家层面给予的经济管理权限高于普通的地级城市,相对而言具有更大的经济政策制定的权力,同时也获得更多的国家层面的政策支持,其中宁波作为14个沿海开放城市拥有的政策优势更加明显。而苏州和无锡虽然没有这些头衔,但国家和江苏省给予这两个城市的经济和政治地位并不输于其他3个核心城市,由于有强大的财政实力作为支撑甚至在某些具体实施政策上的优势要大于其他3个核心城市。以苏州工业园区为例,作为中国和新加坡两国政策的合作项目,享有国家赋予的"不特有特、特中有特"的优惠政策,以极低的价格提供国际一流标准的基础设施。因此,总体来说,5个核心城市的产业发展政策没有明显的优势差异。

（二）环境比较

产业发展环境需要考察的因素较多,我们从要素支撑、政府服务、交通区位等方面作比较分析。

要素支撑包括资金、人才、土地等。从资金要素看,5个核心城市目前的外向度都较高,吸纳外资的能力都较强,但尤以苏州为最。从人才看,南京、杭州具有高教优势,从而成为研发资源优势的基础。土地等自然资源要素方面各核心城市均面临越来越紧的约束,从表3-2的城市经济空间强度可以看出,杭州、苏州和无锡的强度已经很大,特别是苏州和无锡处于工业经济阶段,从一个侧面反映出土地的开发利用强度。相对而言,南京和宁波稍好一些。宁波具有明显优于其他核心城市的港口资源优势。此外,南京具有沿江港口、历史文化优势,杭州具有科技优势和历史文化、山水旅游资源优势,宁波具有海港岸线资源优势,苏州具有人文优势,无锡具有山水旅游资源优势。

政府服务方面,5个核心城市均有强有力的政府经济管理职能,政府的服务能力也都较强。从2013年《中国城市政府公共服务能力评估报告》可以看到,被列入评估的南京、杭州和宁波分别位列19个副省级以上城市中的第2、第5和第3位。苏州、无锡在苏南模式下政府形成了很强的制度创新能力,在招商引资、服务企业上不输南京、杭州和宁波3个副省级城市。比如苏州在全国率先改革行政审批制度,设立行政服务中心,实行“网上审批”和“一站式办公”,树立“亲商、富商、安商”的理念。

交通区位方面,南京是长三角的副中心城市,华东地区重要的交通枢纽,具有承东启西贯穿南北的重要地位,交通极为便利,与上海的时空距离为2小时。杭州地处长江三角洲南翼,是长江三角洲的副中心城市和中国东南部交通枢纽,具有邻近全球城市上海的区位优势,与上海的时空距离为1小时。宁波已发展成为长三角地区的一个陆路交通节点,同时作为港口城市具有众多国内航运支线和国际航线,杭州湾大桥开通使得宁波与上海的时空距离缩短为2小时,形成了一定的同城效应。苏州和无锡处于沪宁铁路线上,与上海的时空距离分别为40分钟和1小时以内,形成了明显的同城效应。

第三节　宁波城市产业发展方向

上海作为全球城市在长三角全球城市区域居于主导地位,上海城市发展定位和产业发展选择在很大程度上将对各核心城市的产业发展带来重要影响。“五个中心”建设是未来上海全球城市发展的方向和定位,最终将定位于全球文明城市。可以预见,长三角全球城市区域的经济一体化将不断深化,各核心城市功能差异化和产业特色化发展将日益明显。宁波城市功能定位必须立足于禀赋优势、产业基础和与全球经济的联系,城市产业专业化选择应该从全球视野、全球城市区域发展眼光和自身特色与基础三方面综合考虑。

一、长三角全球城市区域发展态势

（一）上海全球城市发展定位和趋势

相关研究认为，上海的全球城市战略是智能、系统、可持续和开放。国际经济中心、国际贸易中心、国际金融中心、国际航运中心和国际科技中心是上海发展为全球城市的核心内容，其目的是充分调配全球生产要素，形成全球生产要素在上海的集聚和定价，将上海打造成新兴全球城市。其中，科技创新、高端工业以及二、三产融合发展将是上海全球城市发展中的重要基础。

一是强调创新驱动，不追求单纯的财富驱动，突出强调科技创新。波特的国家竞争优势理论认为，根据一国发展阶段不同，将依次经历要素驱动、投资驱动、创新驱动、财富驱动四个阶段。上海现阶段处于创新驱动阶段，同时未来也要力求避免如东京、赫尔辛基、纽约、伦敦、迪拜等城市因财富驱动造成的产业空心化、结构升级固化、创新能力淡化、资产泡沫化和分配两极化等问题。即使未来进入财富驱动阶段也要十分强调创新驱动，因为创新驱动和财富驱动都需要有科技创新作为支撑，必须突出强调科技创新的重要性。由此上海提出了第五个中心——国际科技中心建设。通过以科技创新引领要素升级，实现高级要素培育，支撑建立高端产业的高地。

二是强调工业高端化发展，力求引领全球产业发展。全球城市的影响力主要体现在对全球产业引领上。上海在推进新兴全球城市建设的过程中，仍将注重工业发展特别是高端工业发展。在强化科技创新支撑要素升级的基础上，促进工业转型升级和高端化发展。未来上海可能在先进装备制造产业、精细化工与新材料产业、航空航天产业、新能源产业、生物医药产业等方面，在全球产业发展中起到示范和引领作用。

三是以科技创新为基础，强调二、三产融合发展，形成"五个中心"相互支撑。上海的"五个中心"建设是相互支撑、互相促进的关系。科技创新不仅是高端工业发展的基础，也是二、三产整合的关键支撑。随着经济结构不断升级，二、三产业特别是产业能级较高部分的发展呈现并行化、交叉化和融合化特性。这其中科技创新为二、三产业的同步发展提供了源源不断的新要素与新能量。以金融、贸易和航运服务质量的提升而言，科技创新既是金融、贸易和航运服务各自发展的基础支撑，也为金融、贸易和航运的联动发展提供创新支撑平台，由此催生出新技术、新业态、新产业和新模式。上海建设金融、贸易和航运这三个中心的基点统一于科技创新,科技创新同时支撑产业升级发展,支撑上海国际经济中心形成。由此,上海"五个中心"建设具有内在一致的逻辑。

此外,上海建设新兴全球城市还将成为全球文化的聚合点。具体表现为:第一,建立国际数字出版基地。以电子书工程实施带动国际数字出版基地建设。探索建立国际电子书工程技术标准,推动国际电子书产业的健康快速发展,加快促进传统出版业顺利实现转型。第二,建立国际音乐产业园区。建成若干个以原创内容为核心、产业链完整的国家级音乐产业集聚区,使上海成为中国主要的音乐作品创作、演出、出版、体验中心和音乐产品生产、销售中心。第三,建立国际动漫游戏产业示范区。在全球范围内率先形成集研发、孵化、产业化及产业推进管理为一体的、产业群体最密集、产品原创最丰富、产业链最完整、多园区格局的国家级动漫游戏产业示范区,使上海成为国际核心的动漫游戏原创中心、技术创新中心和生产运营中心。上海作为全球文化的集散地,将为吸引全球要素提供更好的外部环境,为上海全球城市的建设构筑良好的互动环境。

(二)长三角全球城市区域发展态势

长三角全球城市区域是在第三次全球化浪潮过程中成长和发展起来的。第三次全球化浪潮与前两次的不同之处在于:新兴经济体逐步崛起,形成与西方主导国家的抗衡力量;重点从商品和资本全球化演进为信息全球化;信息化催生了各国发展路径分叉的同时为再工业化提供了重要支撑。也正是在第三次全球化浪潮中,全球城市区域的特质才逐渐凸现出来。2004年第三次全球化浪潮进入纵深阶段以来,长三角全球城市区域形成呈加速趋势,可以预见未来长三角全球城市区域发展将表现为经济一体化深化、城市功能差异化、城市产业特色化。

全球城市区域的经济一体化深化既是全球城市区域内部经济联系深化的结果,也是参与全球竞争的结果。从整体看,长三角全球城市区域随着交通基础设施特别是快速交通网络的形成,经济一体化发展不断深入,未来的一体化发展将包括市场一体化、交通一体化、信息一体化、制度一体化、资源一体化、产业一体化、环境一体化、形态一体化等。

全球城市区域内核心城市功能也将表现出差异化发展。城市功能可以从诸多不同角度理解,在这里所指的城市功能差异主要是经济功能。随着市场一体化深化,城市功能的差异将更加明显。核心城市功能差异化发展的基点是各核心城市禀赋特点（包括区位）、产业基础和与全球经济的联系深度。三者共同作用使得全球城市区域内核心城市的功能逐渐明确。

全球城市区域内核心城市产业特色化日益明显。国际经验表明，全球城市区域内的核心城市表现出明显的产业特色化发展趋势，产业特色化与城市功能差异化相辅相成。从本章第二节对 5 个核心城市的产业发展比较可以看出，各核心城市的主导产业和重点发展产业已表现出一定的差异化，随着各核心城市对相关产业重点扶持和本地化程度提高，产业发展特色化将越来越明显。

二、宁波城市的功能定位与专业化领域

（一）宁波城市的功能定位分析

如上所述，宁波城市的功能定位必须立足于宁波的禀赋优势、产业基础和与全球经济的联系。宁波重要的禀赋优势是大陆岸线天然深水良港，因此历次国务院批准的《宁波市城市总体规划》对宁波市城市功能的定位都有港口城市这一项，将宁波市的城市性质定位为我国东南沿海重要的港口城市、长江三角洲南翼经济中心、国家历史文化名城。《宁波市城市总体规划（1995—2010）》《宁波市城市总体规划（2004—2020）》定位宁波城市职能为：东北亚航运中心深水枢纽港，华东地区重要的先进制造业基地、现代物流中心和交通枢纽；长江三角洲南翼重要对外贸易口岸；浙江省对外开放窗口和高教、科研副中心；东南沿海重要风景旅游城市。《宁波市城市总体规划（2006—2020）》将宁波城市职能调整为：国际贸易物流港、东北亚航运中心深水枢纽港、华东地区重要的先进制造业基地、长江三角洲南翼重要对外贸易口岸、浙江海洋经济发展示范区核心。《长江三角洲地区区域规划（2010—2015）》赋予宁波的城市功能为：发挥产业和沿海港口资源优势，推动宁波—舟山港一体化发展，建设先进制造业基地、现代物流基地和国际港口城市。

显然，宁波城市功能定位需要抓住的关键词是海港、海洋和外贸。海港是宁波在 5 个核心城市中最鲜明的特色，是其他城市无法获取的。海洋次之，海洋对产业的影响可以从两个方面看，一是沿海类产业，另一是涉海类产业。沿海类产业与海洋资源相关，其他城市无法效仿，但涉海类产业比如部分涉海类的装备制造产业则无此限制。外贸是凭借港口优势而获得的，具有一定的产业发展优势，也可认为是不同于其他核心城市的特色，但信息化条件下抛开港口优势也并非无法复制。三个关键词的组合和延伸便可以得到宁波城市功能定位的大致方向。

由此,宁波城市功能定位的核心是国际港口城市,城市功能的特色是临港临海产业发展先导城市和国际贸易与物流城市。这一城市功能定位体现出与其余核心城市不同的鲜明特色,同时与同为港口城市的全球城市上海形成层次上的错位和功能上的互补。

(二)宁波城市产业的专业化领域选择

宁波城市产业的专业化领域既要考虑城市功能,又要考虑城市产业基础,也要考虑全球未来产业发展方向,即从全球视野、全球城市区域发展眼光,以及自身特色与基础考虑专业化领域选择。

从全球产业发展的趋势看,按照美国经济学家杰里米·里夫金(Jeremy Rifkin)的预测,以互联网、新材料、新能源相结合为基础的第三次工业革命正在到来。① 从各国现实的选择看,基本上都把新能源、生物技术和信息技术作为本国或本地区今后发展的重点。比如美国出台的"重塑美国制造业框架"政府文件,欧洲出台的"2020年可持续与包容性的智能发展战略",日本出台的"日本2020新增长战略",中国规划发展的"七大战略性新兴产业"均以此为重点。虽然宁波现有的城市产业不一定具备条件全面发展这些产业,但应该把握全球产业发展趋势有选择地发展相关产业。宁波在《关于加快培育和发展战略性新兴产业的若干意见》中将新材料、新一代信息技术、新能源、新装备列为重点发展的四大战略性产业,把海洋高端技术、节能环保、生命健康、创意设计列为四大新兴产业。

从长三角全球城市区域发展看,目前各核心城市都不同程度和深度地进入全球价值链分工体系之中,其中尤以苏州为最。这种进入全球分工的方式是通过引进外资、接受产业链转移和价值链市场分割来实现的,因此属于参与式和接受式的分工进入。在未来二三十年内,随着我国资本市场的逐步开放,上海金融中心国际地位和能级的提升,引进外资和对外投资将形成双向互动,长三角全球城市区域的这种参与式和接受式分工进入将会逐渐向主导式和引领式展开分工转变。由此,区域内部在全球城市主导作用引领下,各核心城市将在各自专业化领域中形成一定意义上的全球引领。因此,宁波城市产业的专业化领域选择必须具有全球眼光。

---

① 〔美〕杰里米·里夫金:《第三次工业革命:新经济模式如何改变世界》,中信出版社2012年版。

从宁波自身特色和基础看,与其他核心城市相比,在临港产业如石化、钢铁、造船等方面具有一定的优势;传统产业方面,宁波在纺织服装、轻工电器、精密仪器、生物制药、模具、文体设备等方面具有特色优势;现代服务业方面,宁波的国际贸易、现代物流具有特色优势。

基于上述分析,宁波城市产业的专业化领域发展方向选择可从以下几个方面考虑。

石化产业。石化产业发展依托港口优势,是目前宁波的支柱产业。未来应该向精细化方向发展,也可以此为起点发展这一领域的新材料,作为战略性产业具体方向加以培育,这是宁波应该而且必须坚持发展的产业。

钢铁业。钢铁产业也是依托港口优势,但它对环境影响比较大,必须考虑引进和发展技术,向高端化和新材料方向发展,必要时可考虑转移低端环节。

造船业。造船业需要依赖海洋岸线优势,但全球造船业的周期性波动比较大,宁波目前的造船业小而散,必须向高端化和特种化方向发展。同时应该使其与上游的钢铁业和相应的仪器仪表、动力设备等形成本地产业链,逐渐向该行业价值链高端攀升。

工业大类的电气机械和器材制造业目前占宁波工业产值第二位。宁波在轻工电器、精密仪器、模具文具等方面具有较好的基础,与相关的新材料产业可以形成产业链对接,也应该考虑作为发展方向。

纺织服装是宁波的传统优势产业,也是宁波的名片产业,上游应该向原料改进与创新发展,与精细化工新材料可以形成对接,下游应该考虑向个性化产品方向发展。

在服务业方面,首先应该是国际贸易业,这是宁波国际港口的优势所在,但要考虑与上海形成错位关系,宁波国际贸易业的发展应该从平台经济的角度构建。其次是现代物流业,这也是港口优势所形成的,信息化下现代物流业发展也要基于网络平台包括互联网和物联网来发展。

同时考虑到二、三产融合发展的实际需要,宁波在生产性服务业方面也应该有专业化领域,比如与工业专业化领域相关的科技研发服务,与传统优势产业相关的创意设计服务等。

第四章 宁波城市经济的产业选择

城市经济从空间上看,有两个层面:一是市域层面的城市空间,包括各级城镇;二是中心城市层面的城市空间,指的是中心城市建成区。城市经济从产业角度看,也有两个层面:一是包括工业、农业的城市经济;二是仅包括服务业的城市经济。考虑到宁波市域、中心城市层面的工业、农业已经有较多的研究,宁波当前发展城市经济的关键是服务业,本研究将其界定在宁波市域、中心城市的服务业范围内。考虑到统计数据的可获得性,中心城市的服务业以宁波市六区的服务业加总来反映。

第一节 宁波城市经济产业发展现状

鉴于 2003 年前后,我国服务业统计标准发生了较大的变化,关于城市经济产业发展的分析以 2004 年为基年,分析 2004—2014 年服务业的发展历程并总结其发展现状。

一、宁波城市经济产业发展规模与速度

(一)宁波市域服务业发展规模与速度

宁波市域服务业规模自 1992 年开始加速扩大。服务业的占比在 20 世纪 90 年代有较快、较稳定的提升后,21 世纪初十年基本稳定,2010 年后又有了稳定的提高(见图 4-1)。

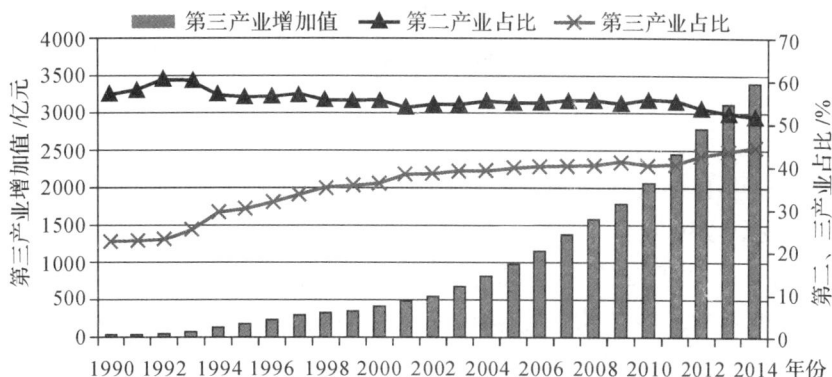

图 4-1 宁波市第三产业增加值及第二、三产业占比

为了能清楚说明宁波市域服务业的发展规模与速度,下面分别从宁波市域服务业增加值和从业人员数两方面来着手分析。

表 4-1 2004—2013 年宁波市域服务业变化情况

年份	增加值（万元）	比重（%）	增速（%）	从业人数（万人）	比重（%）	增速（%）
2004	8214664	38.94	19.84	114.60	28.98	14.94
2005	9755906	39.73	18.47	125.50	30.23	9.51
2006	11515469	40.16	18.62	134.80	31.36	7.41
2007	13846283	39.99	18.98	141.50	32.32	4.97
2008	15888946	40.26	15.68	142.80	32.46	0.92
2009	17836273	41.20	12.26	163.04	36.73	14.17
2010	20731819	40.15	16.23	177.74	37.30	9.02
2011	24544856	40.51	18.39	187.63	37.99	5.56
2012	27968524	42.49	13.95	196.57	39.19	4.76
2013	31108021	43.64	11.23	200.44	39.82	1.97

数据来源:2005—2014 年宁波统计年鉴。

由表 4-1 可以看出,宁波市域服务业在近十年中保持着较快的增长速度,2004 年至 2013 年期间平均增速达到了 15.95%,服务业增加值从 2004 年的 8214664 万元增加到 2013 年的 31108021 万元。值得注意的是,自 2004 年起宁波市域服务业增加值的增速在逐渐放缓,2007 年以来波动加大,2009 年、2013 年为增速的低点。从比重数据变化来看,总体趋势与增长率相反,呈现持续上升趋势。宁波市域服务业占地区生产总值比重从 2004年的 38.94％上升到 2013 年的 43.64％。

就从业人数来看,自 2004 年起宁波市域服务业的从业人数在不断地增加,到 2013 年已增加到 200.44 万人,占全市域从业人数的 39.82％。与此同时,宁波市域从业人员的比重也逐年增加,这说明宁波市域服务业的规模在不断地扩大,并且吸收了一部分第一产业和第二产业的从业人员。宁波市域服务业从业人数的增速呈现出一定的周期性,从 2004 年的 14.94％直线下降到 2008 年的 0.92％,而到 2009 年再次达到峰值14.17％之后急速下降到 2013 年的 1.97％。虽然服务业从业人数的增速呈现周期性,但其增速的数值均为正值,因此服务业将是宁波市域未来扩大就业的重要源泉。

(二)宁波中心城市服务业发展规模与速度

由表 4-2 可知,从总量与增速看,宁波中心城市服务业增加值从 2004 年的 5149739 万元增长到 2013 年的 18137493 万元,以年均 16.61％的增长速度在增长,规模持续扩大。与市域的服务业增速相比,近十年,中心城市的年增长率除了 2008 年这一特殊年份外,一直高于市域的增长率。由此,宁波中心城市服务业增加占市域服务业增加值的比重稳定提高,从 2004 年的 62.69％提高到 2013 年的 66.01％,表明了中心城市在市域服务业发展中的主导地位。

从服务业的占比看,宁波中心城市的服务业增加值占地区生产总值的比重在近十年中呈现出稳定提高态势,从 2005 年的 41.05％提高到 2013 年的 42.09％。占比的提高速度,中心城市与市域几乎相当。

考虑服务业从业人数,宁波市中心城市的总人口在 2013 年达到 227.60万人,其中服务业的从业人数为 41.68 万人,而在 2004 年时服务业的从业人数为 20.55 万人。从业人数在逐年增加,说明中心城市的服务业规模在逐年增大。

表 4-2　宁波市域与中心城市服务业规模、比重、增速

年份	市域			中心城市			
	增加值（万元）	比重（%）	增速（%）	增加值（万元）	比重（%）	增速（%）	中心城市服务业占市域服务业的比重（%）
2004	8214664	38.94	19.84	5149739	40.87	18.14	62.69
2005	9755906	39.73	18.47	5685586	41.05	10.41	62.40
2006	11515469	40.16	18.62	6748655	42.23	18.70	62.16
2007	13846283	39.99	18.98	8176355	42.44	21.16	63.45
2008	15888946	40.26	16.49	10113361	44.92	23.69	63.66
2009	17836273	41.20	11.48	10584321	41.52	4.65	64.18
2010	20731819	40.15	16.23	11856186	38.72	12.02	64.46
2011	24544856	40.51	18.39	13876154	41.37	17.04	64.95
2012	27968524	42.49	13.95	16126844	45.91	16.22	65.77
2013	31108021	43.64	11.23	18137493	42.09	12.47	66.01

二、宁波城市经济产业结构演变

（一）宁波市域服务业结构演变

宁波市域服务业内部结构相对稳定。2013 年服务业的重点行业是批发和零售业（26.12%），金融业（15.31%），房地产业（13.29%），交通运输、仓储和邮政业（10.00%），四大行业合计占服务业的比重为 64.72%（见表 4-3）。

从近十年的变化来看，批发和零售业的比重稳步上升，为第一大行业，体现了港口城市的贸易特性；金融业先是快速提升，后是基本稳定，近两年出现明显下降；房地产业在波动中略有下降，但近两年比较稳定；交通运输、仓储和邮政业基本稳定，略有下降；公共管理和社会组织、教育的比重有明显的下降，租赁和商务服务业上升明显；其他行业有的变化幅度虽较大，但由于占比低，比重的绝对提升有限。

表 4-3 宁波市域服务业内部结构变化及其变动率　　（单位：%）

	2004 年	2012 年	2013 年	2004—2013 年结构变动率
批发和零售业	22.74	24.26	26.12	14.87
金融业	12.21	16.11	15.31	25.36

续表

	2004 年	2012 年	2013 年	2004—2013 年结构变动率
房地产业	15.33	13.22	13.29	−13.31
交通运输、仓储和邮政业	11.03	10.62	10.00	−9.34
公共管理和社会组织	8.61	6.69	6.94	−19.44
租赁和商务服务业	5.23	5.29	6.80	30.01
教育	6.12	4.89	4.94	−19.34
信息传输、计算机服务和软件业	5.05	3.27	3.48	−31.00
住宿和餐饮业	4.23	5.33	3.01	−28.77
卫生、社会保障和社会福利	3.04	3.59	2.97	−19.34
科学研究、技术服务和地质勘查业	1.78	2.37	2.58	45.07
居民服务和其他服务业	2.10	2.60	2.13	1.36
文化、体育和娱乐业	1.28	1.07	1.56	22.02
水利、环境和公共设施管理	1.25	0.68	0.76	−39.37

注:结构变动率 $K_i = \dfrac{q_{it} - q_{i0}}{q_{i0}} \times 100$

数据来源:历年宁波统计年鉴。

与城市功能相对应的行业还需加强。宁波市域服务业内部结构与宁波中心城市的职能基本对应。与宁波中心城市贸易、物流功能相对应的批发和零售业,以及交通运输、仓储和邮政业占比较高,但结构变化率显示批发和零售业的比重提高不快,交通运输、仓储和邮政业的比重则在下降,需引起重视。金融业的发展是宁波构建区域金融中心的载体,近十年来金融业发展迅速,比重稳步上升,但 2012 年、2013 年出现了异常的下降,需引起重视。

新兴行业占比较低,发展仍需加快。总体上看宁波市域生产性服务业仍以批发和零售业、金融业两大行业为主,与发达国家以租赁和商务服务业,信息传输、计算机服务和软件业,综合技术服务业等新兴行业为主导地位的产业结构存在明显差距。总体来看,新兴行业的比重在增加,结构在优化,但速度较慢,需加速发展。其中最值得关注的是租赁和商务服务业,以及科学研究、技术服务和地质勘查业。租赁和商务服务业的比重是先降后升,2009 年开始强劲反弹,2012 年大幅上升后的比重与 2004 年基本相当,

2013年提升到6.80%,表现出强劲的发展势头。科学研究、技术服务和地质勘查业从2007年开始出现稳步上升态势,2013年的占比达到2.58%。值得引起注意的是,信息传输、计算机服务和软件业发展乏力,比重持续下降。同时需要引起重视的是,文化、体育和娱乐业的比重波动较大,比重提高不明显。

(二)宁波中心城市服务业结构演变

宁波中心城市的服务业结构与市域的服务业结构高度相似。批发和零售业,金融业,房地产业,交通运输、仓储和邮政业为四大支柱行业,并且这四大行业的集中度在提高,四大行业合计占服务业增加值比重从2004年的56.32%提高到2013年的72.36%。四大行业近十年的变化趋势也与市域相似,批发和零售业稳定提高,尤其是近三年,比重上升迅速;金融业先升后降,近三年比重明显下降,与批发和零售业形成鲜明对比;房地产业波动较大,交通运输、仓储和邮政业则从2007年开始缓慢下降(见表4-4)。

表4-4　宁波中心城市服务业内部结构变化及其变动率　　　(单位:%)

	2004年	2012年	2013年	2004—2013年结构变动率
批发和零售业	20.40	23.82	27.96	37.04
金融业	11.37	20.68	19.69	73.14
房地产业	14.28	11.87	14.22	−0.40
交通运输、仓储和邮政业	10.27	11.47	10.49	2.12
租赁和商务服务业	4.87	7.15	7.28	49.42
公共管理和社会组织	8.02	6.19	6.32	−21.18
教育	5.70	4.55	5.28	−7.29
住宿和餐饮业	3.75	3.17	3.22	−13.90
卫生、社会保障和社会福利	2.83	3.25	3.18	12.17
科学研究、技术服务和地质勘查业	1.66	2.27	2.76	66.68
信息传输、计算机服务和软件业	4.71	2.35	2.63	−44.18
居民服务和其他服务业	1.57	1.64	1.73	10.17
文化、体育和娱乐业	1.19	0.92	1.12	−6.04
水利、环境和公共设施管理	1.16	0.69	0.81	−30.31

数据来源:历年宁波统计年鉴。

除了这四大支柱行业外,上升势头最明显的是租赁和商务服务业,其次是科学研究、技术服务和地质勘查业;最需要引起注意的是信息传输、计算机服务和软件业比重的持续下降。这些趋势与市域的服务业结构变动均相似。

从前面的分析可以看出,无论是宁波市域还是宁波中心城市,批发和零售业,金融业,房地产业,交通运输、仓储和邮政业是四大支柱行业。2013年,这四大行业占服务业的比重,市域是64.72%,中心城市是72.36%。同样,无论是市域还是中心城市,租赁和商务服务业,以及科学研究、技术服务和地质勘查业是发展强劲的两大新兴产业,信息传输、计算机服务和软件业是信息经济的重要支撑产业,但近十年来比重下降明显。

第二节 宁波城市经济主导产业的选择

在产业经济学中,关于区域主导产业选择有成熟的理论与广泛的实证分析,但现有的理论与实证分析大多是基于区域经济视角的制造业主导产业选择,这些理论与方法是否可用来进行服务业经济主导产业的选择,需要理论的探讨与实证的检验。

一、选择的基准与指标体系

(一)主导产业选择基准

国内外关于主导产业选择的研究已经十分成熟,主要是以收入弹性、技术进步、产业关联、区域优势等为依据进行制造业主导产业选择。关于服务业主导产业的选择,国内外也有一些探索,但总体上还不是很成熟。

服务业与制造业在产业性质上有较大的不同,考虑到服务业的产业特性,我们认为服务业主导产业的选择基准及其指标应包括以下几个方面:

产业发展潜力基准。产业发展潜力取决于产业的需求收入弹性。需求收入弹性高的产业随着人均收入水平的提高,需求扩张幅度较大,产业增长具有广阔的市场前景,迅速扩张的市场需求会拉动产业较快增长。这个选择基准主要是基于需求视角,需求收入弹性是能较好反映这一内涵的指标。另外,也可用产业增长速度来衡量。产业增长速度表现为一个行业的成长能力。

技术进步基准。服务业主导产业高于其他产业的经济增长速度必须借助于产业的高效率来实现,选择技术进步速度快、技术水平高、技术要素密集的产业作为主导产业,可以保证产业的生产率上升更快,主导产业选择需要考虑技术进步速度及其对产值增长速度的贡献。这个基准是基于供给视角,可用的指标包括全要素生产率、比较劳动生产率、技术进步速度和技术进步对产值增长的贡献等。

产业关联基准。根据赫希曼产业关联度基准,主导产业应该具备后向拉动效应和前向推动效应都强的特征。以产业感应度和影响力系数作为产业关联的指标。

区域优势基准。一个区域的主导产业应该是能充分发挥本地区优势的行业。区域优势可用区位商指标来反映。

(二)主导产业选择指标体系

在指标体系的选取方面,要遵循客观性、科学性、层次性和可操作性这几个原则。即指标的选取要能够客观反映服务业各细分行业的发展状况,对调查研究对象所选取的指标内涵要科学、合理,层次要鲜明,条理要清楚,并且所选取的指标来源要清晰可靠,能够确保数据的质量。

依据上述基准与指标选取原则,我们设计的服务业主导产业选择指标体系如表 4-5 所示。

表 4-5　服务业主导产业选择指标体系

评价基准	指标设计	指标说明
产业发展 潜力基准	需求收入弹性(X_1)	$E_1 = \dfrac{\Delta Q_i/Q_i}{\Delta U/U}$,产业 i 的产值增长率/同期宁波市城乡人均可支配收入增长率
	固定资产规模相对增长(X_2)	行业新增固定资产/全社会新增固定资产
	增加值增长速度(X_3)	(某一产业当年的增加值−该产业上一年的增加值)/该产业上一年的增加值
	投资增长速度(X_4)	(某一产业当年的投资额−该产业上一年的投资额)/该产业上一年的投资额
技术进步 基准	比较劳动生产率(X_5)	某行业增加值占地区总产值比重/该行业劳动力占社会总劳动力比重
	增加值系数(X_6)	某产业增加值/该产业年固定资产投入

续表

评价基准	指标设计	指标说明
产业关联基准	感应度系数(X_7)	$S_i = \dfrac{\sum\limits_{i=1}^{n} \overline{b}_{ij}}{\dfrac{1}{n}\sum\limits_{i=1}^{n}\sum\limits_{j=1}^{n} \overline{b}_{ij}}(i,j=1,2,\cdots,n)$,$S_i$ 表示第 i 产业部门的感应度系数,$\overline{b}_{ij}$ 表示第 j 部门对第 i 部门的完全消耗系数
	影响力系数(X_8)	$F_i = \dfrac{\sum\limits_{i=1}^{n} \overline{b}_{ij}}{\dfrac{1}{n}\sum\limits_{i=1}^{n}\sum\limits_{j=1}^{n} \overline{b}_{ij}}(i,j=1,2,\cdots,n)$,$F_i$ 表示第 i 产业部门的影响力系数,$\overline{b}_{ij}$ 表示第 j 部门对第 i 部门的完全消耗系数
区域优势基准	区位商(X_9)	$LQ_{ij} = \dfrac{L_{ij}\sum\limits_{j=1}^{m} L_{ij}}{\sum\limits_{i=1}^{n} L_{ij}/\sum\limits_{i=1}^{n}\sum\limits_{j=1}^{n} L_{ij}}(i,j=1,2,\cdots,n)$,某产业增加值占区域服务业增加值比重/全国该产业增加值占全国服务业增加值比重

二、选择的方法与结果

(一)指标值和标准化值计算

首先利用统计年鉴等查找或计算各指标数值。考虑到 2004 年至 2013 年的时间跨度大,如果用 2004 年至 2013 年的平均值来做主成分分析,不能反映近年来的变化。为此,将时间分为二期作平均值的分析:以 2004 年至 2008 年的平均值作为前期,以 2009 年至 2013 年的平均值作为后期。

在指标数据计算的基础上,为了消除量纲和量级的影响,需要对各指标值进行标准化处理。在标准化处理上,本文选用 Z 标准化,即 $Z=(x-\mu)/\sigma$。其中的 x 为指标值,μ 为指标的平均值,σ 为指标的标准差。然后用 SPSS 软件进行各项指标标准化计算,计算结果见表 4-6、表 4-7。

表 4-6   2004—2008 年指标标准化数据

	X_1	X_2	X_3	X_4	X_5	X_6	X_7	X_8	X_9
A	0.5184	2.8918	0.4943	−0.6360	−0.2785	−0.5962	0.7292	0.0134	−0.3429
B	−0.3585	−0.3055	−0.3699	−0.7437	−0.1585	−0.3913	−0.1928	−0.5857	−0.4453
C	0.0553	−0.4026	0.0797	0.2073	−0.5497	0.1948	−0.1897	0.4448	0.9587

续表

	X_1	X_2	X_3	X_4	X_5	X_6	X_7	X_8	X_9
D	−0.1378	−0.3579	−0.1059	−0.4181	−0.6240	−0.5356	1.0224	−0.6051	−0.6928
E	1.9359	−0.5160	1.9025	−0.0677	1.3734	2.7302	1.0665	−0.1624	2.1542
F	−1.2335	−0.1656	−1.1414	−0.4587	2.9816	−0.4180	0.0817	−0.8137	0.8245
G	−1.0304	−0.3774	−1.0367	1.9648	−0.1955	−0.2893	1.8407	2.5995	1.0016
H	0.4272	−0.5356	0.4256	0.1518	0.0181	−0.3686	1.1506	−0.4558	−1.6850
I	−1.3886	1.6462	−1.4163	−0.5886	−0.2925	−0.6231	−1.1002	1.4561	0.3516
J	1.8622	−0.5875	1.9240	2.5103	−0.7670	1.8169	−0.7840	−0.5849	−1.3058
K	−0.5100	−0.1630	−0.5597	−0.7000	−0.4036	−0.4183	−1.0666	−0.7407	−0.2484
L	0.4448	−0.3953	0.4097	−0.3360	−0.4337	−0.4232	−1.0004	−0.9504	−0.0854
M	−0.1470	−0.4793	−0.1429	−0.6470	−0.6014	−0.4894	−0.3800	−0.2822	−0.4737
N	−0.4380	−0.2523	−0.4629	−0.2384	−0.0687	−0.1890	−1.1773	0.6672	−0.0113

注：交通运输、仓储和邮政业（A），信息传输、计算机服务和软件业（B），批发和零售业（C），住宿和餐饮业（D），金融业（E），房地产业（F），租赁和商务服务业（G），科学研究、技术服务和地质勘查业（H），水利、环境和公共设施管理业（I），居民服务和其他服务业（J），教育（K），卫生、社会保障和社会福利业（L），文化、体育和娱乐业（M），公共管理和社会组织（N）。

数据来源：SPSS 18.0 输出结果。

表 4-7　2009—2013 年指标标准化数据

	X_1	X_2	X_3	X_4	X_5	X_6	X_7	X_8	X_9
A	−0.9087	2.8718	−0.8423	−0.4472	−0.0577	−0.6930	0.7292	0.0134	0.3918
B	−1.0182	−0.2695	−0.9857	−0.4881	−0.0842	0.4460	−0.1928	−0.5857	−0.8631
C	0.3588	−0.4834	0.4355	−0.5080	−0.6785	0.3173	−0.1897	0.4448	1.1439
D	−0.6298	−0.2635	−0.6491	−0.4012	−0.4972	−0.5448	1.0224	−0.6051	0.6172
E	−0.7455	−0.6980	−0.7763	0.1640	2.3645	2.5072	1.0665	−0.1624	2.3490
F	0.9310	−0.0407	0.7853	0.0967	2.2080	−0.6183	0.0817	−0.8137	0.2467
G	1.7952	−0.4335	2.1837	−0.2666	−0.6342	−0.4164	1.8407	2.5995	0.4165
H	1.0420	−0.5162	1.0645	−0.3325	−0.5666	−0.4497	1.1506	−0.4558	−1.6810
I	−0.4423	1.5073	−0.4386	−0.2984	−0.5141	−0.7454	−1.1002	1.4561	−0.8197
J	−1.1593	0.3543	−1.1906	3.3641	−0.7861	1.8772	−0.7840	−0.5849	−0.5975

续表

	X_1	X_2	X_3	X_4	X_5	X_6	X_7	X_8	X_9
K	−0.0949	−0.4904	−0.1911	−0.1972	−0.2392	−0.4049	−1.0666	−0.7407	−0.6329
L	−0.4536	−0.5649	−0.3210	−0.3178	−0.2775	−0.4275	−1.0004	−0.9504	0.1143
M	1.7230	−0.5256	1.3022	0.2106	−0.2741	−0.6404	−0.3800	−0.2822	−0.0625
N	−0.3977	−0.4477	−0.3765	−0.5784	0.0369	−0.2072	−1.1773	0.6672	−0.6228

注:A—N同表4-6。

(二)确定指标权重

目前确定指标权重的常用方法有特尔菲法、层次分析法、因子分析法、相关系数法、主成分分析法、熵值法等,其中前两种为主观赋权法,后四种为客观赋权法,各有利弊,应根据评价内容的特点选择相应的方法。在主观赋权法中使用最多的是层次分析法,而在客观赋权法中使用最多的是主成分分析法。本文采用主成分分析法,运用 SPSS 18.0 软件对宁波市域服务业的 9 项评价指标进行主成分分析。通过主成分分析,可以得到各主成分特征值、方差贡献率以及累积贡献率(见表 4-8、表 4-9)。

表 4-8　2004—2008 年相关矩阵的特征根和方差贡献率

成分	初始特征值			提取平方和载入		
	合计	方差(%)	累计(%)	合计	方差(%)	累计(%)
1	3.170	35.221	35.221	3.170	35.221	35.221
2	1.908	21.196	56.417	1.908	21.196	56.417
3	1.503	16.699	73.115	1.503	16.699	73.115
4	1.011	11.232	84.347	1.011	11.232	84.347
5	0.850	9.442	93.790			
6	0.428	4.753	98.542			
7	0.090	0.997	99.539			
8	0.041	0.457	99.996			
9	0.000	0.004	100.000			

数据来源:SPSS 18.0 输出结果。

表 4-9　2009—2013 年相关矩阵的特征根和方差贡献率

成分	初始特征值			提取平方和载入		
	合计	方差(%)	累计(%)	合计	方差(%)	累计(%)
1	2.918	32.426	32.426	2.918	32.426	32.426
2	2.042	22.689	55.115	2.042	22.689	55.115
3	1.315	14.607	69.722	1.315	14.607	69.722
4	1.106	12.290	82.011	1.106	12.290	82.011
5	0.655	7.277	89.288			
6	0.555	6.163	95.451			
7	0.329	3.657	99.108			
8	0.074	0.820	99.928			
9	0.006	0.072	100.000			

原始数据信息量的大小由公因子的贡献率来反映,由表 4-8、表 4-9 可知,2004—2008 年前 4 个主成分的特征值分别是 3.17、1.91、1.50 和 1.01,这 4 个公因子的累计贡献率已达到 84.35%,2009—2013 年前 4 个主成分的特征值分别为 2.92、2.04、1.32 和 1.11,这 4 个主成分的累计贡献率为 82.01%,完全符合方差贡献率大于或等于 80%的原则。因此,将前 4 个主成分作为评价宁波市域服务业发展情况的评价变量。

根据因子载荷矩阵来确定各个主成分所解释的指标。由表 4-10 和表 4-11 可知,2004—2008 年和 2009—2013 年两个阶段的 4 个主成分所解释的指标一致。主成分 1 在需求收入弹性、增加值增长速度和增加值系数这 3 个指标上有较大的载荷,这 3 个指标中的前两个反映了宁波市域服务业各细分行业产业发展潜力和技术进步状况,说明需求弹性高的行业能够带来高的产值,因此将主成分 1 定义为产业发展潜力因子。主成分 2 在比较劳动生产率、感应度系数和区位商这 3 个指标上有较大的载荷,这 3 个指标分别反映了技术进步状况、产业关联度和区域优势,说明产业关联度大的产业更具区域优势,因此,可将主成分 2 定义为产业优势因子。主成分 3 主要反映固定资产规模相对增长这一指标,故将其定义为规模优势因子。主成分 4 在投资增长速度和影响力系数这两个指标上有较大的载荷,这两个指标主要反映产业发展潜力和产业关联度,说明较高的投资增长速度和比较劳动生产率能够带来产业快速的发展,因此将主成分 4 定义为产业投入优势因子。这 4 个主成分的主要内容展示如表 4-12 所示。

表 4-10   2004—2008 年因子载荷矩阵

指标	主成分 1	主成分 2	主成分 3	主成分 4
需求收入弹性	0.9011	0.1540	−0.2991	0.0419
固定资产规模相对增长	−0.2134	−0.3997	0.7506	0.1788
增加值增长速度	0.9352	0.1594	−0.2341	0.1033
投资增长速度	−0.5138	0.0219	−0.4307	0.6284
比较劳动生产率	−0.1977	0.7177	0.0848	−0.4178
增加值系数	−0.6337	0.5757	−0.2010	0.3854
感应度系数	0.4183	0.5647	0.3185	0.2200
影响力系数	0.5431	−0.0060	0.4036	0.5433
区位商	−0.1078	0.8168	0.3308	−0.0101

表 4-11   2009—2013 年因子载荷矩阵

指标	主成分 1	主成分 2	主成分 3	主成分 4
需求收入弹性	0.9012	0.1744	−0.2954	0.0402
固定资产规模相对增长	−0.2048	−0.3522	0.7680	0.2825
增加值增长速度	0.9299	0.1809	−0.2428	0.0913
投资增长速度	−0.5064	−0.0460	−0.4858	0.6182
比较劳动生产率	−0.2571	0.8008	0.1372	−0.2990
增加值系数	−0.6554	0.5352	−0.2869	0.3512
感应度系数	0.3887	0.6128	0.2523	0.2218
影响力系数	0.5434	0.0408	0.3512	0.5820
区位商	−0.1479	0.8420	0.2594	−0.0045

表 4-12   主成分解释表

主成分	载荷较大的指标
主成分 1	需求收入弹性、增加值增长速度、增加值系数
主成分 2	比较劳动生产率、感应度系数、区位商
主成分 3	固定资产规模相对增长
主成分 4	投资增长速度、影响力系数

（三）多指标合成

通过一定的算式将多个指标的评价值综合，可以得到一个整体性的评价值。本研究首先采用多指标加法合成法，然后对得分较高的产业部门再作定性分析，最终确定主导产业。

本研究采用线性加权合成方法对指数进行合成，即将各因子的得分与其标准差相乘得到主成分得分，然后用各因子方差的占比作为各主成分的系数再将主成分进行加总。通过计算得到 2004—2008 年、2009—2013 年宁波市域服务业各细分行业综合得分（见表 4-13、表 4-14），一般来说，某个服务业的综合得分越高，表明该产业的发展水平越高、越具有竞争力。综合得分的高低反映的是该行业在宁波市的发展程度，综合得分的正负是反映该行业在全国范围内的竞争力水平。

表 4-13　2004—2008 年宁波市域服务业各细分行业主成分得分及排名

行业名称	主成分 1	主成分 2	主成分 3	主成分 4	综合得分	排名
金融业	3.3175	2.2892	−1.5771	0.8286	1.7587	1
居民服务和其他服务业	3.5059	−1.1313	1.3327	−0.4510	1.3835	2
租赁和商务服务业	−0.8220	3.0578	2.2897	−0.6694	0.7894	3
批发和零售业	0.2030	0.5724	0.3085	−0.2148	0.2611	4
交通运输、仓储和邮政业	−0.4695	−0.4955	0.1909	3.0816	0.1276	5
科学研究、技术服务和地质勘查业	0.5854	−0.8775	0.3973	−0.3363	0.0578	6
住宿和餐饮业	−0.1958	−0.6896	0.1849	−0.1764	−0.2419	7
卫生、社会保障和社会福利业	0.2933	−1.3030	−0.4700	−0.3094	−0.3392	8
公共管理和社会组织	−0.7596	−0.1668	0.1099	−0.5135	−0.4058	9
文化、体育和娱乐业	−0.4173	−0.9852	−0.0241	−0.4228	−0.4829	10
信息传输、计算机服务和软件业	−0.5842	−0.8193	−0.4276	−0.3838	−0.5856	11
水利、环境和公共设施管理业	−2.4976	0.3512	0.5105	0.9436	−0.7280	12
房地产业	−1.3269	1.3706	−2.3397	−0.9013	−0.7929	13
教育	−0.8323	−1.1730	−0.4859	−0.4752	−0.8018	14

由表 4-13 可知，2004—2008 年间宁波市域服务业各细分行业综合排名前 6 位的分别为金融业，居民服务业和其他服务业，租赁和商务服务业，批

发和零售业,交通运输、仓储和邮政业,科学研究、技术服务和地质勘查业。这6个行业的综合得分都大于0.05。因而,可将这6个行业确定为宁波市域服务业主导产业。进一步分析如下:

(1)金融业排名第一的关键主成分是产业发展潜力因子,得分为3.32。说明金融业的发展潜力巨大。在宁波市域范围内,宁波银行、鄞州银行等地方性银行发展良好,保险和证券业也有一定的发展,这些为金融业的发展奠定了基础。

(2)排名第二的居民服务业和其他服务业在产业发展潜力方面具有较大优势,得分为3.51。说明近5年来居民服务业和其他服务业取得了较好的发展。

(3)租赁和商务服务业排在第三的关键主成分是产业优势因子,得分为3.06。说明宁波市域在租赁和商务服务方面有较好的发展,该行业与其他服务业之间有较好的联系。

(4)批发和零售业综合排名第四,该领域在产业优势方面的因子相对于其他因子而言具有一些优势,得分为0.57。说明该行业与租赁和商务服务业一样,与其他服务业有良好的联系,在宁波市域的发展也比较成熟。

(5)综合排名第五的交通运输、仓储和邮政业,其关键因素在于产业投入优势,得分为3.08。说明交通运输、仓储和邮政与其他服务业有高度联系,在宁波市域范围内发展较快。

(6)科学研究、技术服务和地质勘查业综合排名第六的关键因素为产业发展潜力因子,得分为0.59。说明科学研究、技术服务和地质勘查业在宁波市域有很好的发展前景,但其综合得分仅为0.06,大幅低于其他5个行业,说明其在宁波市域的发展并不成熟。

表4-14   2009—2013年宁波市域服务业各细分行业主成分得分及排名

行业名称	主成分1	主成分2	主成分3	主成分4	综合得分	排名
租赁和商务服务业	3.5805	0.9809	0.4626	1.8277	2.0433	1
批发和零售业	0.5953	0.5552	0.0195	0.2302	0.4270	2
金融业	−1.8332	3.8312	0.4742	−0.0296	0.4151	3
文化、体育和娱乐业	1.6346	−0.0952	−1.2368	−0.1143	0.3825	4
科学研究、技术服务和地质勘查业	1.6896	−0.5753	−0.9655	−0.0571	0.3283	5

续表

行业名称	主成分1	主成分2	主成分3	主成分4	综合得分	排名
房地产业	0.5879	1.1871	−0.3770	−1.3092	0.2975	6
交通运输、仓储和邮政业	−0.7083	−0.7657	2.8198	0.0260	0.0142	7
住宿和餐饮业	−0.2434	0.2086	0.5678	−0.4676	−0.0075	8
水利、环境和公共设施管理业	0.0089	−1.9100	1.3315	0.4658	−0.2179	9
公共管理和社会组织	−0.1432	−0.8227	−0.1247	−0.4488	−0.3737	10
卫生、社会保障和社会福利业	−0.5839	−0.5461	−0.5764	−1.0552	−0.6427	11
教育	−0.2983	−0.9217	−0.8471	−0.8540	−0.6518	12
信息传输、计算机服务和软件业	−1.1735	−0.5578	−0.1163	−0.5966	−0.7284	13
居民服务和其他服务业	−3.1128	−0.5686	−1.4314	2.3828	−1.2859	14

由表 4-14 可知,2009—2013 年宁波市域服务业各细分行业综合排名前 6 位的分别为租赁和商务服务业,批发和零售业,金融业,文化、体育和娱乐业,科学研究、技术服务和地质勘查业,房地产业。这 6 个行业的综合得分都大于 0.2。因而,可将这 6 个行业确定为宁波市域服务业主要产业。进一步分析如下:

相较于 2004—2008 年宁波市域服务业主导产业,2009—2013 年服务业主导产业有所变化。

(1)金融业的排名后延至第三,其关键主成分由产业发展潜力因子变为产业优势因子了。说明金融业在经过一段时间的发展后变得较为成熟和完善。

(2)租赁和商务服务业的排名提升至第一,且其关键主成分由产业优势因子变为产业发展潜力因子。说明租赁和商务服务业作为新兴服务业正在迅速发展,已经取代传统的服务行业成为影响经济发展的关键。

(3)批发和零售业的排名上升一位,由第三上升至第二,使其排名靠前的关键主成分由之前的一个变成两个,分别为产业发展潜力因子和产业发展优势因子。说明该行业在宁波市比较具有活力,在经济发展中起到一定的作用。

(4)作为新兴服务行业的科学研究、技术服务和地质勘查业相较于前一时期有很大的发展,不仅排名上升一位,其综合得分也由前一期的不足 0.06 增加到 0.33。说明科学研究、技术服务和地质勘查业发展迅速。

(5)文化、体育和娱乐业,以及房地产业在近 5 年发展良好,交通运输、仓储和邮政业的综合得分与排名前 6 的行业相差较大,故不选为这一时期的服务业主导产业。

综合两个阶段宁波市域服务业主导产业的选择结果,结合宁波城市功能和区位优势,顺应"互联网+"的全球发展新态势,我们认为,今后一段时期,宁波市域服务业可将以下产业作为主要产业:批发和零售业,交通运输、仓储和邮政业,金融业,租赁和商务服务业,科学研究、技术服务和地质勘查业,文化、体育和娱乐业,房地产业,信息传输、计算机服务和软件业。其中,批发和零售业,交通运输、仓储和邮政业是体现港口城市的优势行业;金融业,租赁和商务服务业是体现港口城市转型的重要行业;科学研究、技术服务和地质勘查业,信息传输、计算机服务和软件业是新的经济发展阶段和环境所需要的城市与区域发展支撑产业;文化、体育和娱乐业,房地产业,居民服务和其他服务业等是营造城市生产、生活环境的重要产业。

第三节 宁波城市经济重点产业发展现状

综合前面的市域主导产业分析结果与中心城市的区位商分析等,我们认为,未来宁波城市经济的重点产业可分为四类:一是基于港口优势基础上的港产城互动产业,重点是批发零售业和交通运输、仓储和邮政业;二是中心城市作为专业服务集聚地的专业服务业,重点是金融业,租赁和商务服务业,以及科学研究、技术服务和地质勘查业;三是迎合消费需求的生活性服务业,重点是居民服务和其他服务业,文化、体育和娱乐业,住宿和餐饮业,房地产业;四是作为信息经济重要支撑而本市发展严重滞后的信息传输、计算机服务和软件业。考虑到产业特性,将科学研究、技术服务和地质勘查业与信息传输、计算机服务和软件业放在一起讨论。

一、港口城市优势产业

(一)批发和零售业

批发和零售业是社会化大生产过程中的重要环节,是决定经济运行速度、质量和效益的引导性力量,是我国市场化程度最高、竞争最为激烈的行业之一。宁波是我国重要的港口城市,批发和零售业是港口优势基础上的港城互动产业。从第二节的分析来看,批发和零售业的因子得分排在前列,可以看作是宁波市服务业的主导产业。从图 4-2 可以看出,市域批发和零售业的行业增加值规模在逐年扩大,2004 年增加值是 1867919 万元,而到了

2013 年增加值达到 8388742 万元,年平均增长率达到 18.16％。从服务业内部结构可以看出,行业增加值占服务业的比例变化趋势较小,基本维持在同一个区间,2004 年比例为 22.74％,2013 年为 26.97％,2004 年到 2013 的内部结构变化率为 14.87％,所以可以看出内部结构变化较小。从行业从业人数的角度可以看出,批发和零售业的从业人数占服务业总的从业人数比例很高,2004 年这个比例是 34.21％,2009 年这个比例最高,达到 47.54％,基本占到整个服务业劳动力人数的"半壁江山"。从上面的 3 个指标可以看出市域的批发和零售业在整个服务业中具有重要的地位。

同样,我们由图 4-3 可以看出中心城市的批发和零售业的情况和市域呈现出高度的一致性,可以看出中心城市产业规模逐年增加,2004 年行业增加值 1050635 万元,2013 年达到 5071066 万元,年均增长率达到 19.10％,中心城市行业从业人数占服务业劳动力人数的比例近年来与市域情况相似,基本都保持不变的比例。但是从行业增加值占服务业增加值的比例来看还是有些区别,中心城市的增长呈现明显的上升趋势,市域却表现得不太明显。近年来,网络购物迅速发展,O2O、移动互联、大数据、C2B 反向定制等电商模式得以快速推广。从线下实体到线上电商,再到移动互联网电商,短短 30年的市场演化,中国市场的商业形态发生了巨大变革。电商通过渠道、终端、传播、支付等方式的变革,与传统店商争夺零售市场的份额,所以传统店商要积极进行产业升级,顺应互联网时代的发展。从以上的分析可以看出,批发和零售业在宁波具有很强的发展潜力,是服务业的主导产业。

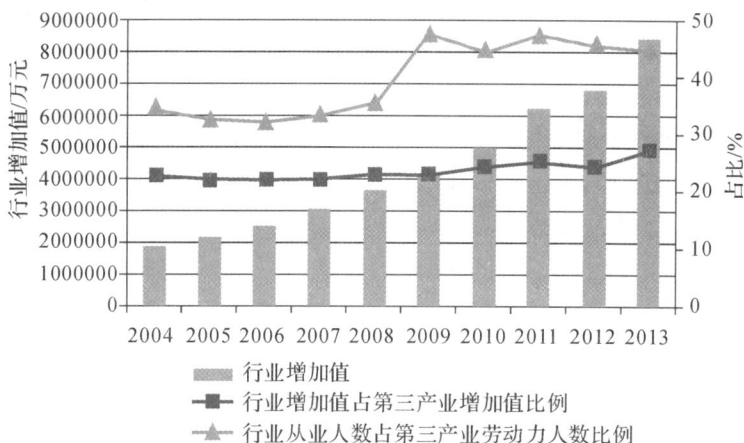

图 4-2　宁波市域批发和零售业相关趋势

数据来源:历年宁波统计年鉴。

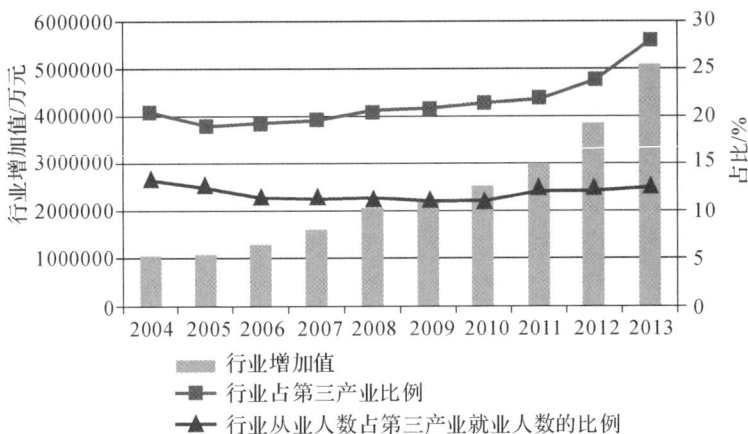

图 4-3　中心城市批发和零售业相关趋势

数据来源:历年宁波市 6 个区统计年鉴,历年中国城市统计年鉴。

（二）交通运输、仓储和邮政业

从宁波市域范围看,交通运输、仓储和邮政业的产值在不断增加。由图 4-4 可以看出,从 2004 年的 905700 万元增加到 2013 年的 3146273 万元,年均增长率为 14.84%。从行业增加值在宁波市域服务业中的比例的角度来看,2004 年的比重是 11.03%,2013 年为 10.11%,从 2010 年开始比重是逐年下降的。就从业人员数而言,交通运输、仓储和邮政业从 2004 的 9.61 万人增加到 2013 年的 15.58 万人,年均增长率为 5.52%。

从宁波中心城市范围看,交通运输、仓储和邮政业的行业增加值在不断增加。由图 4-5 可以看出,从 2004 年的 528818 万元增加到 2013 年的 1901949 万元,年均增长率为 15.28%。就从业人员数而言,交通运输、仓储和邮政业从 2004 年的 2.92 万人增加到 2013 年的 4.76 万人,年均增长率为 5.58%,可见交通运输、仓储和邮政业在宁波市中心城市的情况与市域的情况基本一致。上面的数据表明,以及从第二节的主成分分析来看,近几年交通运输、仓储和邮政业的发展情况不是太好。

从企业效益角度来看,交通运输、仓储和邮政业在 2013 年有回暖的迹象。从业务指标看,占据我市货物运输主体的水上货运周转量,其增速从上年同期的 4.70% 升至本期的 7.70%,出现回暖迹象。从效益指标看,到 2013 年末,全市限上交通运输、仓储和邮政企业实现营业收入 8630000 万元,同比增长 3.00%,比前三季度回落 2.8 个百分点;与此同时,营业成本、三项费用增幅也快速回落,其中营业成本增幅比前二季度回落 3.81 个百分点,三项费用支出增幅回落 2.40 个百分点,企业成本支出的有效控制致使营业利润改善明显。从行业角度看,在交通运输、仓储和邮政业内部,位居营业利润总量前三位的依次是水上运输业、装卸搬运与货运代理业、道路运输业。这三个行业的营业利润分别增长 9.80%、14.11% 和 7.31%,比前三季度分别提高 1.30 个、3.50 个和 4.61 个百分点,而仓储业、邮政业的提升幅度均超过 22 个百分点,整个交通运输、仓储和邮政业内部,除铁路运输业盈利状况未见明显改善外,其余均比前三季度有所提高。

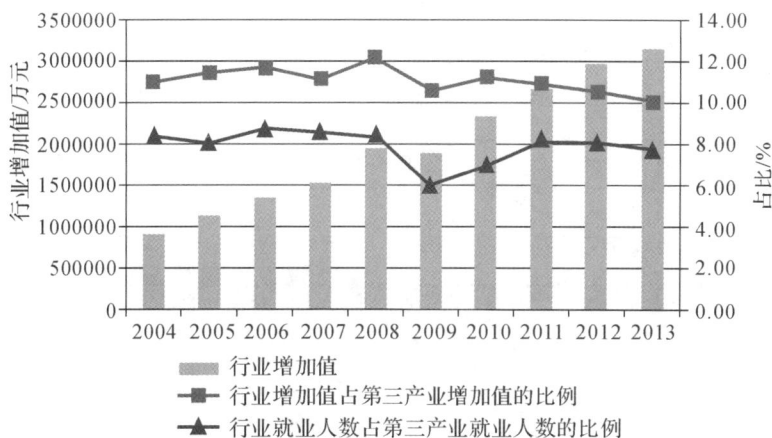

图 4-4　宁波市域交通运输、仓储和邮政业相关趋势

数据来源:历年宁波统计年鉴。

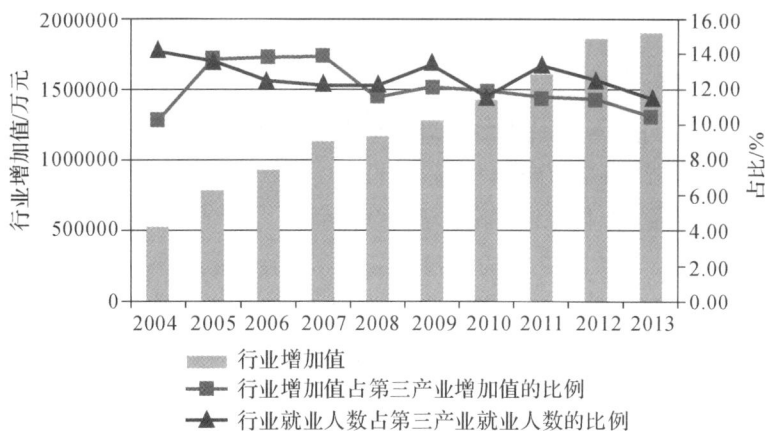

图 4-5　宁波中心城市交通运输、仓储和邮政业相关趋势

数据来源:历年宁波统计年鉴。

二、专业服务业

(一)金融业

在"稳增长、调结构、促改革、惠民生"以及一系列微刺激政策作用下,宁波市域经济、金融运行总体平稳。从图 4-6 的分析来看,2004 年市域金融业的行业增加值为 1003100 万元,2013 年为 4915573 万元,年均增长率达到 19.31%,行业的规模在逐渐扩大。从从业规模的角度看,2004 年金融行业从业人数为 3.10 万人,占整个服务业的 2.71%,到 2013 年这个数字变为 7.64 万人,占整个服务业的比例为 3.81%。从这些数据可以看出金融行业的从业规模在逐年扩大,也反映出全市金融行业运行总体平稳。

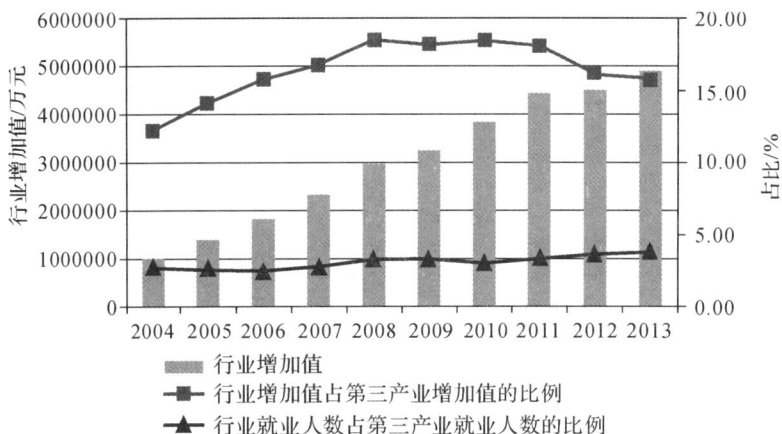

图 4-6　宁波市域金融业相关趋势

数据来源:历年宁波统计年鉴。

由图 4-7 可知,中心城市的金融行业的发展情况基本上与市域的情况类似,行业增加值 2004 年为 585687 万元,到 2013 年为 3571506 万元,年均增长率为 22.25%。从业规模 2004 年为 10.55%,2013 年达到 14.87%,从业规模在逐年扩大。从区位商的角度可以看出,金融行业中心城市对市域的区位商是大于 1 的,从而中心城市的金融业在市域范围是具有比较优势的。从第二节的分析可以看出,金融业是宁波市域服务业的主导产业,从而综合前面的分析,金融业在宁波市的发展潜力是巨大的。但经济发展下行压力、金融风险防控和处置压力明显,未来需坚持在新常态的思维下着力结构调整,扎实推进区域金融生态建设,促进金融对实体经济和小微企业的支持。

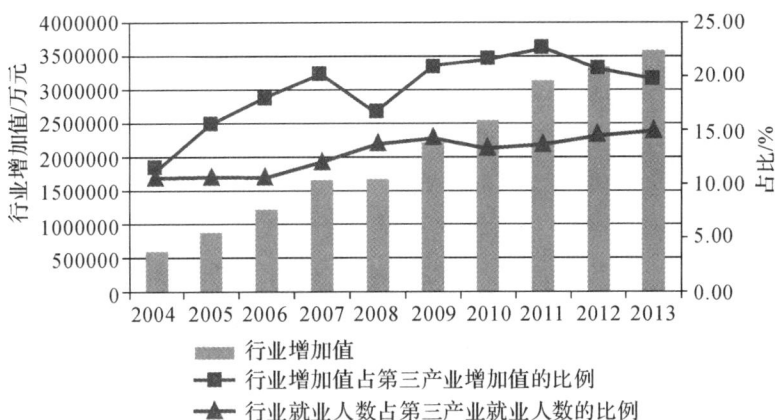

图 4-7 宁波中心城市金融业相关趋势
数据来源:历年宁波市 6 个区统计年鉴、历年中国城市统计年鉴。

(二)租赁和商务服务业

租赁和商务服务业是宁波市域的重点产业,该行业的发展对宁波市域整个服务业的发展贡献特别大。从行业角度来分析该行业,如图 4-8 所示,该行业在 2004 年时增加值为 429600 万元,占服务业增加值的比重为 5.23%,到 2013 年,增加值为 2183604 万元,占服务业增加值的比重为 7.02%。从从业规模来看,2004 年该行业的从业人数为 1.70 万人,占服务业从业人数的 1.48%,2013 年从业人数为 17.80 万人,占服务业从业人数的 8.88%,年均增长率为 29.80%。从规模来看,该行业对宁波市域服务业贡献比较少,但从增长速度来看,该行业是宁波市域服务业的重点产业,对宁波市域服务业未来发展将起重要作用。但由于金融危机的影响,2007 年至 2009 年该行业的增加值增长率有个明显的降低过程,2010 年有所回升,2008 年和 2009 年的行业增加值增长率分别仅为 2.06% 和 2.83%,明显低于平均值。

从中心城市角度来看,基本趋势与市域的情况一样,2004 年的增加值为 250834 万元,占服务业增加值的 4.87%,2013 年的增加值为 1320007 万元,占服务业增加值的 7.28%。2007 年至 2009 年受金融危机影响,也有个明显的下降趋势。从从业规模角度来看,2004 年的从业人数为 1.06 万人,占服务业总从业人数的 5.16%,2013 年的从业人数为 5.69 万人,占服务业总从业人数的 13.65%。可以看出,中心城市的发展情况与市域基本相似。从第二节的分析结果可以看出,该行业可以看作是宁波市域服务业的主导产业,从中心城市对市域的区位商大于1的角度来看,该行业在中心城市具有比较优势,从而说明其也是中心城市服务业的主导产业。

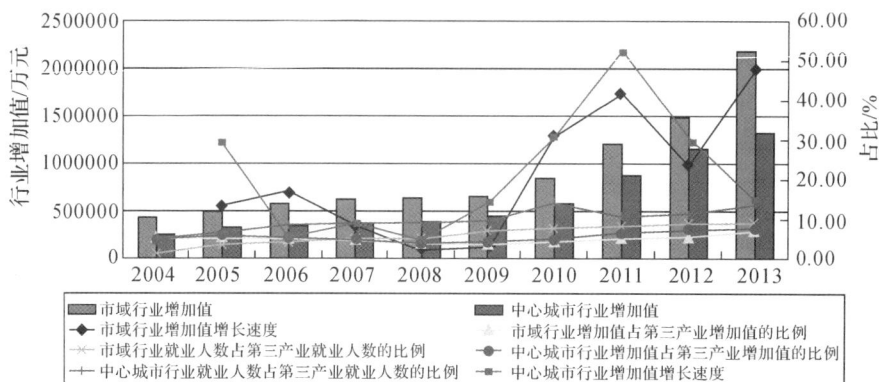

图4-8　宁波市域和中心城市租赁和商务服务业相关情况对比分析

数据来源:历年宁波统计年鉴、宁波市6个区历年统计年鉴,历年中国城市统计年鉴。

三、科技与信息服务业

(一)科学研究、技术服务和地质勘查业

科学研究、技术服务和地质勘查业作为知识密集型服务业,是区域创新的重要力量,国家提倡发展的科技企业孵化器和"众创空间"等都属于科学研究、技术和地质勘查业,所以这个行业具有巨大的发展潜力。由表4-15可见,宁波市域的科学研究、技术服务和地质勘查业在2004年的增加值为146253万元,占整个服务业增加值的1.78%,2013年的增加值达到829274万元,占整个服务业增加值的2.67%。从从业规模来看,2004年的从业人数为1万人,占服务业总从业人数的0.87%,2013年从业人数为9.86万人,占服务业总从业人数的4.92%。从增加值规模和从业规模来看,宁波市域此行业规模很小,但从其2004年至2013年的增加值年均增长率为21.26%来看,科学研究、技术服务和地质勘查业作为新兴产业具有很大的发展潜力。

中心城市的发展情况与市域的发展情况相似。2004年的增加值为85394万元,占服务业增加值的1.66%,2013年的增加值为501303万元,占服务业增加值的2.76%,增加值年均增长率为21.73%。从业规模方面,2004年从业人数占服务业总从业人数的3.80%,2013年为3.72%。结合主导产业选择分析的结果,科学研究、技术服务和地质勘查业在宁波市域具有

较大的发展潜力,可以作为宁波市服务业的重点发展产业。

表 4-15　市域及中心城市科学研究、技术服务和地质勘查业相关情况比较

		2004 年	2012 年	2013 年
市域	行业增加值(万元)	146253	661922	829274
	行业增加值占第三产业增加值的比例(%)	1.78	2.37	2.67
	行业就业人数占第三产业就业人数的比例(%)	0.87	4.29	4.92
中心城市	行业增加值(万元)	85393	365818	501303
	行业增加值占第三产业增加值的比例(%)	1.66	2.27	2.76
	行业就业人数占第三产业就业人数的比例(%)	3.80	3.59	3.72

数据来源:历年宁波市统计年鉴、宁波市 6 个区历年统计年鉴。

(二)信息传输、计算机服务和软件业

宁波的互联网普及率超过全国平均水平近 20 个百分点;手机网民数超过全国平均水平近 10 个百分点;微博使用率高于全国平均水平 50.91%;网民平均每周上网时间超过全国平均数 9 个小时;网民中从事进出口贸易行业和制造业、物流业的比例远高于全国普遍水平,处于领先地位。近年来,宁波软件产业发展迅速,软件业务收入由 2008 年的 500000 万元发展到 2013 年的 2340000 万元,年均增长 36.16%。从行业角度来看,宁波市域 2004 年信息传输、计算机服务和软件业的增加值为 415109 万元,占服务业增加值的 5.05%,2013 年的增加值增加到 1119121 万元,占服务业增加值的 3.60%,规模在扩大,但在服务业中所占的比重有所下降。从从业规模来看,2004 年的从业人数为 2.70 万人,到 2013 年为 4.59 万人,年均增长率 6.07%。可以看出,信息传输、计算机服务和软件业对宁波服务业是有一定的贡献率的。

中心城市的发展状况与市域基本一致。规模也在逐年增加,但在服务业中所占的比重在 2005 年达到最大值后逐渐下降,到 2012 年才有上升的趋势,但是从业人数占服务业总从业人数的比重却是逐年提高,如图 4-9 所示。

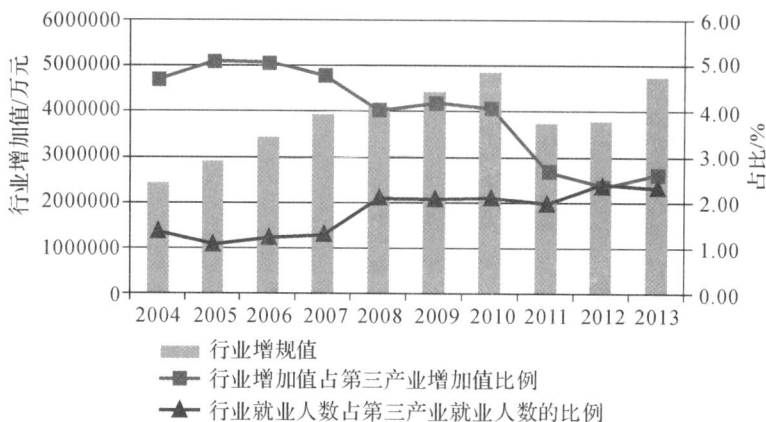

图 4-9　宁波中心城市信息传输、计算机服务和软件业相关情况

数据来源：历年宁波市 6 个区统计年鉴，历年中国城市统计年鉴。

四、生活性服务业

(一)居民服务和其他服务业

居民服务业和其他服务业是服务业的重要组成部分，直接关系居民日常生活的各个方面。如图 4-10 所示，宁波市域该行业的 2004 年增加值为 172500 万元，占服务业增加值的 2.10%，2013 年的增加值为 683555 万元，占服务业增加值的 2.20%。增加值年均增长率在 2008 年出现异常提高后逐年下降，最近几年发展有所放缓，甚至出现负增长。从从业规模来看，2004 年的从业人数为 26.9 万人，占服务业总从业人数的 23.47%，2013 年的从业人数为 10.96 万人，占服务业总从业人数 5.47%。从 2004 年至 2013 年来看，从业人数占服务业总从业人数的比重在逐年降低。从而可以得出近些年宁波市域的居民服务和其他服务业发展在放缓，规模有所降低。

中心城市的增加值在逐年增加，2004 年行业增加值为 80719 万元，占服务业增加值的 1.57%，2013 年的增加值为 313215 万元，占服务业增加值的 1.73%。增加值的增长速度也在 2008 年达到最大值后逐年下降，2013 年又有一定上升，这点与市域的情况相反。可能是中心城市该行业在 2013 年有所缓和，而乡镇行政区的该行业发展相对来说在下降，从而市域该行业的发展在下降。从第二节的分析也能看出，在 2008 年以前该行业可以看作是宁波市域服务业的主导产业，2008 年以后这个行业的因子得分排名第 14 位，不具有比较优势，不能作为主导产业。

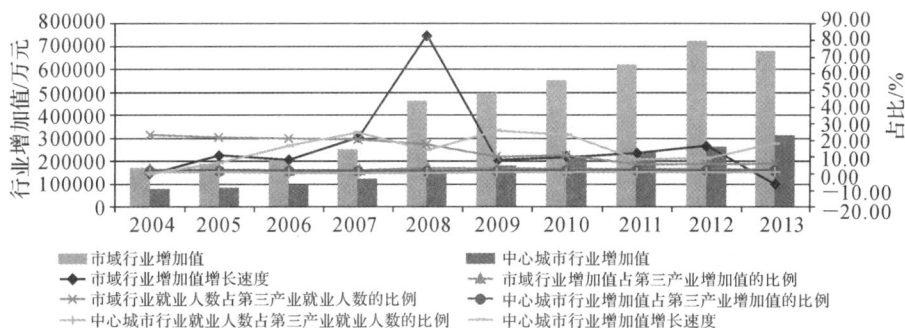

图 4-10　宁波市域和中心城市居民服务业和其他服务业相关趋势

数据来源:历年宁波市统计年鉴,历年宁波市 6 个区统计年鉴。

(二)文化、体育和娱乐业

文化、体育和娱乐业是服务业的重要组成部分,宁波市该行业的发展情况如图 4-11 所示。宁波市域 2004 年的增加值为 105172 万元,占服务业增加值的 1.28%,2013 年的增加值为 501575 万元,占服务业增加值的 1.61%。增加值增长速度在 2009 年后出现下降趋势,甚至在 2011 年出现负增长,但 2013 年出现 67.07% 的年增长率。从从业规模角度来看,2004 年的从业人数占服务业总从业人数的 1.92%,到 2013 年该比重为 1.53%,可以看出该行业的规模相对整个服务业来说有所缩小。

中心城市该行业与市域的变化情况基本相似。2004 年的增加值为 61408 万元,占中心城市服务业增加值的 1.19%,2013 年的增加值达到 203207 万元,占服务业增加值的 1.12%,增加值增长速度分别在 2007 年和 2012 年出现负增长,但到 2013 年突增到 37%,这与市域的情况相似。从从业规模的角度来看,2004 年从业人数占服务业总从业人数的 2.24%,到 2013 年该比重为 1.42%,2004 年至 2013 年该比重在逐年降低,说明中心城市该行业规模在逐渐缩小。综上所述,文化、体育和娱乐业在 2013 年前发展缓慢,在 2013 年后可能会有一定的发展,可能成为主导产业。

(三)住宿和餐饮业

近年来,餐饮行业面临原材料成本上升,人工成本上升,房租水平上升,能源、水、电等费用上升等困局,导致利润空间越挤越窄,加上公务接待明显减少,餐饮行业面临严峻的市场形势。宁波市该行业的情况如图 4-12 所示。2004 年宁波市域的增加值为 347473 万元,占服务业增加值的 4.23%,2013 年的增加值为 967592 万元,占服务业增加值的 3.11%。可以看出 2013 年

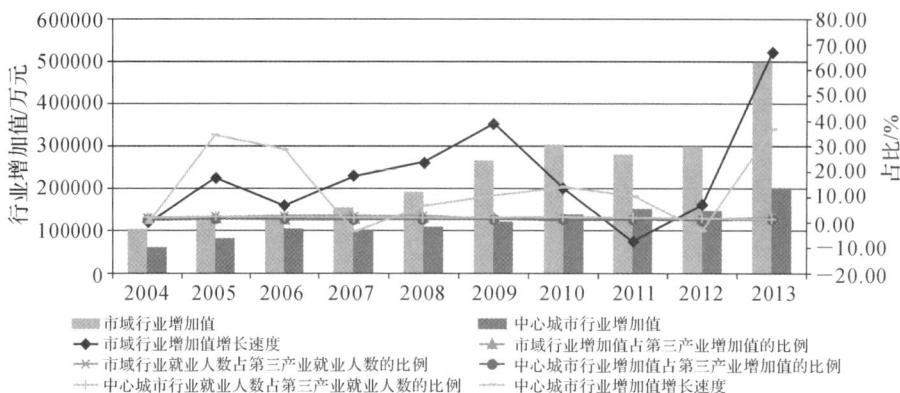

图 4-11　宁波市域和中心城市文化、体育和娱乐业相关趋势

数据来源:历年宁波统计年鉴,历年中国城市统计年鉴。

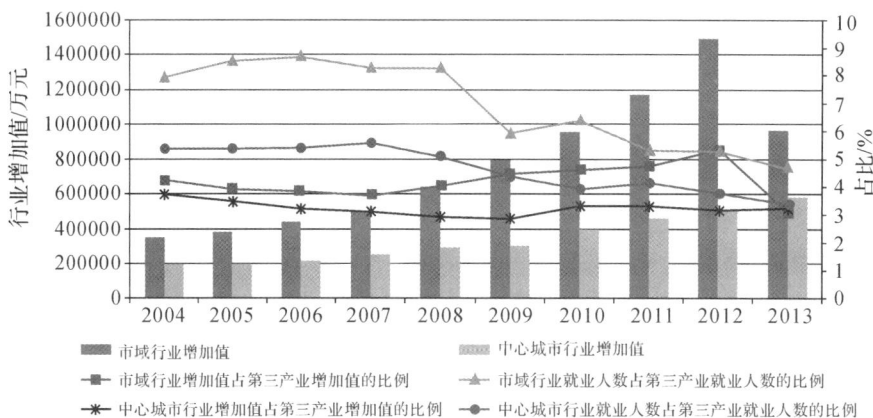

图 4-12　宁波市域和中心城市住宿和餐饮业相关趋势

数据来源:历年宁波统计年鉴、历年宁波市 6 个区统计年鉴,历年中国城市统计
年鉴。

宁波市域该行业比重出现下降。从增加值增长速度的角度也能得到同样的
答案,2004 年该行业增加值的年增长率为 10.12%,此后一直保持增长态
势,但到了 2013 年增加值出现了负增长。从从业规模的角度来看,2004 年
该行业的从业人数为 9.10 万人,占服务业总从业人数的 7.94%,2013 年的
从业人数为 9.36 万人,占服务业总从业人数的 4.67%,比重下降明显。

中心城市该行业的相关情况与市域的情况基本相似。2004 年的增加值
为 192882 万元,占服务业增加值的 3.75%,2013 年的增加值为 584918 万
元,占服务业增加值的 3.22%。从从业规模来看,2004 年就业人数占服务

业总从业人数的 5.35％,2013 年该比重为 3.38％,比重下降明显。结合第二节的分析和上面数据的分析,我们可以得出宁波市住宿和餐饮业的发展潜力很小,不具有成为服务业主导产业的条件。

（四）房地产业

从宁波市域范围看,房地产业在 2004 年到 2013 年这 10 年间发展迅速,其增加值从 2004 年的 1259300 万元增长到 2013 年的 4266710 万元,年均增长率为 14.52％,但 2012 年到 2013 年房地产的增速在放缓。再看房地产业的从业人数,从 2004 年的 0.79 万人增加到 2013 年的 5.77 万人,年均增长率为 24.55％,其之所以有这么高的年增长率是因为 2004—2005 年出现了从业人数的突增。但从房地产业增速放缓的趋势来看,其从业人员数在未来几年会有减少的可能。

从宁波中心城市范围看,2004 年至 2013 年间,房地产业规模总体保持上升趋势,增加值从 2004 年的 735277 万元增加到 2014 年的 2579263 万元,平均年增长率为 14.96％。2004 年至 2013 年间,房地产业的从业人员也在不断增加,其在 2004 年的从业人员为 0.66 万人,占服务业总从业人数的 3.21％,到 2013 年增加到 2.12 万人,占服务业总从业人数的 5.09％。从图 4-13 和图 4-14 来看,市域和中心城市在房地产行业的发展情况相似。虽然从 2014 年开始宁波分两步对执行了三年半的楼市"限购"进行了松绑解封,且政策利好也确实刺激了部分需求入市,但总体来看,楼市库存压力仍然巨

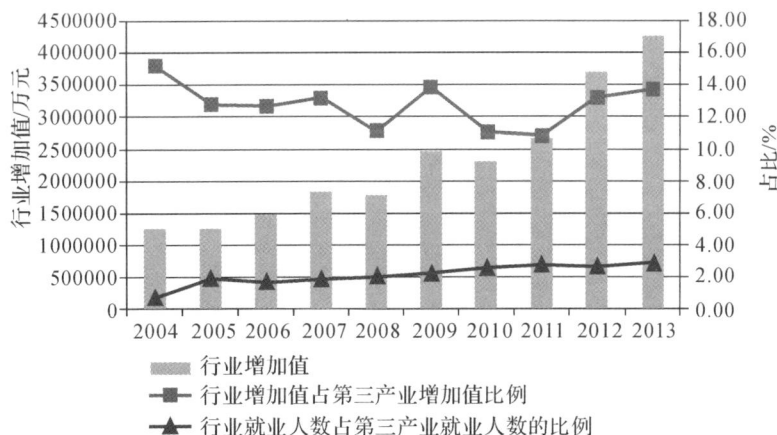

图 4-13　宁波市域房地产业发展相关趋势
数据来源:历年宁波统计年鉴。

大,供大于求的局面还将继续。宁波房地产行业的发展潜力在缩小,再依据第二节的分析来看,房地产行业不宜作为主导产业。

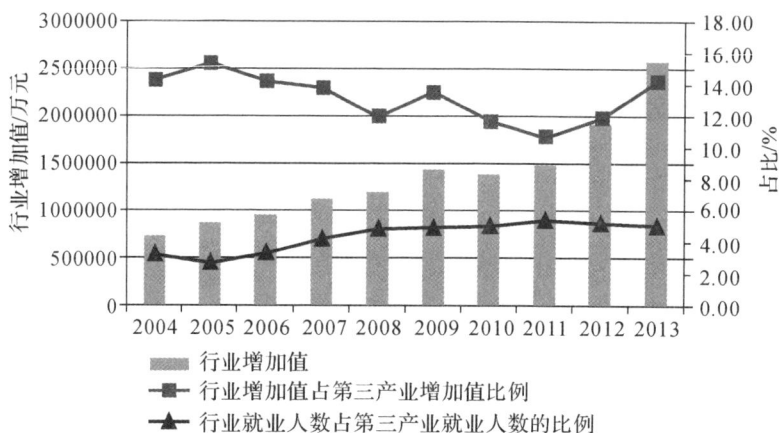

图 4-14　宁波中心城市房地产业相关趋势

数据来源:历年宁波市 6 个区统计年鉴,历年中国城市统计年鉴。

第五章　大数据背景下宁波港口物流整合

　　基于宁波港的港航物流服务业是宁波城市经济的最重要支柱行业,也是宁波城市经济的首位基础功能产业,对宁波城市经济的发展、宁波城市功能的增强、宁波城市的发展具有十分重要的作用。在宁波港成为世界第五大集装箱港口的今天,大力发展港口物流是宁波城市经济发展的关键。在大数据背景下,宁波港口物流的整合是宁波港口物流提升的关键环节。

第一节　大数据背景下的港口物流整合态势

一、国内外港口物流信息化现状与发展趋势

（一）港口物流信息技术应用

1. 鹿特丹港物流信息化现状

　　欧洲第一大港鹿特丹港处在世界上最繁忙的大西洋海上运输线和莱茵河水系运输线的交界口,是典型的河口港,兼有海港和河港的特点。鹿特丹港采用自动化系统,全面应用 EDI 技术。EDI 服务系统除了传统的信息传送外,其子系统“INTIS”已成功推广了“电子商务网络”。所有贸易和运输环节中的用户都可以很容易地登录 INTIS 网络。目前,与鹿特丹港有业务往来的公司基本使用 INTIS 网络。鹿特丹港通过这一信息化的公共服务平台,达到船方、货方、代理方、港方和其他海关、税务、银行、保险等多方资源及时共享,实现无纸化作业流程,使港口竞争力得到进一步增强,并继续保

持欧洲第一大港的地位。

2. 汉堡港物流信息化现状

汉堡港位于汉堡市内,易北河右岸,被誉为德国"通往世界的大门",是德国最重要的海港和最大的外贸过境地,港口的集装箱转运量仅次于鹿特丹港,是欧洲第二大集装箱港。

汉堡港于1983年就投资建设 EDI 中心,该中心可传输海运行业中使用的各种业务信息,以及处理200多种与海运有关的电子单证。使用汉堡港 EDI 中心的用户有200多家。该 EDI 中心有80多条通信线路,包括分组网、专线及拨号线。该系统不仅能在港内进行数据交换,而且可用于各种运输方式之间的协作,可供货主选择最佳运输方案。汉堡港 EDI 中心的主要功能有货代使用的单证系统、理货使用的单证系统、海关通信系统、船舶信息系统、危险品信息系统、集装箱管理系统、船代集装箱多式联运网络、国际通信桥梁。

高新技术在汉堡港内应用十分广泛,使汉堡港不仅能够提供高效的服务,而且能够满足各类客户的个性化需求。汉堡港拥有庞大的信息网,能够在世界各主要大港之间实现数据自动交换,高效的信息化管理方式大大增强了港口的运作效率。

3. 新加坡港物流信息化现状

新加坡港联系着世界上200多家船运公司和123个国家的600个港口,拥有4个集装箱码头,平均每天处理60艘船、8000辆拖车和50000个集装箱。新加坡具有一流的港口设施、一流的网络技术、一流的物流人才,从而能够提供世界一流的港口服务。目前,新加坡港集装箱吞吐量近3000万TEU,多年位居世界第一位。

新加坡港斥巨资在信息科技运用上,目前有超过350个应用系统在处理港埠管理,其主要系统 PORTNET 负责对外的电子数据通信与交换。PORTNET 提供的服务,主要有数据库查询服务,包括船舶靠港时程、货柜/货物追踪及化学危险品数据库等;提供海运相关信息,船舶动态数据;电子文件交换,货柜舱单、危险品申报、靠港申请及出港时程预报等。强大的技术支持,使新加坡物流业基本实现了整个运作过程的自动化。

4. 西班牙港物流信息化现状

20世纪90年代后期,西班牙率先提出"E-PORT"这一设想。他们提出要建设一个全球化的港口网络,将各港口物流信息系统纳入这一网络,以做到充分的信息共享。他们与新加坡港、美国迈阿密港以及墨西哥和北非的一些港口达成共识,共同打造这一全球化的"E-PORT"。

从 1998 年开始,瓦伦西亚港开发建设了港口物流公共信息系统(简称 SIC 系统)。该系统的建设大致经历了三个阶段:第一阶段包括声音、图像、数据等多媒体服务,这一阶段主要实现港口基础信息的数字化,完成港口物流基础信息平台的建设;第二阶段包括联通各相关部门的 EDI 系统,这一阶段主要实现港口物流内部的数字化运作与管理,实现港口物流内部各部门的互联互通;第三阶段完成可与各政府部门、码头、船公司等用户进行数据交换的 SIC 系统,这一阶段主要实现港口物流内外的互联互通。SIC 系统通过公共平台向各用户的应用系统提供信息共享服务,便于各方及时获得所需数据和信息。该系统的主要功能有:港口物流管理服务、SIC 用户的货物预订、进口提单采集、关税管理、完税信息、提货单管理、质保审核、终端管理、网页或电子资讯方式的访问等。SIC 这一覆盖物流链所有环节系统的运行,使得相关各方沟通更高效、成本更节约、差错率更低。

(二)港口物流信息化发展趋势

在国外,港口物流信息化发展已呈现出网络化、标准化、一体化、柔性化和国际化的趋势,信息技术在港口物流货物的装卸、储运、配送、运输和贸易等环节中得到广泛运用,形成纵横交错、四通八达的基于港口物流的信息网。

1. 信息化发展水平将对港口物流竞争力产生重要影响

从国际港口物流发展趋势来看,一个港口物流的信息化发展水平将成为港口物流竞争力中最重要的条件之一。目前,国际大港基本都有较完善的港口物流信息系统,港口物流信息平台在不同程度上成为港口物流高效运作的生命保障线。

2. 通过港口物流信息系统实现全面服务

随着国际多式联运的发展与综合运输链复杂性的增加,现代港口物流信息服务向全方位增值服务的方向发展。要安全、高效、低成本地提供港口物流服务,最短的时间里实现港口物流各项功能,离不开现代技术的支撑和保证。越来越多的港口物流企业通过加强信息化建设提高服务水平,推动以港口物流服务为中心的信息交流从目前的分散状态转变为集中状态。现代化的信息系统是港口物流现代化发展的重要组成部分,能提供实时追踪查询、有统一标准数据接口的港口物流信息系统,实现"一站式"服务,将成为未来信息化发展的焦点。

3. 现代信息技术的应用更加广泛

今后,港口物流信息化建设、智能化技术应用的领域将更加广泛。例如,新奥尔良港在 20 世纪 90 年代初建设的"全港自动化系统",不仅实现了港内应用系统集成,还加强了与外部应用系统的全自动化链接,如电子化泊位申请系统、自动化船货清单系统和卸货计划系统等,深受客户欢迎。目前,釜山港成功实现了以无线射频识别(RFID)系统为基础的"U-biquitous港"建设,该系统可以及时掌握货物移动路径,迅速安排装备和车辆,从而有望提高程序效率(44%)和港口生产效率(20%)。不仅如此,釜山港还建设了釜山数字物流系统,该系统融合了东北亚港口信息,使釜山港物流辐射范围得以扩大。在汉堡港的 CTA 码头,由码头前沿到堆场的集装箱运送均由无人驾驶的自动导向运输车来操作,对厂商的集装箱有数控龙门吊自动装卸,外来进行运输的集卡司机只需要通过电子刷卡即可输入装载信息,通过自动化装卸系统实现货物的装卸。同样,在鹿特丹港的 ECT 码头,由于装卸和运输设备先进,自动化和机械化程度高,整个港区几乎看不见码头工人。

可见,以条形码技术、自动识别技术、全球卫星定位技术、辅助决策技术、EDI 技术等为代表的现代信息技术,必然成为未来港口物流生产、经营、管理的重要手段。

由上可见,世界先进港口无不重视对信息管理的投入,在对信息化发展趋势上都有自己的方向和把握。

二、基于大数据的港口物流整合框架

本研究认为,在大数据时代业已来临的前提下,把握这一发展机遇,扫除宁波港口物流业数据孤岛和数据割据现象,充分发掘大数据带来的新兴战略利益,借助这一战略利益的创造和分配来实现整个宁波港口物流业的有效整合,是宁波港口物流业实现后发优势的重要契机。同时如若处置不当,也将被竞争对手拉开差距,面临相当复杂和困难的挑战。鉴于此,本研究认为,能否建立一个基于大数据背景的港口物流整合框架,是决定宁波港口物流业发展成败的关键。

(一)大数据下宁波港口物流业的应用前景

宁波港口物流业将进入一个全新的大数据时代,以宁波港为物流节点的各类运载工具,如船舶、车辆、集装箱甚至是托盘,各类储运对象原油、煤炭、液化产品、杂货等的数据采集、发掘和利用将得到质和量的提升,整个宁波港口物流业由此将得到新的整合和提升。

本研究拟从群体服务和个体服务两个方向上作粗浅讨论。

对于群体服务,物流信息复杂多变,难以实时处理是导致现有物流模式短板的主要原因。然而大数据却可以轻而易举地带来新的解决方案。例如,对货车位置信息和目的地(通过车载 GPS 或驾驶员智能手机)的采集能应用于预测前方路段情况,引导车辆合理分流,避免拥堵。

实际上,这样的应用在业界已经有了雏形。如由交通运输部东海航海保障中心联合上海海事大学共同开发的海上移动助航软件"海 E 行"已正式上线,用于为航海用户提供电子海图浏览、航线绘制、海上定位及导航、航迹查询等服务,服务对象主要是小型渔船、低配非公约船舶及个人用户。若能在此基础上,将航海用户的数据予以采集和共享,则有可能在航迹预测与路线优化,航道和港口设施合理分配等领域有所突破。

对于个体服务,大数据使得个性化的服务方案变得成本低廉而贴近个人需要。如可针对一台货车、一个集装箱量身打造运输、仓储安排,而过去由于规模经济的需要,常常被批量处理而难以兼顾到个体。如对货车和驾驶员配备的安全监控装置,可以预判各类安全事故(车祸、车辆抛锚、酒驾、疲劳驾驶),这些事故的发生通常都有许多先兆性指标,在大数据的支撑下可以迅速采取相应预防措施。又比如对于集装箱,配备的安全监控装置可以确保其安全运输。

对于个体的运用方案业界也已有先例。例如,宁波港信息通信有限公司运用智能监控设备在实现集装箱铅封功能的基础上,还实现了 GPS 定位功能,可以实时监控集装箱的位置;温度感应功能,可以感知箱内温度,对温度要求较高的集装箱实时进行温度报警;光感应功能,对集装箱的防盗进行报警等。

(二)运用大数据整合港口物流的框架

整合是为了减少不必要的内耗,减弱甚至消除现有物流模式下的掣肘。同时,对当前数据割据和数据孤岛等问题,整合也可以很好地加以解决。

整合意味着改革,意味着对现有平衡关系的打破,现有利益关系的再分配。因此,如果这种整合式的改革不能实现新的战略利益,并且在相关利益方之间进行合理分配,改革将面临很大的阻力。因此,必须对整合的利益蓝图进行较为清晰的勾勒与呈现,这是实现整合的内在驱动力。同时,整合的实现路径也需要予以明确的规划,以便参与各方有行动的路线图。

对于整合,必须高屋建瓴地加以操作,其操作层面很可能将超出宁波自身行政管辖范围。然而整合势在必行,整合的利益巨大,因此尽管难度很大,也是值得投入的。

本研究认为,可以采用"主管部门和服务机构提供基础条件+主导企业推动+港口物流企业参与利益共享"三方共同参与的框架模式。

但是整合本身仍是任重道远,从当前发展的关键和战略的可操作性来看,整合宁波港的信息和数据管理,构建宁波港物流大数据服务平台,可以运用信息化引领港口物流产业发展的方向,通过战略利益的获取与发展模式的转型来突破当前的整合障碍。

整合作为战略层面的改革,既需要有持续推动的主体,也需要有战略利益的发掘与共享。同样的,推动港口物流的整合需要有能创造出新型战略利益的平台——大数据服务平台。它既是对接大数据发展战略层面的需要,是适应现阶段港口物流信息化的务实选择,从长远来看,也是实现港口物流整合的主要推动力。

1. 大数据服务平台概念的提出

大数据服务平台与宁波港口物流信息化过程中业已实施和实现的物联网、云计算是进一步深化的关系。对于大数据服务平台而言,数据资产的获取和使用是重点,而数据思维的培养开发,数据价值的充分发掘更是关键。物联网和云计算的实施为大数据提供了海量数据的获取和处理的可能性。

由此,本研究认为,由政府从更高层面加以引导,以现有的各类港口物流信息平台作为基础,以物联网和云计算积累的前期成果为铺垫,探索大数据的开放和共享模式,发掘大数据的经营价值,构建复合型、多生态的大数据服务平台。

构建大数据服务平台,应注意区别信息化与大数据这两个概念:前者是后者的基础,后者是前者的升华。前者伴随而来的"数据孤岛"和"数据割据",是妨碍后者发展的主要阻力;后者带来的数据资源和数据效益,是突破"数据孤岛"的重要动力。

2. 大数据服务平台的作用和意义

宁波港口物流的大数据服务平台带来的战略利益不仅能打破因为信息和数据在格式标准、传输手段上无法协调一致而导致的数据孤岛现象,对由于各自利益的保护而导致的部门主义、数据割据等局面也有破局的可能,同时还能实现对新的战略利益增长点的突破,从而实现新的多赢局面,成为整合宁波港口物流业的重要抓手。因此,构建大数据服务平台将成为宁波港口物流实现跨越式发展,实现一体化与整合的重要契机。

依托大数据对产业进行整合和创新不仅是将来各个产业升级转型的重大方向,同时还是宁波发挥港口城市优势,增强城市功能和对经济腹地辐射能力的重要举措。

同时,鉴于大数据对生产、流通、消费等各个领域带来的全面影响,宁波港口物流的大数据服务平台也将与更多其他经济领域的大数据服务平台进一步连接,开辟和创造出更多更新的经济形态和战略利益。例如,工业制造领域的智慧制造(类似于德国的工业 4.0 和美国的再工业化浪潮)就是借力大数据的新兴升级转型方向。它的发展也势必要求物流信息管理领域进行相应变革,即在大数据的引领下对整个物流经营模式、结构和流程进行调整。

第二节　宁波港口物流企业发展现状

宁波一贯"以港兴市",港口物流业在宁波港口经济中不仅占有较高的比重,在宁波地方经济中也处于主导和核心地位。然而从宁波港口物流企业的发展规模、信息化程度等方面来看,仍存在着不少影响其深入发展的制约因素。我们认为,整合宁波港口物流业的关键抓手是整合其信息管理,而信息孤岛和信息割据则是加强信息管理所亟待突破的信息困境。

一、宁波港口物流企业发展规模与组织结构

总体而言,宁波港口物流业的企业规模普遍较小,结构单一,集成化程度低,行业整体水平不高;而从架构来看,宁波港集团作为港口物流业的前端处于主导地位,中端及后端的港口运输、仓储、第四方物流处于支配地位。

目前宁波港拥有港口物流企业 132 家。数据显示,截至 2009 年,123 家港口物流企业的营业收入为 432528.7 万元。其中,货运企业 106 家(包括客货运兼营企业 3 家)、客运企业 12 家;沿海货运企业 106 家(包括兼营沿海、内河运输企业 5 家)、内河货运企业 5 家;沿海客运企业 5 家、内河客运企业 7 家。马士基、德邦快递、MSC、DHL 等国际物流巨头和世界排名前 20 位的船公司均落户宁波。

目前,宁波本地港口物流企业中,民营企业多达 120 余家,占本地港口物流企业的比例达 90%以上。宁波港口物流企业中,天盛海运、银星海运、

宁波商轮、宁波远洋、丰华船务、宁波龙盛公司、太平洋海运等 7 家拥有国际船舶运输业务许可资格,并已开展相关国际船舶运输业务。这 7 家港口物流企业中,除宁波远洋为国有企业外,其余都为民营企业,民营企业是国际港口物流业务中的主要力量。

从船队发展情况来看,根据宁波港口物流管理局的数据显示,目前宁波全市运营船舶 736 艘,共有 529 万载重吨,其中沿海 670 艘,内河 66 艘。运力结构得到了进一步的优化,"大、特、新"运力成了航运业的主力军,万吨轮成为航运业的主要力量,全市拥有万吨级以上运输船舶 124 艘,共计 307.05 万载重吨,占总运力的近八成。沿海船舶平均吨位达到 5925 万载重吨,运输船舶平均船龄为 7 年。

从宁波港口物流企业及其船队发展情况分析宁波港口物流业发展,无论是港口物流企业数量,还是运营船舶数量都实现了较快增长,反映出宁波港口物流业发展速度较快。但相比周边,并未显出特别的优势。比如舟山,截至 2011 年 11 月底,万吨级以上的船舶总体数量达 117 艘、227 万载重吨,占全市船舶总运力的 50.9%。油船、集装箱船、散化船、液化船和冷藏船等特种船舶 432 艘,运力达到 106 万吨,突破 100 万吨。到 2011 年底,舟山全市运力保有量达到 455 万载重吨左右,比上年净增运力约 52 万载重吨。而目前浙江省拥有沿海万吨以上干散货船运力 1008 万载重吨,超过中远、中海、中外运长航等三大央企的总和,成为第一个沿海干散货运力过千万载重吨的省份。

此外,近年来宁波港口物流企业在不断壮大,但总体上宁波单个港口物流企业规模仍然较小,绝大部分属于中、小型港口物流企业,单体船舶最大吨位是 10 万吨级的干散货船,无法跟上目前港口物流业务不断向大型国际性港口物流企业集中的趋势。面对目前低迷的国际港口物流市场和持续下跌的各类港口物流指数、港口物流景气指数,中小型港口物流企业面临巨大的压力。

二、宁波港口物流企业的大数据资源及其应用现状

从宁波港信息化建设情况来看,近年来随着投入的不断加大,宁波港集团信息化五大体系雏形已经初现。

近几年,宁波港在信息化建设方面每年都有数千万元的投入。2013 年7 月底,IT 基础系统的中心机平台集成系统项目通过验收,实现信息资源的数据存储和共享,为宁波港集团各类信息管理系统建立了数据仓库平台,并且为基层单位相关应用系统提供了数据托管中心平台功能。

同时,近一年来宁波港口 EDI 中心平台全面升级,引航、外理生产管理系统顺利上线,建设水平达到行业领先;创建起宁波港集团门户 OA 系统(办公自动化系统),实现"单点登录",达到统一的用户管理,统一的用户身份认证,统一的消息平台;整合视频监控系统,新建港口 AIS 系统(船舶自动识别系统),推进 GPS 技术的应用,实现可视化的船舶动态和作业现场监控,使港口生产调度管理有了"千里眼"。

而生产业务协同管理系统,是宁波港集团迄今为止涉及面最广的信息系统。它的正式投入使用,为宁波港集团提供了一个协同统一的生产业务平台和畅通无阻的管理通道,将大大加强集团同各业务单位和基层公司的沟通协作,提升各方的工作效率和集团对客户的服务水平。同时也为集团生产管理、经营管理、通信与监控管理、信息服务和综合管理这五大信息系统搭建起了框架。

三、宁波港口物流整合的条件与障碍

(一)整合的条件

大数据对宁波港口物流业影响的基本认识:在大数据时代,大数据将成为最重要的生产要素,将土地、资本、劳动力作为传统生产要素重新加以配置,发挥出前所未有的生产效能。

运用大数据手段能对每个物流节点、终端及个体的各类非结构化信息进行持续的记录、准确的关联和充分的挖掘,从而可能创造出全新的物流运营模式和战略利益突破点。

(二)整合的障碍

政府层面,三位一体港航物流服务体系的推进,还需要一个能综合协调各个部门、各个区域的跨部门跨行政区划的主体管理及服务机构。(物流需要通畅,却常常因为某个环节产生瓶颈,例如商贸物流的通关环节,会因为相关主管机构的效能低下导致整条物流流通不畅,效能下降。)

行业层面,宁波港航物流业的行业结构单一,集成化程度低,行业整体水平不高;宁波港航物流业的专业化水平不高,表现在航运金融服务相对滞后,港航物流信息化有待加强。此外,依托于宁波临港工业及大宗商品交易较为发达的先决条件,生产性港航物流业较之消费性港航物流业更为发达。物流标准化方面,与国际标准的对接进展不够;支持服务上,现有的第四方物流平台基本停留在信息发布及中介的层面。

企业层面,宁波物流企业整体规模较小,分布较散,竞争力不强;物流企业负责人及管理人员理念相对滞后,不太注重对内部人才的培养和使用,而热衷于从外部引进;在不断调整改变的外部经营环境条件下,企业的服务创新能力有限,与上海、广东、杭州的物流企业相比存在一定的差距。

此外,信息管理的整合是整个业态整合的关键,然而信息整合存在的"数据割据"和"数据孤岛"两大困境亟待突破。

不同企业和部门本身就有不同的利益诉求,这一本因必然导致数据割据现象。即不同组织之间出于保护自身利益的动机,拒绝与外界分享自身所掌握的数据资源。

不同企业和部门之间在信息和数据的格式标准、传输手段上无法协调一致,导致数据的获取成本的不确定性,阻碍了数据利益的有效实现。这一现象主要是客观原因而非主观意愿造成,有别于数据割据,因此又被称为数据孤岛。

宁波港口管理部门、物流企业众多,在信息管理方面各自为政,无法达到统一管理、合理共享的局面并不少见。因此数据孤岛和数据割据,将是阻碍宁波港口物流业实现整合,获取大数据价值的主要障碍。

第三节　宁波港口物流整合发展路径

"路径依赖"是制度经济学里的一个重要概念,用以表达制度变迁通常难以摆脱过去发展模式的影响。打破路径依赖需要系统外生因素。就正如推动宁波港口物流业的持续发展需要整合全行业的资源,而构建基于大数据的港口物流整合平台就是最有可能打破路径依赖,继而实现整个宁波港口物流业整合的战略契机。在此,我们提出一个基于大数据服务平台的整合框架的构想,并为该框架的建设从制度保障和人才建设等方面提出政策建议,最后以宁波港集团公司作为核心主导力量,探讨其在构建平台中的作用和地位。

一、基于大数据服务平台的港口物流整合框架

宁波港口物流企业虽然普遍规模小,结构松散,但是仍然存在整合发挥各自功效组成高效服务体系的可能。本研究认为,基于大数据的港口物流整合平台就是一个很好的选择。为此提出一个基于大数据服务平台的整合框架。

大数据服务平台将由数据设施平台、数据处理平台和数据应用平台三部分组成。其中数据设施平台属于公共基础设施,主要由政府相关部门及国企在现有信息设施的基础上,联合物流企业、物流客户等各类相关组织和个人共同搭建,由有关部门通过专项立法,制定政策来明确数据的采集、储存和传输方式方法,明确权限与职责;数据处理平台需要有更多的企业、非政府组织及个人参与,主要运用大数据的汇编、管理与分析技术和手段,将海量数据中的有潜在价值的信息予以有机关联和加工;数据应用平台主要面向物流企业等各类有需求的组织,用于将数据分析得出的结论进行事态的实时感知、预测预判和动态决策,由此可以对各类物流活动进行重组甚至重构,以达到更好的服务水平和更低的物流成本的效果。

按照上述大数据思维逻辑,可以用一个形象的比喻来表达。如果说大数据是海洋,那么数据设施平台就是在海洋中采集贝壳的人,而数据处理平台就是负责挑选贝壳,把它们串成精致的项链,至于最后负责把项链送给美丽的姑娘并为她戴上的,则是数据应用平台的任务了。

由此,本研究用图 5-1 来表达大数据服务平台的整体框架。

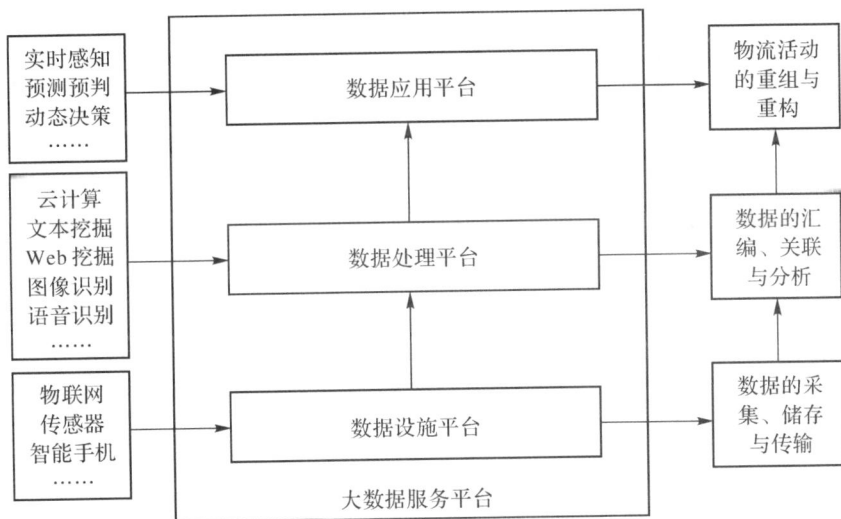

图 5-1 大数据平台的整体框架

这个平台的每一部分的功能不同,决定了它们在各自构建和运营的过程中侧重点各不相同。

对于数据设施平台而言,首先,关键还不是设施技术与手段是否先进,而在于能否实现跨平台、跨地域、跨部门的数据共享与关联,也就是需要打破现有的数据孤岛和数据割据的局面。其次,大数据作为仍在高速成长和变化的事物,对于基础设施的可扩展性要求较高,因为未来业务的成长速度和方向可能都是超出预期的;再次,因为涉及数据的采集、储存与传输等基础问题,数据的安全性也需要从大数据的要求上加以新的度量和布局。

对于数据处理平台而言,首先是准确性。由于是承上启下,要求能在精确汇集数据的同时,实时、动态地进行各类技术分析,因此对准确性的要求比较高。其次是适用性。要求处理技术不宜过分复杂,关键在于根据数据供需双方具体情况量身定制。

对于数据应用平台,首先,需要将数据分析的结论用于指导商业决策,并强调决策的商业价值,因此更多地需要企业自身的参与和创新的思维;其次,由于大数据价值创造的主要环节也在此,因此将利益适当地对前面两大平台进行反向输送与再分配,将是能否激发前者的积极性的关键所在。

这样的大数据服务平台在业界已有雏形,正在建设中的我国水运行业信息化建设发展框架就是一例。

它的建设初衷就是为了打破数据孤岛和数据割据,行业相关的政策法规制定、方案设计、建设指南、工程实施齐头并进。在交通部整体信息化规划框架下,全国水运行业信息化建设发展框架已经完成制修订,进一步推动了水运行业数据资源的聚集、整合和深度应用。

交通信息中心按照交通运输部水运局要求,着手整合水运信息资源、统一标准,开展水运信息互联互通工作,从管理和行业服务两个方面,加强水运信息资源的采集、管理与综合应用,并开展水陆交通集成创新、试点示范,以及重点领域的信息系统建设和水运信息化标准体系建设。目前,基于国家和交通运输行业的相关信息标准已经颁布。统一行业基础业务数据采集、交换、共享等标准规范,促进业务流程标准化的工作正在进行中。交通运输部水运局正在从纵向上推进部、省、市、相关企业间的信息联网,从横向上推进局内数据整合、相关司局间业务数据有效共享,并逐步实现与海关、国检和边防等相关部门以及铁路等其他运输方式之间的信息交换共享。

基于上述构想的水路运输综合管理信息系统、全国水运经济预警与决策分析系统、水上重点物资运输监控平台、交通电子口岸公共信息服务平台、集装箱海铁联运应用平台、水路交通出行信息服务系统、两岸交通物流信息服务平台、长三角港口物流信息服务平台等都在建设和筹备当中。依托这些信息平台,全国港口经营、生产数据,船、港、货相关动态信息都将统一汇总,并可利用工具化数据清洗(ETL)、数据仓库、联机分析处理(OLAP)和数据挖掘等软件,进行深度分析应用。

这种跨部门、多层次的数据服务平台联立构建,可以视为业界在建设类似大数据服务平台上的已有尝试。虽然不论是从数据设施、处理还是应用层面,还缺乏更多相关主体的参与,更多实际的应用和利益的创造,但单从政府主导这一层面而言,已经是一个很好的开始。

宁波港口物流大数据服务平台的未来,势必也是更大的国内甚至是国际大数据平台的一部分,这一发展趋势必然要求其在发展过程中逐步去中心化。然而在其发展初期需要由政府有关部门来主导扶持,在发展过程中则需要视情况适时适度地交出权限,退出控制。这是一个发展中必经的矛盾,但需要有关部门有更长远的战略思维和全局的利益考量,同时也要有利益再分配的策略和智慧。

二、基于大数据服务平台的港口物流整合平台建设

基于对大数据资源的开发及其对宁波港口物流业发展带来的潜在战略机遇,本研究提出构建宁波港口物流大数据服务平台的框架。

(一)"平台+终端+应用"模式

从实际建设的角度出发,拟从"平台+终端+应用"三个方向入手实施建设。

平台是指基础平台,是指宁波港口物流大数据服务平台中的公共设施部分,主要立足于整合和改造现有的各类第四方公共物流服务平台,通过GIS、EDI等信息化手段,汇集更多有潜在价值的信息到现有平台上;同时在确保安全性和隐私性的前提下,提供各类信息的可获得性,这也是大数据的基本要求。

终端建立在各类数字终端(智能手机、平板电脑、传感器、监测器、GPS、RFID、WLAN等)基础上,是及时获得多样化的海量数据的重要来源。终端的所有者和来源是多元的,任何参与到宁波港口物流各节点的组织和个人所拥有或使用的终端都是潜在的终端来源。

应用是构建整个服务平台成败的关键,需要借助市场手段开发适合市场需要的应用软件(例如乘客智能手机上的滴滴打车软件,能实现客流信息的实时定位、发布、匹配与供求对接),目标是要从大数据中发掘有价值的信息,对于感知态势、预判形势和动态决策有所帮助,最终实现各方利益的共赢。

　　平台拟采用开源模式建构(例如谷歌开发的 Android 手机操作系统平台、京东的购物网站均采用开源模式),以利于后期各种类型的组织和个人的参与和进入。由于整个平台属于基础设施,应由政府有关部门引导并加以扶持,明确公益的基本方向,而侧重应用的"商户"则充分由市场决定。

　　"平台+终端+应用"模式,能给物流客户提供多样化的丰富选择,能使物流企业节约信息成本及相关运营成本。

　　(二)大数据的开发运作模式

　　总体而言,大数据服务平台有三大目标:及时地获取海量、多样化的数据;高效地处理大数据;发掘有决策价值的信息成为商业应用。由此来看,过去信息化条件下数据资产的积累只是第一步,打破数据孤岛和数据割据,及时获得多样化的信息,挖掘开发其中的价值才是长远制胜的战略。目前设想可以将大数据进行开发运作的模式有:

　　1.数据再利用。将积累的多元数据进行多种手段的发掘和分析得出新的发现。大数据服务平台也能将现有数据予以再利用,充分挖掘其价值。

　　2.数据重组。将不同来源、不同类型的数据进行新的关联,得出新的结论。例如将某类货物储存位置信息与其出入港频率信息组合,或许是分析并预测将来对港区资源与人力物力配置的新的有效方案。

　　3.数据扩展。如安装的各类监控摄像头,当前的主要用途是安全保障,但也可以拓展成为货流监控(流量、方向),从而对物流优化方案提供重要指导。

　　以目前的港口物流信息化现状来看,需要逐步地将一切相关港口物流信息"数据化"(这是大数据的本质要求),逐步实现大数据的开放性和可获得性。我们认为可行的操作思路是先易后难,先明后暗,先厚利后薄利。

　　(三)构建大数据服务平台的法律完善

　　大数据天然要求对信息的公开,这将不可避免地带来政府、企业和个人信息泄露引发的安全隐患。本研究认为,应该对相关法律制度进行完善,在确保安全的同时更好地发掘大数据的战略价值。

　　明确限定严禁公开的信息,经特批可以公开的信息以及必须公开的信息范围。对于公开的大数据的二次开发利用,采用"谁利用谁负责"的方式(目前主要采用的是"告知与许可"的方式,不适应大数据使用的特点)。

　　(四)构建大数据服务平台的人才队伍建设

　　构建大数据服务平台是具有战略意义的新举措,相关人才的招聘和培养是关键。从政府（行业）到参与的企业，都需要有一套对于大数据人才的培育机制。

从上文的"平台＋终端＋应用"模式出发，我们认为需要有以下三种类别的人才及对应的培养方案。

实施大数据服务平台基础设施建设的人才。他们主要负责评价现有的IT设施，评估和预判现有设施在实现获取、存储、聚合、分析大数据等目标上的差距，对引进和维护新的硬件软件以及专业服务提供保障。对这一部分人才的使用主要在政府（行业）的层面上，应由其主导，在明确各方对基础设施需求的基础上，对人才的招聘和培养确定实施方案。

对大数据进行挖掘和解读的人才。他们负责把获取的大数据进行转换，变成对行业和企业有用的信息。此类人才比较紧缺，但却是大数据产生效益的关键人物，应当由企业主导，重点培养。

将大数据分析结果应用到企业管理层面的人才。主要由企业原来的经营管理者和大数据分析人才充分合作，在利用各种分析结论、发现问题的基础上提出解决方案，在实践中实现对自身新的大数据管理服务能力的培养。

三、宁波港集团公司的地位与作用

推动宁波港口物流整合，构建大数据服务平台，需要借助宁波港集团这样的推手和主导机构。在主管机构和服务提供的基础条件下，在相关港口物流企业的共同参与下，"软硬兼施"（从软件和硬件两个方面着手）搭建宁波港口物流大数据服务平台。

从现实基础来看，宁波港信息化建设启动时间较早，2004年，宁波港花了整整两年时间制定了《宁波港集团信息化发展规划》。在规划的统领下，宁波港集团分步实施，有序推进。首先改组信息通信部门，将原先仅铺设电缆、安装程控电话的通信保障单位上升为负责软件开发、信息平台搭建的高端部门，每年投入数千万元资金，集中力量攻克港口信息化技术和应用的难关。其次，按照实际需求研发并建立起综合管理信息系统等五大体系框架。最后，包括办公室、车队、桥吊、闸口等实现信息全覆盖，使宁波港集团信息化水平处于国内沿海港口领先地位，达到国际港口先进水平。

经过多年建设，宁波港搭建了信息系统的五大体系，即业务作业管理信息化体系、通信与监控信息化体系、经营管理信息化体系、综合管理信息化体系、信息服务体系；并陆续建立了三大类业务系统，即收费系统、物资系统、成本及预算管理系统，但是这些业务系统是按照项目各自建立的，形成了一个个信息孤岛。这与宁波港发展战略对整体财务管控的总体要求相背离,决策层需要及时、准确地了解整个公司以及三大板块(港口、物流、资本)的经营状况和财务情况。

为此,宁波港决策层在 2013 年年报中提出以下几项与信息化有关的措施。

深化科技强港战略,着力提升港口生产力。围绕提高港口运行效率和服务水平,加快为决策、管理、生产、市场服务的信息化步伐,建设和完善高性能的公用物流信息平台,将港口与港口、港口与口岸查验单位、港口与货主、港口与物流运营商连接起来,形成一个开放、高效、便捷的信息服务载体,提高港口信息化管理水平,打造数字港、信息港;进一步加大科技投入和技术改造力度,提升码头、装备的科技含量和港口现代化水平;加强对科技人员的培养和广大员工的技能培训。

做优港口物流服务。加快建立对外统一的宁波港物流信息平台,逐步实现港口与上下游企业及相关单位、环节的互联互通、数据交换、信息共享,提升物流服务信息化、商务电子化水平。按照"降成本、提效率、优服务"的要求,推进集装箱高效运输服务平台建设;推进集装箱铁水联运业务协同平台建设;结合客户需求,优化物流路径策划,推进全程物流服务,提高物流效率,降低物流成本,增强货源吸引力。

加快打造"智能港"。要按照"管理技术信息化、控制技术智能化"的总体要求,构建以业务协同管理、财务管控平台为核心,人力资源管理系统、工程技术管理系统、物资管控平台、企业审计等有机结合的高效管控体系,提高企业管理水平;着力构建宁波港物流信息平台,为客户提供多功能、一体化、高效率的综合物流服务,加快打造"智能港"。

在 2014 年半年报中,进一步提出抓好集装箱海铁联运物联网应用示范工程、宁波港物流信息平台、高效运输系统、财务审计系统等信息化项目的开发及试运行工作,加快打造"智慧港口"。

宁波港集团作为宁波港口物流的基础设施企业和核心国有企业,虽然已经取得不错的前期成果,但在大数据服务平台构建的战略任务上,势必要承担更多的社会责任。对于这样的压力和挑战,一方面要建立改革绩效激励机制,另一方面也应当制定改革容错机制。

对于激励机制,一要有正确的导向机制,对于技术创新、人才培育等领域,需要作为重点加以引导完善;二要有充分的奖励机制,确保创新的成果能转化为管理人员的绩效;三要有适当的约束机制,防范借改革创新之名行牟取私利之实。

　　而鉴于没有容错机制曾是国企改革的痛处源头，为了顺利推动改革，应制定鼓励改革创新的容错政策，对依法依规推进改革，且勤勉尽责、未牟取私利，而未能实现改革预期目标且未造成重大损失的，给予充分包容，不作负面评价，免除相关责任。

第六章　金融创新背景下宁波金融业态创新

近年来,随着宁波社会经济的发展,宁波市的金融需求日益增长,各经济主体对金融服务的需求不断变化,催生了宁波的一些新型金融业态,如互联网金融、融资租赁、私募股权投资等。同时,宁波传统金融业态也不断改革创新,以适应新的经济形势的需要。近年宁波在金融业态创新方面已经进行了许多有益的探索,今后还需借鉴国内外成功经验,结合宁波经济发展及产业转型升级的需要,锐意改革,进一步推进金融业态创新发展。

第一节　金融业态创新与国内外经验借鉴

一、金融业态创新

(一)金融业态创新

目前学界对金融业态没有统一的定义。刘艳妮(2006)认为,金融业态就是金融企业为满足机构或个人的不同消费需求而形成的不同的经营形态,包括银行、保险公司、证券公司、期货公司、信托投资公司、基金管理公司、租赁公司、财务公司等金融机构。这一定义是基于业态的原始定义衍生出来的,从业态的基本属性对金融业态进行了解释。更多的学者则将金融业态区分为传统金融业态和新兴金融业态两个层面,分析两者的特点及相互关系。传统金融业态是指银行、保险、证券等商业性或政策性金融。新兴金融业态是指为弥补传统金融服务局限性而日益兴起的新金融机构类型、准金融机构,或者某类金融子市场或创新金融服务工具、模式及标准等。如近几年设立的消费金融公司、汽车金融公司、货币经纪公司、金融租赁公司等非银行金融机构;蓬勃发展起来的金融衍生市场、黄金交易市场,以及各类私募股权投资(PE)、风险投资基金(VC)、产业投资基金等。同时,还包括传统金融改革创新发展的新经营业态,如资金交易中心、票据中心、银行卡中心、小企业专营机构等各类营运中心。新兴金融业态是金融创新的产物,从不同的视角,呈现不同的表现形式。新兴金融业态是传统金融业态的发展、延伸和补充,可以增强金融市场活力,拓展完善金融产业链,而且可以反哺传统金融业态,增强传统金融机构的盈利能力及竞争力。

现有文献中尚未发现对金融业态创新的内涵和外延的明确界定。根据学界对金融业态和创新的定义,本文把金融业态创新定义为传统金融业态及新兴金融业态中产生的一系列新的金融产品、技术、机构和市场的活动,包括经营模式、机构、产品及服务创新等。按照这一定义,本文论及的金融业态创新包括传统金融业态创新和发展新兴金融业态两大方面。

(二)传统金融业态创新

传统金融业态创新是指在银行、保险、证券业中各金融机构为减少成本,提高资源配置效率而进行的各类创新活动。改革开放30多年来,我国银行、保险、证券业的改革创新获得显著成效。金融产品不断创新,金融业务不断拓展,金融机构多元化,机构数量大幅增加,金融规模明显扩大,为经济社会发展发挥了重要的支撑和促进作用。创新是金融业发展的永恒主题和不竭动力,传统金融业态需要不断创新,才能充分发挥其资源配置作用,有效动员社会资金促进城市化、工业化发展。

(三)发展新兴金融业态

发展新兴金融业态是指发展新型金融机构、准金融机构,或者某类金融子市场,如近年来兴起的融资租赁、私募股权基金、风险投资基金、产业投资基金、互联网金融等。发展新兴金融业态能为金融注入新的活力,使金融市场参与主体日益多元化,拓展金融市场的深度和广度,让金融市场在货币政策传导、资源配置、风险管理等方面发挥日益重要的作用。因此,发展新兴金融业态是金融发展的必然趋势,是新经济发展的迫切需要。

二、美国和日本的金融业态创新

美国拥有世界上最发达的资本市场和风险投资市场,其金融体系是属于市场导向型的。日本是以政策性金融为主的银行导向型金融体系的国家。

（一）美国：市场主导下的金融业态创新

美国的金融支持体系建设离不开其强大的科技支持，目前美国在金融业态创新方面，形成了科技产业、风险投资和资本市场相互联动的一整套发现和筛选机制，同时还建立了专门的政策性金融机构和完善的信用担保体系。

1. 政策性机构弥补市场金融供给不足

因中小企业普遍资信等级不高，筹资能力弱，金融市场对中小企业的供给不足，无法满足中小企业的融资需求，设立政策性机构能有效弥补市场供给的不足。1953 年，美国创建了中小企业管理局，专为全国中小企业提供高效服务，其主要职责是帮助中小企业创业者获得贷款，为中小企业提供咨询与管理培训服务，协助获得联邦部门的研发项目与合同，促进小企业的进出口贸易。这些举措大大促进了美国科技创新型企业的发展，激励新兴产业加速发展。

2. 完善信用担保体系

美国作为全球最大的经济体，有一套完整的规避风险机制和健全的法律体系支撑，多年来形成了规范而灵活的信用担保业务体系，为中小企业的融资和科技创新作出了巨大贡献。总结起来，有以下几个方面的特点：

（1）健全的法律法规为科技企业信用担保体系的正常运行提供了保障。在《中小企业法》中，对信贷担保的用途、对象、保费标准、金额等作了明确规定，如规定只有符合中小企业标准的企业才能获得担保，且企业要主动投入一定比例资本金；要求借款企业有足够的流动资金保证企业正常运营等。

（2）信用担保体系覆盖面广，能为全国范围内的科技型中小企业贷款提供不同性质、不同类型的担保。多年来，美国已经形成了三个层面的信用担保体系：一是由中小企业管理局直接操作的全国性小企业信用担保体系；二是由地方政府操作的区域性专业担保体系；三是社区性小企业担保体系。

（3）担保基金来源主要是政府出资。美国中小企业局的基金来源主要由联邦和州财政分担，经费也由联邦和州财政分担，中小企业局委托大学和研究机构所做课题的经费也由政府承担。

（4）有一套完整的分散和规避风险机制。一是通过规定担保比例分散风险。根据贷款规模和期限，担保机构确定担保比例，以在担保机构和银行之间分散风险。二是对企业负责人实行风险约束。美国的信贷保证计划要求企业主要股东和经理人员提供个人财产抵押，以增加企业的责任意识，降低"道德风险"。三是制度透明，管理规范。按规定，美国中小企业管理局每年都要向国会汇报中小企业信贷担保计划的执行情况,审查计划预算和计划执行情况。四是规范的担保业务操作过程。一个信用担保项目需要经过以下四个环节的审查:受理担保申请、项目评审、担保收费谈判、签订合同,这样大大降低了风险。

3. 资本市场体系创新

(1)建立多层次的股票市场。经过 300 多年的发展,美国形成了世界上最为发达的股票市场体系。股票市场体系主要包括三个层次:一是主板市场。该市场是以纽约证券交易所为核心的全国性交易市场,对上市公司有严格的要求,上市的企业一般为知名度较高的大企业。二是二板市场。相比于主板市场而言,该市场更加注重上市企业的成长性和长期盈利性。美国纳斯达克证券市场是世界各国二板市场中最成功的,被誉为"美国高科技企业的摇篮"。三是场外交易市场。该交易市场挂牌的企业较纽约证交所略逊一筹,企业发展到一定程度可以转到主板市场上市。美国二板市场和场外交易市场正是为满足中小科技型企业在股票市场融资需求的创新之举。

(2)发展企业债券市场。在美国,发行债券是美国企业外源融资的主要方式,其融资的灵活性、市场容量以及交易活跃程度都远远超过股票市场。企业债券成为美国资本市场的主体。

4. 发展风险投资市场

美国是风险投资的发源地,其风险投资最为发达。投资主要集中在知识密集、技术密集的产业,如信息技术产业、生命科学产业等。可以说风险投资的直接受益者是中小企业,风险投资为确立美国信息产业在国际上的主导地位作出了巨大贡献。美国的风险投资取得如此巨大的成就主要是基于以下几个方面的原因。

(1)法律支持。美国制定了完善的风险投资法律体系,涉及风险投资的各个环节,为风险投资的发展创造了必要的法律环境。如 1976 年修订了《有限合伙法》,承认有限合伙制公司的法律地位,为投资专业管理人员与风险资本供给者的结合创造了有效的组合形式。1979 年,美国劳工部修订了1974 年制定的《退休收入保障法案》中有关投资指南的规定,允许私营和公共养老基金进入高风险领域投资。

(2)政策优惠。在美国,风险投资产业的税收激励政策根据受惠对象和环节的不同,可以分为前端税收激励和后端税收激励。前端税收激励是指对风险企业给予的所得税抵减;后端税收激励是指对风险投资人的资金的资本利得给予的税收优惠。美国的资本利得税率从 20 世纪 60 年代末至今经历了起伏过程,总体的趋势是下降的,风险投资收益的税收优惠程度是在加大的,对创业投资的总规模产生了巨大的影响。

(3)风险投资资金来源广泛且比较稳定,机构基金占绝对主导地位。美国风险投资资金来源广泛。自从 20 世纪 70 年代末美国政府许可养老基金进入风险投资后,风险投资资金的来源结构发生了重大改变,养老基金成为最主要的来源,其次是基金会和捐赠基金,再次是银行和保险基金。富有的家庭和个人的资金在美国风险投资的资金总量中也占一部分比例。

(4)畅通的退出渠道为风险投资者解除了后顾之忧。根据各自的投资状况,美国风险资本可选择公开上市、企业兼并收购、出售、清算四种方式退出。首次公开上市(IPO)是风险投资退出的最佳方式,也是美国风险投资中最常用的退出方式之一,大约 30% 的风险资本是通过这种方式退出的。第三方收购也是风险投资退出的重要途径,随着 20 世纪 90 年代美国并购案例发生频率的不断增加,美国风险投资选择第三方收购退出方式的越来越多,这种退出方式可以使风险投资机构在最短时间内收回资本。这不仅有利于提高投资回报率,而且对新一轮投资的开始具有极为重要的意义。清算是风险资本投资失败时的一种迫不得已的特殊的退出方式。

(二)日本:银行主导下的金融业态创新

日本战后经济重建对金融资本高度计划配置的客观需求,促进了银行体系的膨胀,抑制了资本市场的发展,形成了银行主导型金融体系。实践中,政府当局不仅要为重点产业发展提供保护主义政策,而且要集中调度、运用金融体系来支持产业的发展和结构调整。

1. 设立一系列政策性金融机构

在日本,由于缺乏良好的市场体制及成熟的金融机制基础,重点产业发展存在巨大的资金缺口。因此在产业政策中往往突出地表现为由政府主导的政策性金融来诱导民间资金的投向,支持重点产业发展。例如,实行低利率、超额贷款政策构造产业发展的良好投资环境;以政策金融创造产业发展的稳定需求,支持产业发展等。日本自 2009 年大幅度提高新能源研发和利用的预算,支持环保型汽车、电动汽车、低碳排放、太阳能发电等,是这一金融支持的具体体现。发展政策性金融,日本经验主要有:

(1)动态调整健全法律体系,使得政策性金融机构的发展有法可依、有章可循。《日本开发银行法》于 1951 年颁布,并且在 1952 年到 1998 年先后经历了几次修订,是日本开发银行成立、经营等的法律依据和保障。

（2）政策性金融机构类别多，能较好地满足不同企业的需求。自 1950 年以来，日本专门设立了直接由政府控制和出资的一系列政策性金融机构。这些政策性金融机构有不同的分工，但目的和宗旨是基本一致的，均是通过比商业性金融机构更优惠的利率水平、贷款期限和融资条件为企业创新提供贷款和金融服务，确保企业创新获得充足的金融支持。

2. 银行系统的创新

日本的商业银行体系主要包括以都市银行为代表的大型金融机构，以及以地方银行、信用金库、信用组合、劳动金库为代表的中小金融机构。都市大银行对中小企业的贷款，主要是为了填补大企业贷款减少所带来的空白，具有很大的不稳定性。在支持中小企业生存和发展中起主导作用的仍是各种专门为中小企业服务的中小金融机构。

银行主导型融资结构主要具有以下特点：一是主办银行与关系企业不仅存在债权、债务联系，同时还交叉持股，这有利于银行对企业进行监督、参与和控制，同时也有利于关系企业的融资和长期发展。二是主办银行对关系企业的参与更多地表现在对其经营过程的监督，而不是具体的经营决策方面。三是主办银行向关系企业提供以获得租金为目的的短期贷款。

3. 资本市场创新

日本在 20 世纪 90 年代组建的第二板市场 JASDAC，是日本风险性企业筹资的最大市场，JASDAC 市场对于促进产业发展的作用非常重大。

三、国内先进城市的经验

（一）深圳经验

1. 发展小额贷款公司

2013 年初，深圳市超过 30％的个体工商户和近 16％的小微企业获得了小额贷款资金扶持。作为服务小微企业和个体工商户的专业信贷机构，小额贷款公司已成为国家开放民间资本进入金融领域的"桥头堡"。深圳市正式开展小额贷款公司试点 3 年多来，推动民间借贷规范化和阳光化的政策导向开始显效，包括高科技企业、实体经济制造业企业在内的众多民营资本都积极申办小额贷款公司。2013 年，全市推行的商事登记制度改革，极大地激发了个人创业热情，更使小商户和小业主的信贷需求持续上升，为小额贷款公司带来广阔的业务空间。

2. 建立中小企业联保平台

2013 年 5 月，深圳市政府出台《关于支持中小微企业健康发展的若干措施》,提出设立中小企业联保平台,完善中小企业融资增信与补偿机制,由政府增信加"企业联保"的中小企业联保平台,如果出现风险,先由企业联保金赔付,不足部分由政府和银行共担,这既降低了财政资金的风险,又提高了商业银行为中小企业贷款的积极性。此举被视为有利于中小企业拓宽融资渠道的重大利好。

3. 创新融资模式

深圳银行业创新融资贷款模式,企业除可以通过固定资产和企业股权进行抵押外,还可以通过订单、商标专利抵押、信用等级等方式向政府进行申报,并由政府和担保机构统一向银行贷款,解决企业融资难问题。在为企业提供多种方式贷款的同时,还通过整合汇集民间资本开展股权融资、债券债权融资和上市融资等方式,弥补现有银行贷款金额不足问题,帮助科技型、创新型、成长型的中小企业融资。

(二)上海经验

1. 银政合作

2010 年 8 月,浦东新区政府分别与上海银行、上交所、深交所签署合作协议,为浦东中小企业融资、上市铺设"绿色通道",即所谓"银政合作"。银行适当降低对中小企业的贷款门槛,企业可以将知识产权、股权和应收账款等用于质押融资,银行将抵押率由原来的不超过 60% 提升到最高 100%,政府则通过财政补贴部分不良贷款损失的方式,与银行共担风险,由政府出面为小企业作担保。"银政合作"开展短短半年之内,浦东新区已经有近 400 家中小企业获得了银行贷款,解了企业发展的燃眉之急,推动了银行加大对科技型中小企业的信贷投放。

2. 试点期货保税交割

2010 年 12 月,上海期货交易所正式启动期货保税交割试点,首批试点品种为铜和铝。这一金融创新将大大提升"上海价格"在国际上的话语权,并推动更多国际客商在上海洋山港等保税区建交割库,从而进一步提升上海国际航运中心地位。引入保税交割模式后,贸易商的运作更为灵活,上海、伦敦两地市场的套利交易会增加,从而强化上海期货交易所相关品种与国际市场价格的联动。此外,保税交割也吸引了更多的来料加工等企业进行套期保值,不仅方便企业规避风险,而且拓展了期货市场服务国民经济的能力。

（三）天津经验

1. 发展融资租赁业

天津是我国金融改革创新实验基地,是我国最大的融资租赁聚集区、示范区、先行区和领航区。近年来,在一系列政策支持下,天津融资租赁业强劲发展。截至 2012 年底,全区融资租赁公司达 115 家,融资租赁合同余额3700 亿元,约占全国的 1/4,成为名副其实的中国融资租赁的集聚区。2011年,天津滨海新区融资租赁市场渗透率达到 16.21%,远远高于当时全国0.76%的水平。截至 2012 年底,我国融资租赁企业前十强(按注册资本排序)中,注册在天津滨海新区的就有 5 家。2012 年新增融资租赁合同余额1400 亿元,相当于新增贷款余额的 363.37%,比全国平均水平高出 356.56个百分点。天津东疆保税区成立了中国租赁业研究中心,为天津乃至全国租赁业发展搭建了专家、企业、政府三方密切交流的平台。

2. 银行携手海关便利企业通关

2009 年 3 月 20 日,天津海关与中国银行天津市分行签署了开展银行税款总担保的合作协议,标志着银行税款总担保业务平台在天津关区不断拓展,也标志着涉及重大装备制造业和国民经济基础产业的免税设备及材料纳入了税款总担保的范畴。中国银行天津市分行开展该项业务,不仅能为相关企业提供涉及免税物资的银行担保,同时也获得了开展税款总担保其他业务资质,拓宽了天津口岸银行担保服务领域与范畴,对于提高口岸通关软环境起到了积极的促进作用。

3. 积极发展场外市场(OTC)

2012 年以来,天津 OTC 着力建设一站式融资服务平台,加强与各委办局、区县政府、产业园区及投融资机构的合作,为中小企业提供优质培育指导和融资对接服务,举办各类培训会、行业融资洽谈会、企业专场融资对接会等,帮助企业融资 13 亿元。截至 2010 年底,天津融资服务平台注册的企业已近千家,各类金融、投资和中介服务机构等会员单位 300 多家。

四、经验启示

通过对国内外金融业态创新的经验进行梳理可以发现,各国各地的做法各具特色,形成了不同的模式,其中的经验可供宁波借鉴。

（一）金融业态创新要与区情相适应

各国在经济发展水平、市场发育程度、历史文化背景等方面都有差异,都有自己的特色,导致各国的金融业态创新也存在着很大的区别。例如,美国是资本市场占主导地位的融资体制,银企关系相对不密切,因而主要是通过发达的资本市场和风险投资市场创新支持产业发展,而政策性金融和商业银行处于补充地位;相比之下,日本是以"关系型"的银行融资为主,银行体系的创新对产业支持就显得更为重要,资本市场创新和风险投资对产业发展的支持则处于次要地位。我国是以银行业为主导的金融体系,宁波一方面要向日本学习,利用相对成熟的银行业金融监管机制,建立与发展适应产业发展需要的中小型金融机构,实现银行系统的二元对接;另一方面也要向美国学习,积极发展创业风险投资,建立多层次的资本市场体系。

（二）发展政策性金融

不论是市场导向型金融体制的美国,还是银行导向型金融体制的日本,均把政策性金融作为推动产业发展的重要举措,通过政策性金融的诱导作用,吸引大量的商业银行信贷资金、民间资本等支持重点产业发展。就宁波而言,可以利用金融创新改革先行先试的优势,争取政策适时推动政策性银行转型为综合性开发金融机构。综合性开发金融机构是一种介于商业金融机构和开发性金融机构（国外现代意义上的开发性金融）之间的制度安排,它主要利用市场化手段,按照商业性金融规律运作,在机构自身可持续发展的基础上,为实现国家政策和战略导向服务。就某种意义而言,综合性开发金融机构仍具有部分政策性属性,但综合性开发金融机构比传统意义下的政策性金融机构向市场化方向迈进了一大步。

（三）创新资本市场和发展风险投资市场

美国能够在新兴产业的发展上独占鳌头,很大程度上归因于其拥有世界上最为发达的资本市场和风险投资市场,并且形成了资本市场、风险投资和科技产业联动的一整套发现和筛选机制。日本的资本市场也对其国家新兴产业的发展起到了巨大的推动作用。在这方面,宁波应该利用后发优势,发展场外交易市场和风险投资市场。

（四）发展融资租赁、小额贷款公司等新兴金融业态

天津融资租赁的迅猛发展为天津经济发展提供了强大动力,堪为国内典范;深圳小额贷款公司对深圳小微企业发展发挥了重要作用。宁波可以学习借鉴天津、深圳在发展新兴金融业态方面的成功经验,出台一些政策措施,让宁波的融资租赁业、私募股权投资基金、小额贷款公司、互联网金融等新兴金融业态充分发挥对宁波经济发展的促进作用。

（五）探索银政合作新渠道

我国间接融资占主导地位，银行业是各金融业态中最重要的一环。银行业要充分发挥其助推经济发展的作用，提高资源配置效率。宁波可以借鉴上海、深圳、天津等地的经验，结合宁波本地产业发展的需要，探索一些新的银政合作的渠道，以便利企业融资，优化银行金融服务。

（六）创新银行融资模式

近年来，宁波银行业已经在融资模式创新方面进行了一些有益的尝试。今后可以借鉴国内其他城市的成功经验，结合本地经济发展的现实状况，在现行法律框架下，继续探索新的银行融资模式。

第二节　宁波传统金融业态创新

近年来，为了支持宁波城市经济发展，促进产业结构升级，宁波银行业、保险业、证券业等传统金融业态不断改进金融服务，锐意创新，在很多领域进行了有益的探索，在某些方面成为先行者，有些做法已被视为范例，在全国推广。宁波金融业、保险业、证券业仍需在金融产品和服务方面创新改革，以充分发挥对宁波经济的支持推动作用。

一、宁波传统金融业态创新实践

（一）银行业创新举措

一直以来，宁波商业银行将金融创新作为提升银行业服务水平和竞争力的关键，紧贴实体经济需求，不断加强经营模式创新、产品创新和服务创新，将创新作为提升服务质量和价值创造力的重要手段，差异化、特色化的金融服务水平显著提升。同时，坚持以市场为导向，以客户为中心，在服务模式上大力开拓创新，持续改善金融服务水平。

1. 机构创新

近年来，宁波的商业银行为了支持宁波战略性新兴产业的发展，设立了一些特色专营机构。中国银行、杭州银行和中国农业银行先后在宁波市设立科技支行、文化创意支行。招商银行宁波分行等商业银行设立了小微企业专营支行。宁波探索组建了农村新型中小金融组织，创设了浙江省首家中外合资村镇银行——镇海中银富登村镇银行。目前宁波有13家村镇银行和 1 家资金互助社已经组建运营,为宁波农村增加了金融供给。

2. 组织结构创新

宁波各商业银行组织结构摆脱了单一的直线管理结构,趋于多元化,并向机构设置实用性、决策反应灵敏性转变。

中资全国性大型银行、分支机构网点多的大型商业银行的对公授信部门推行管理层次较多的扁平型组织结构创新;中资全国性中小银行的个人理财产品、前沿产品开发部门推行高长型组织结构创新,其银行间内部管理层次较少;外资银行推行事业部型组织结构创新,这种组织结构特点是把银行业金融机构的业务活动按照产品和功能区域等划分建立业务运营事业部;各城市商业银行推行矩阵型组织结构创新,其特点是在原有直线指挥系统与职能部门组成纵向垂直领导的基础上,又建立一个横向以金融产品(或业务)为中心的领导系统,两者结合成为矩阵型组织结构。

3. 经营管理制度创新

宁波银行业各金融机构按照"配合战略转型、加快机构发展"的金融创新理念,不断优化和创新经营管理制度。部分商业银行制度创新实行行长"一把手"亲自抓,定期召开"金融创新"例会,同时建立行长信箱,积极倡导全员参与的创新管理制度;有的银行专门设立创新奖励基金,或建立员工创新行为奖励机制;有些银行则充分运用现代化信息科技手段,搭建行内部门员工创新机制信息交流平台,把反馈的价值信息运用到银行内部经营管理的各个环节予以验证。

4. 金融产品和服务创新

近年来,宁波各商业银行持续加强对金融产品和服务创新的关注和投入,取得了新的成绩:跨境金融创新全面展开,服务型主体金融创新成效显著,投行业务创新探索前进,零售业务、中间业务创新不断深化。

(1)独家试点跨境贷款对外债权登记业务

自 2011 年被列为全国首个跨境贷款试点城市以来,宁波市相继推出了国际双保理、出口融资等多款贸易融资产品,有效满足境外机构多元化的融资需求,2014 年前三季度新发放跨境贷款 4119 笔共 39 亿美元。

(2)跨境金融服务创新取得实质性进展

一是跨境人民币业务创新发展较快。目前宁波商业银行跨境人民币业务已涵盖零售、结算、贸易融资、投资银行、资产管理等多条产品线,在满足客户个性化跨境人民币金融服务需求的同时形成了跨境人民币业务产品体系;宁波商业银行与海外分支机构和代理行联通,境内外联动为人民币跨境清算提供网络支持。

二是跨境金融服务实现新突破。宁波具有离岸业务资格的商业银行在外汇存贷、票据贴现及担保汇兑、结算等传统离岸业务的基础上，推出了内保外贷、离/在岸联动保理、离/在岸背对背信用证等新业务及特色产品，满足企业境外存贷款、资金结算便利、境内外资金集中统一管理以及降低经营成本等方面的需求；依托海外联行，通过提供集团化金融服务的方式为走出去企业提供贴身金融服务，如全球现金管理平台、全球统一授信等，同时借助海外资金成本低廉的优势，帮助境内企业获得结算、结售汇和融资支持。

（3）服务中小企业的金融创新

近年来，宁波商业银行通过细化分类加强专业服务能力，形成系统化、有针对性、快速有效的中小企业服务模式。

一是建立小微企业专营机构。例如招商银行在宁波城南设立了小微企业专营银行，为小微企业提供融资服务。一些银行成立了小企业服务中心，对有市场、有技术、有发展前景的小企业进行融资支持。平安银行成立小企业金融业务部，负责指导推动小企业金融业务发展，并设立专门审批机构，简化小企业审批流程，将评级、授信、抵押品价值评估和融资四个流程整合为一，提高了审批效率。

二是推出创新型金融产品。宁波商业银行推出了易贷通、流动资金循环贷、商标专用权质押贷款、专利权质押贷款、科技展业贷款、应收账款质押贷款、小额分期贷、联保贷、增值贷等小微企业信贷特色产品。银行推进产品、营销模式和业务模式创新，根据企业生产经营特征和资金运用特点等设计金融产品，探索出财政担保模式、科技孵化模式、联保模式、认股权模式等融资模式，提升个性化、针对性的金融服务水平，效果显著。

三是创新发展债券业务。近几年，宁波商业银行在中小企业债券融资方面也进行了新的尝试。2012年3月承销了第一单宁波中小企业集合票据，为宁波中小企业融资开辟了新的道路。

四是创新担保方式。宁波商业银行与地区性专业融资担保公司签订了合作协议，为小微企业提供多样化的担保服务。同时与中远货运、宁波港散货物流等物流公司建立长期合作，为小微企业提供货物监管服务，扩展小微企业融资担保方式。积极探索推出仓单质押、国内保理、保兑仓以及出口信用险项下的贸易融资业务，不断改善小微企业融资环境。

（4）投资银行业务快速发展

随着国内企业对债券融资、股权融资、上市融资、重组并购、直接投资的需求高涨,资本市场迅速发展,企业的直接融资比重上升,企业对银行传统存贷款结算以外的创新业务需求日益凸显,投行业务机会应运而生。宁波商业银行纷纷顺势而动,迅速搭建起投资银行业务平台,力争在这个新兴市场领域中抢占先机。

宁波商业银行在投行业务创新上建立了系列产品体系,分别是企业直接融资板块(包括银团贷款、债券承分销、信托融资、股权融资)、结构性融资板块(包括并购贷款、夹层融资)、财务顾问板块(包括债务、股权融资顾问、并购重组顾问、改制上市顾问、企业常年财务顾问)。宁波商业银行投行业务经过几年发展,投行项目的业务品种逐渐从单一的结构化融资业务拓展为中票、短融、私募债等多样性的投行业务产品。例如,招商银行以办理理财计划投资委托债权方式帮助企业实现融资,完成了银行系统第一笔私募股权基金托管业务,为私募基金解决了托管需求。

(5)公司类中间业务创新

宁波商业银行公司类中间业务创新重点主要集中在现金管理、票据管理等业务上。

一是创新现金管理业务。如现金管理服务已从企业内部向企业资金链延伸,从原有的收付款、资金集中管理向综合金融资产管理业务领域延伸,形成了以账户交易管理、流动性管理、供应链管理、投资理财管理等系列金融服务为架构的全方位现金管理体系。创新推出"智能现金池",自动检测企业账户资金金额,并将短期闲置资金自动转化成为企业带来收益的货币型基金、债券型基金等金融产品。

二是大力拓展票据业务。如推出企业票据池,开创票据综合管理新模式。该业务包括商业票据集合管理、代保管、质押、融资等服务,是集团客户票据统一管理和统筹使用的高端解决方案。

(二)保险业创新概况

2014年7月底,保监会和省政府联合批准在宁波建设全国首个保险创新综合示范区。"保险创新"已经成为宁波的一张亮丽的名片。2014年,宁波市实现保费收入207亿元,同比增长11.6%,保费总量位居计划单列市第2位;保险业吸纳就业2.6万人,缴纳税收达6.4亿元。"险资入甬"顺利推进,2013年共引入近80亿元保险资金用于宁波基础设施建设,为宁波市直接融资开辟了新的路径。

1. 机构创新

(1)筹建国内首家专业航运保险公司

东海航运保险股份有限公司已经获保监会批准筹建,实现了宁波市保险法人机构"零"的突破,也是国内首家专业航运保险公司。由中国人民财产保险股份有限公司、宁波港集团有限公司、上海国际港务(集团)股份有限公司等共同发起筹建,将在传统船舶、货运保险基础上,研发更加丰富的航运、物流及其他高附加值的航运保险产品,发展一体化集成化的物流、供应链保险业务,将成为宁波市实施"港口经济圈"战略的重要举措。

(2)筹划建立保险资产管理公司

宁波市引进设立保险资产管理公司的申报材料已报送保监会,这是浙江省申请筹建的首家保险资产管理公司,届时将对完善保险业组织体系、提升保险服务地方经济能力发挥重要作用。

(3)全国首家保险资金互助社升级扩容

经保监会批准,宁波市于 2011 年 9 月设立了国内首家农村保险互助社——慈溪市龙山镇伏龙农村保险互助社。2013 年 10 月,保监会已经批复同意宁波市在总结前期慈溪市龙山镇西门外村保险互助社经验的基础上,将互助社试点从目前的一个村扩展到宁波慈溪市龙山镇的其他 8 个村。目前,试点区域农户的保险覆盖面超过 50%。同时,互助社将逐步扩大经营范围,除家庭财产保险、意外伤害保险和短期健康保险外,在具备条件的情况下还将参与经办新农合、农房保险、农业保险等涉农保险业务。

(4)总部型保险机构引进力度加大

中国人寿集团已确定在宁波成立创新试验基地,并拟筹划设立保险创新产业基金。太平洋保险、平安集团等一批保险机构总部即将与市政府签署全面战略合作协议。

2. 业务及产品创新

(1)公共巨灾保险试点正式实施

2014 年 11 月,宁波市政府出资 3800 万元向商业保险公司购买了 6 亿元的巨灾风险保障。宁波成为继深圳之后国内第二个建立公共巨灾保险制度的城市。与深圳不同的是,宁波的公共巨灾保险首次涉及了家庭财产损失救助。当发生自然灾害及其引起的次生灾害,造成了居民人身伤亡及家庭财产损失时,每人最高可获赔 10 万元伤亡抚恤赔偿,每户最高可获赔 2000 元财产损失救助赔偿。巨灾保险制度的建立,实现了对现有政府救助空缺领域的有效补充,提高了突发灾害应对能力,同时也为在全省乃至国家层面建立巨灾保险制度积累了宝贵的经验。

(2)在全国首创小额贷款保证保险业务

宁波于2009年8月正式推出了城乡小额贷款保证保险。这一全国首创的做法,在缓解实力有限的小企业主、创业者的贷款难问题方面,走出了全新的一步。到2014年底,累计放贷62亿元,惠及近5000户小微经营主体,得到了国务院的批示肯定,被保监会誉为"宁波经验",并向全国推广。小额贷款保证保险主要支持农业种养大户(包括农村经济合作社)、初创期小企业、城乡创业者(含个体工商户)。贷款所获资金只能用于生产性用途,不得用于消费及其他用途。小额贷款保证保险的主要做法是,银行放贷前由保险机构为借款人提供保证保险,承担其非故意原因不能偿还贷款的风险,使得那些有真实生产资金需求、有良好信用记录与发展前景、有可靠还款来源的小额贷款借款人,即使在无抵押、无担保的情况下也能够从银行获得贷款,从而有效解决融资难问题。

(3)试点科技保险

2013年6月,在宁波保监局的积极推动下,宁波保险机构与宁波市鄞州区科技局正式签署了《科技保险试点合作协议》,建立了科技保险的财政补贴机制。协议约定在未来一年内,鄞州区财政将安排300万元专项基金,用于全区323家高新技术企业的投保补贴,鼓励其购买商业保险公司的高新技术企业关键研发设备保险、董事监事及高管人员责任保险、小额贷款保证保险、高管人员和关键研发人员团体健康保险、高管人员和关键研发人员意外伤害保险、国内短期贸易信用保险、产品责任保险、产品研发责任保险等科技保险产品,补贴比例为15%～50%。该协议的签署,有利于进一步发挥商业保险对高新技术企业研发创新的支持作用。

(4)开展中小企业出口信用保险

为解决中小企业出口货款不及时回款或是买方信用问题造成的货款纠纷问题,出口信用保险等业务应运而生。但单个企业申请及办理相关业务,保险费用约为货物价值的10%,企业负担重。为支持中小企业积极参与国际市场竞争,促进宁波对外贸易发展,2010年,中国信保宁波分公司与市外经贸局携手,在宁波推出了全国首个"出口信用保险中小企业A/B套餐",中小企业参保的手续更简便,费率更优惠,门槛更低。凡年出口额500万美元以下的中小企业均可申请投保出口信用保险中小企业A套餐或B套餐,费率最低为0.12%,最高赔偿限额分别为年度保费的50倍和最低保险费的30倍,而不再限于信保公司对于国外买方的授信额度。

(5)启动海洋渔业互助保险补贴

2014年9月,宁波市发布我国首部渔业互助保险管理办法——《宁波市渔业互助保险管理办法》,使互保组织开展活动有了法律依据。宁波市于1996年9月成立渔业互保协会,成为全国首批成立地方渔业互保协会的城市之一。从1997到2013年,参加互保的渔船数量从65艘增加到5861艘,参保渔民人身安全险的人数从507人增加到2.36万人,基本覆盖了全市所有渔民。目前,互助保险累计为广大渔民提供了683.33亿元保额的风险保障,累计支付赔款2.21亿元。自2010年起,宁波市渔业互保协会又在全省率先推行水产养殖政策性互助保险,为水产养殖业撑起保护伞。该协会不仅解决了灾后救助问题,在保障渔区社会稳定、提高渔业防灾抗灾能力等方面,也发挥了不可替代的作用。

(6)发展保险资金债权型金融创新产品

2012年3月,宁波获批浙江省首个保险债权投资计划,即"人保—宁波交投债权投资计划"。"人保—宁波交投债权投资计划"是由中国人保资产管理股份有限公司、宁波交通投资控股有限公司和民生银行宁波分行三方合作设立,其总规模达到25亿元,投资期限为7年。人保集团作为受托方向符合资格的保险机构筹集资金,这些资金将用于宁波交投公司基础设施领域的建设,民生银行为此次融资出具借款保函,并作为此次债券计划托管银行,履行资金监管职责。宁波尝试引入保险资金投资,有利于在信贷规模紧张、融资成本高的环境下,拓宽重点项目融资渠道。

(三)证券业创新实践

截至2013年底,宁波市共有4家证券分公司(光大证券宁波分公司、中信金通证券宁波分公司、浙商证券宁波分公司、齐鲁证券宁波分公司)、59家证券营业部、2家证券投资咨询公司、1家境外证券公司代表处、1家期货公司(杉立期货)、32家期货营业部。目前全市各县(市)区均拥有2家以上证券营业部,方便了投资者的证券、期货投资。

1.拓展企业直接融资渠道

自2005年底雅戈尔作为宁波第一家在债券市场融资的企业,通过发行短期融资券融资7.5亿元以来,债券融资发展非常迅速。近年来,宁波在债券融资方式创新上也取得了显著成绩:全国第一单资产支持票据10亿元由宁波城投公司首发;全省第一个引入人保集团直接投资25亿元;创新推出了一期中小企业集合信托,17家企业因此受惠;成功发行2单中小企业集合票据和 1 单中小企业私募债等。支持符合条件的企业在境外发行债券，2014 年宁波市两家企业在香港分别发行 2 亿美元和 39 亿港元的可转债。挖掘银行间债券市场和企业债发行潜力，2014 年前 9 个月宁波在银行间债券市场融资 143 亿元，同比增长 71.9%；企业债融资 86 亿元，同比增长 177.4%。

宁波鼓励上市公司开展再融资，2014 年前 9 个月宁波境内外上市公司在证券交易所直接融资 106 亿元，是上年同期的 5.7 倍。积极拓展场外市场和互联网平台融资，2014 年宁波共有 3 家企业在浙江股权交易中心发行私募债和资产证券化产品，1 家在支付宝旗下招财宝平台开售私募债券。

2. 培育区域多层次资本市场

在推进企业 IPO 融资方面，宁波通过迁址引进、境外收购和 A 股市场 IPO 等方式，2014 年新增境内外上市公司 4 家，融资额约 4.3 亿元，全市共有上市公司 59 家（境内 45 家）。在推进企业参与场外资本市场方面，宁波共有新三板挂牌公司 11 家，在审企业 5 家，区域性场外市场挂牌企业 104 家。在推进企业多形式并购重组方面，2008 年以来宁波上市公司共发生并购重组事件 100 起以上，金额总计超过 300 亿元。2014 年以来，重点推进了先锋新材、东方日升等上市公司的并购重组。

3. 开展保荐业务

宁波开放的市场环境吸引了一大批优秀证券公司前来开展保荐业务。据不完全统计，在全国 60 多家拥有保荐资格的券商中有超过 30 家在宁波开展业务。在一定程度上弥补了宁波市没有法人证券公司和证券从业资格的会计师事务所、专业从事证券业务的律师事务所的结构缺陷，提高了企业议价能力和选择余地，初步形成了竞争有序的市场格局。

4. 启动证券量化交易

量化交易是指客户使用特定的量化策略，自动执行交易的系统，客户登录网上交易系统，自行设定量化交易平台参数后，下达委托指令。量化交易能拓展差异化服务，进一步提升了证券的经纪业务服务，特别是提高了对高端客户服务的竞争力。2013 年 4 月成立的宁波宽谷奥利安是由华尔街资深交易员、金融量化交易及算法专家、云计算网络专家共同发起组建的金融算法云计算应用网络及交易平台，将会成为在建的鄞州区量化金融港的重要组成部分。

5. 设立银行系基金公司

2013 年，经中国证监会批复同意，宁波银行设立了永赢基金管理公司。

这是浙江省银行系首家公募基金公司,完成新一轮增资扩股,资本金总额达到 393 亿元。银行系基金公司的设立,体现了商业银行向证券业务进一步渗透的意愿。

二、宁波传统金融业态创新建议

(一)引导商业银行创新金融产品

加大对宁波产业化项目、楼宇经济、科技企业的金融服务力度,建立项目与资金有效对接机制,引导金融机构创新金融产品,丰富产品结构。鼓励和支持商业银行开展企业并购融资、供应链融资,扩大保理、票据贴现等贸易融资规模,探索开发应收账款质押贷款、订单质押贷款和联保联贷等融资产品创新。推动金融机构开展业务合作,共同研发推广跨机构跨市场的结构化融资产品。大力发展信用证押汇、仓单质押、保单融资、对外担保、买方信贷等贸易融资,积极扩大出口信用保险业务规模和服务项目,促进国际贸易中心建设。

(二)推进保险创新综合示范区建设

争取国家有关部门批准金融资产交易所开展保险产品交易,增强保险产品流动性。推动保险产品创新,普及意外伤害险和医疗责任险,促进社会和谐稳定。拓宽保险资金运用渠道,推动发展保险资金债权投资、股权投资方式,支持保险资金投资宁波基础设施和产业项目,鼓励保险资金投资产业投资基金、私募股权投资基金及创业风险投资基金,充分发挥保险资金融资作用。

(三)培育壮大宁波上市公司板块

推广债权性融资工具,推动企业利用票据、债券等金融工具融资,发展中小企业集合性债权融资以及交易所私募债融资,为企业多渠道融资提供便利。引导和鼓励石油化工、电子信息、装备制造、金融服务等优势产业在境内外资本市场主板上市融资,支持和培育科技型中小企业、战略性新兴产业在创业板、中小企业板上市以及新三板挂牌融资,逐步形成具有影响力的宁波上市公司板块。

(四)发展金融专业服务机构

支持与金融相关的会计审计、法律事务、公证鉴证、征信评级、资产评估、投资咨询、经纪业务、资讯服务、第三方外包等专业服务机构规范发展,积极培育金融信息服务市场,推动发展金融信用服务体系。支持商业银行设立资金清算机构,第三方支付机构拓展境内外结算网络。探索发展场外市场清算机制,完善登记、托管、交易和清算功能。

（五）深化航运金融试点

积极推进梅山岛保税港区航运金融试点,细化试点方案和工作内容,落实相关配套政策,积极开展自由贸易港区的改革探索。鼓励商业银行在梅山保税港区设立离岸业务总部,引导有需求的企业开设离岸账户。搞好船舶产业投资基金试点,探索航运资产证券化方式。鼓励商业银行、保险公司等机构加快航运金融、物流金融产品创新,扩大船舶抵押贷款、出口信贷、物流质押、船舶保险、航运保险、航空保险等业务规模。配合市相关部门,利用宁波航运交易所研究建立航运价格指数,探索开展船舶交易。

（六）加速宁波金融集聚区建设

构建金融集聚区空间体系,形成集中集聚集约效应。按照组建金融服务产业链的理念,主动规划金融业组织体系、空间布局,加速形成门类齐全、功能完备、创新活跃、运作高效的金融产业集群。按照"一中心四区"格局,进一步推进金融资源空间集聚和合理配置,着力提升东部新城国际金融服务中心的能级,加快形成杭州湾新区金融后台产业集聚区、高新区科技金融集聚区、鄞州南部商务金融中介服务集聚区、梅山财富管理集聚区。

第三节　宁波新兴金融业态发展

宁波的新兴金融业态主要包括互联网金融、私募基金、融资租赁、小额贷款公司、融资担保机构、风险投资、商业保理等,这些新兴金融业态日益成为宁波金融业的重要成分。宁波新兴金融业态若能健康发展,必将为宁波城市经济发展注入新的动力,进一步促进宁波金融资源的优化配置。

一、宁波新兴金融业态发展现状

（一）宁波互联网金融发展现状及存在问题

按央行《中国金融稳定报告（2014）》中的定义:"互联网金融是互联网与金融的结合,是借助互联网和移动通信技术实现资金融通、支付和信息中介功能的新兴金融模式。互联网金融既包括作为非金融机构的互联网金融从事的金融业务,也包括金融机构通过互联网开展的业务。"

1. 宁波互联网金融发展现状

(1)互联网金融处于起步阶段

2014 年,司马钱互联网金融研究中心对我国 21 个主要城市的互联网金融竞争力进行了量化评估。互联网金融竞争力总分为 100 分,经过对各地区的评估得分进行统计分析,可以发现平均得分为 40.67 分,其中最高分为上海的 85.28 分,宁波得分 39.45 分;获得 60 分以上的仅有上海、北京和深圳(见表 6-1)。可见我国互联网金融发展整体仍处于起步阶段,地区间竞争力极不均衡。

表 6-1　我国 21 城市互联网金融竞争力评分及排名

地区	政策因素			供给因素			需求因素				技术因素				总分
	高层重视	政策文件	合计	金融机构数	互联网金融机构数	合计	居民人均可支配收入	本外币存款余额	本外币贷款余额	合计	人均电子商务交易额	互联网金融园区数	互联网普及率	合计	
上海	10	10	20	8.82	7.36	16.18	9.62	7.39	9.19	26.20	3.11	10	9.79	22.90	85.28
北京	10	10	20	9.74	10	19.74	7.96	10	10	27.96	2.79	3.33	5.67	11.79	79.48
深圳	10	10	20	10	7.64	17.64	10	3.28	4.69	17.97	6.54	10	4.05	20.59	76.20
广州	10	10	20	2.63	1.93	4.56	8.78	3.27	4.08	16.13	1.08	3.33	9.05	13.46	54.15
南京	10	10	20	1.97	1.21	3.18	7.76	1.47	2.37	11.60	4.62	3.33	9.67	17.62	52.40
杭州	10	5	15	3.42	3.21	6.63	7.49	1.91	3.47	12.87	10	0	7.38	17.38	51.88
天津	10	10	20	3.82	0.57	4.39	4.36	2.04	3.77	10.17	1.57	3.33	4.57	9.47	44.04
佛山	10	10	20	0	0.64	0.64	6.89	0.65	0.67	8.21	1.60	3.33	10	14.93	43.78
武汉	10	10	20	1.71	1.14	2.85	3.03	1.07	1.97	6.07	1.45	3.33	9.95	14.73	43.65
宁波	10	5	15	1.18	1	2.18	8.63	0.87	2.08	11.58	2.79	0	7.90	10.69	39.45
苏州	10	10	20	1.05	0.57	1.62	8.35	1.66	2.59	12.60	2.30	0	0.74	3.04	37.25
温州	10	10	20	0	0.07	0.07	6.80	0.27	0.70	7.77	1.34	0	4.40	5.74	33.59
成都	10	5	15	3.55	1.07	4.62	3.10	2.08	3.07	8.25	1.93	0	2.83	4.76	32.64
青岛	10	0	10	1.71	0.57	2.28	5.57	0.66	1.24	7.47	1.09	3.33	7.93	12.35	32.10
厦门	10	0	10	1.45	1	2.45	8.45	0.07	0.38	8.90	0.96	0	9.74	10.70	32.04
大连	10	5	15	0.53	0.29	0.82	3.23	0.72	1.37	5.32	2.25	3.33	2.79	8.37	29.49

续表

地区	政策因素			供给因素			需求因素				技术因素				总分
	高层重视	政策文件	合计	金融机构数	互联网金融机构数	合计	居民人均可支配收入	本外币存款余额	本外币贷款余额	合计	人均电子商务交易额	互联网金融园区数	互联网普及率	合计	
无锡	10	0	10	1.58	0.36	1.94	5.77	0.53	0.75	7.05	1.22	0	5.81	7.03	26.01
重庆	0	5	5	6.05	1.14	7.19	0.86	1.98	3.16	6.00	0.61	3.33	0	3.94	22.15
贵阳	10	0	0	1.71	1.14	2.85	0	0	0	0	0	3.33	2.57	5.90	18.76
福州	0	0	0	0.39	0.79	1.18	4.18	0.37	0.91	5.46	0.86	0	6.05	6.91	13.54
沈阳	0	0	0	0	0.14	0.14	2.68	0.68	1.13	4.49	0.96	0	0.60	1.56	6.18

（2）互联网金融产业体系初步形成

宁波市互联网金融可分为三个产业链：一是核心产业，包括第三方支付机构、P2P 网贷平台、基于电商平台的供应链金融服务机构、金融网销平台、互联网金融门户，以及一系列新金融业态，如中小企业外贸综合服务平台、在线保理平台、量化交易平台。二是中间产业，包括电子商务平台，电商产业园区，银行、保险、证券等传统金融机构，小额贷款公司、融资担保公司、融资租赁公司等新型金融机构。三是外围产业，包括 IT 设备及软件提供商、评价服务机构、咨询服务机构等。宁波市互联网金融产业体系初具规模，但业态和机构较分散，处于各自为政、摸索前进的状态，仍须通过政府引导，使产业体系进一步扩充、完善。

（3）若干互联网金融创新型企业出现

宁波近年出现了中小企业外贸综合服务平台、在线保理平台、量化交易公司等互联网金融创新企业。中小企业外贸综合服务平台通过整合商贸、海关、物流、金融等多边资源，致力于为外贸类中小企业提供一站式通关服务，以及融资、保险等金融增值服务。具有代表性的是宁波世贸通国际贸易有限公司成立的"世贸通中小企业外贸综合服务平台"。宁波大道保理公司依托金融大道网，为金融机构、类金融机构、民间资本等资金供应方与中小微企业搭建投融资桥梁，借助云计算技术，在国内首创"云保理"融资模式及 GTR 信用评估体系，营造"金融诚信生态圈"，同时联合银行、保险机构共同推出基于互联网的在线金融服务，为出口企业提供资信调查、信用评估、商账管理、信用担保、贸易融资等服务。宁波宽谷奥立安公司以量化金融创客总部、财富管理中心、私募基金孵化平台、宁波量化金融研究院等四大核心平台为基础,计划在 3 年内聚集超过 300 家的私募投资团队和机构,平台交易及管理的资产超百亿元,在 5 年内形成千亿规模的财富管理中心。

（4）电子商务平台加快金融化步伐

与杭州、北京等地相比,宁波电子商务产业缺乏先发优势,但宁波电商发展迅速。在政策的大力支持下,2013 年宁波电商产业增速明显高于浙江省多数城市,在全省的占比明显增大,中小制造业及外贸企业电商化程度迅速提升。

受中小电商企业融资需求驱动,在相关政策引导下,宁波市多家大型电商平台与银行等金融机构合作,开展线上供应链金融服务。此外,电商平台积极与保险公司合作,向入驻平台企业开展保险业务。如宁波国际物流发展股份有限公司、宁波航运交易所、以世贸通为代表的中小企业外贸综合服务平台等,与五大国有银行、城市商业银行、保险公司等金融机构积极开展合作,根据所涉行业特点量身定制金融解决方案,为入驻平台企业提供多样化的融资、保险等金融服务。

（5）银行积极布局互联网金融业务

宁波银行业机构切入互联网金融业务的途径主要有两种:一是自建平台模式,通过建立网上银行、直销银行、手机银行、微信银行,为客户提供更便捷多样的服务渠道;二是合作模式,通过与银联、第三方支付公司、公众服务机构、电子商务公司合作,为商户和个人客户提供快捷支付、网关支付、移动支付等多样化支付选择,或与微信银行、支付宝公众平台、财经门户、搜索引擎等合作,为客户提供在线投融资产品和金融咨询服务。目前宁波银行的互联网化探索已初见成效,鄞州银行尝试开展手机信用卡业务。

（6）P2P 网贷平台发展迅速

由于民间资本富余、中小企业融资需求旺盛,P2P 网贷平台在宁波发展迅速。截至 2014 年 6 月,宁波本土规模以上 P2P 网贷企业有 14 家,占浙江 P2P 网贷企业数量的 17％,占全国总数的 1.1％,注册资本多集中在 500 万元以下。相较人人贷、红岭创投、陆金所等全国知名 P2P 网贷平台,宁波本地的 P2P 网贷企业规模较小,主要业务仍集中于线下,处于发展的初级阶段。宁波 P2P 网贷平台的借款年化利率一般为 18％～25％,个别高达 30％。

2. 宁波互联网金融发展中存在的问题

(1)平台数据挖掘工作存在困难

宁波市互联网金融各类平台的数据挖掘工作尚处于起步阶段。平台数据挖掘能力提升的障碍主要有二:一是基础设施及技术人才的匮乏;二是客户企业不愿让渡自身数据。比如宁波航运交易所和宁波船货网提出,若整合两方资源,建立航运物流业的大数据公共平台,可反映港口繁荣度,实现政府统一监管,对宁波市航运物流产业具有积极意义,但由于二者业务交集不大,行业标准不一,企业不愿让渡数据等原因,大数据公共平台的建立很难真正实现。

(2)业务拓展受政策不确定因素限制

国家层面互联网金融政策的不确定性成为阻碍企业进行业务模式创新的主要顾虑之一。影响企业信心的因素主要有两点:一是部分行业监管主体与监管政策不明确,企业创新或将面临踩红线的风险;二是监管政策执行不到位,导致行业内畸形竞争存在,甚至导致劣币驱逐良币现象发生。

(3)缺乏互联网金融龙头企业

龙头企业对于产业集聚及其辐射效应的带动作用是巨大的,由于网络创新的特殊性,其时效性及先发性是决定项目是否能够取得成功的关键,行业领先者往往是游戏规则的制定者和主导者。相较北京、上海、深圳、杭州等地,宁波在互联网金融龙头企业引进和培育方面的力度仍有待加强。

(4)互联网金融产业链有待拓展完善

宁波市互联网金融核心产业链(互联网金融企业)存在发展不均衡的状态,线上供应链金融发展较快,P2P行业亟待规范,其他业态较为薄弱;中间产业链(电商企业、传统金融机构、新型金融机构)总量较大,基础较好,但须进一步加强与互联网及信息产业的融合;外围产业链(IT设备及软件提供商、征信机构、咨询服务机构、相关研究机构等)发展较薄弱。

(5)电商企业融资困难

电商企业属于轻资产企业,缺乏有效抵押和担保,较难取得银行信贷融资,只能利用自有资金发展,而使用支付宝等平台货款回收周期长,导致企业资金缺口进一步加大。电商企业希望金融主管部门和各金融机构能提供更多的政策扶持和产品支持。

(6)政府扶持及监管有待完善

目前全国大多数城市尽管有发展互联网金融的意愿,但仍未建立促进互联网金融产业发展的工作机制。宁波目前也存在同样的问题,没有专门部门对产业发展现状进行跟踪分析,针对产业存在的困难及问题提出解决方案,也缺乏相应的风险防控和应急处置机制。未明确互联网金融专门的监管部门,未出台相关监管意见。未建立针对互联网金融的风险防控、安全保障机制,尚未制定相关领域技术规范及标准体系,缺乏全局性的发展规范指导意见。

（二）宁波私募股权投资（PE）发展现状及存在问题

私募股权投资基金,是指以非公开方式向投资者募集资金设立,投资未上市企业股权的基金,其投资对象主要是具有成长性的中小企业,特别是科技型中小企业,一般通过持有股权和股权转让获得资本增值收益。发达国家以及我国北京、上海、深圳、杭州等地的经验表明,私募股权投资是创新的孵化器和企业成长的加速器,对于高新技术产业发展的作用十分突出。例如,美国硅谷的发展就得益于私募股权投资鼎力相助。中国著名电商企业阿里巴巴、京东,以及互联网企业腾讯等与私募股权投资机构的大力帮助也是分不开的。宁波私募股权投资机构已成功助推圣莱达、理工监测、双林股份、东方日升、康强电子等企业上市。在我国经济新常态情况下,宁波要加快经济转型升级,十分需要依靠私募股权投资"创新＋资本"的推动。

1. 宁波私募股权投资（PE）发展现状

（1）宁波具有发展私募股权投资潜力

宁波经济发展战略和民营经济发展,蕴含着私募股权投资发展的巨大潜力。宁波作为我国东部沿海的重要城市,经济发展水平较高。2014年,宁波市国内生产总值达到7602.5亿元,人均生产总值为98972元。改革开放以来,民营经济成为宁波经济发展的主力军。截至2014年底,宁波市私营企业突破20万户,注册资本超过6000亿元,占全市内资企业的比例分别超过90%和60%。大量的中小微企业,丰富的民间资本,为私募股权投资提供了舞台。

（2）机构数量迅速增长

近年来,宁波私募股权投资机构总量增长较为迅速(见图6-1)。从机构家数上看,2009年底宁波私募股权投资机构总数仅为24家,但是2014年底达到了636家,年增长率均在40%以上,增长迅速。已经引入中国风险投资、以色列主权基金、天堂硅谷、软银中国等一批国内外知名的基金落户宁波,初步形成了高新区、鄞州南部商务区和北仑区三大PE集聚区。2014年新引入新华信展、春鸿投资、农银宁波基金等大型投资基金,在中国证券基金业协会登记的私募股权投资管理机构超过60家。

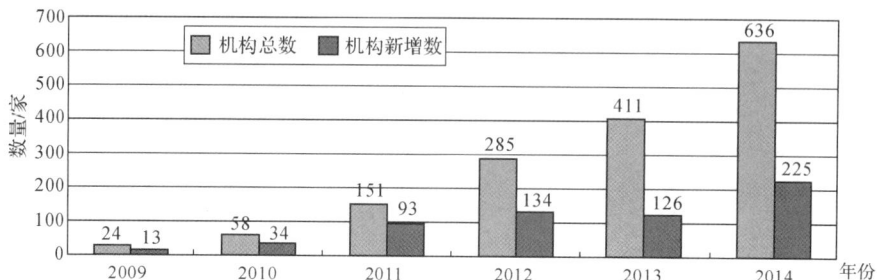

图6-1　宁波市历年私募股权投资机构总数与新增数

数据来源:宁波市工商管理局以及有关方面的数据,截至2014年12月31日。

(3)资本总额显著增加

宁波私募股权投资机构注册资本总额增长显著,机构资金实力增强。2009年,宁波市私募股权投资机构注册资本总额为16.38亿元,到2014年,机构注册资本总额为618.20亿元,增长了37倍(见图6-2)。同时,每年新增机构注册资本额也在不断增加,2009年新增机构注册资本为5.27亿元,而2014年新增机构注册资本已达226.39亿元,增长了42倍。截至2014年底,宁波市股权投资与创业投资行业有统计数据的股权投资机构69家,投资总额为51.31亿元,机构平均投资额为0.74亿元。其中,投资项目数和所投资金数量均以宁波以外区域为主,占比分别为64.95%和65.20%,投向宁波本地的项目个数和投资金额仅为35.05%和34.80%。

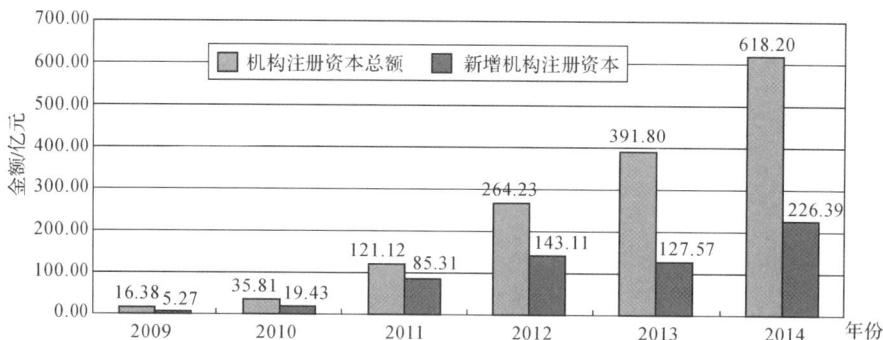

图6-2　宁波市私募股权投资机构注册资本总额与历年新增额

(4)资金投向趋于多元

2013年,在宁波市股权投资与创业投资行业协会有统计数据的私募股权投资机构资金投向中,农林牧渔、制造业、新能源/新技术、新材料这四个行业,获得私募股权投资最多,房地产、通信、文化产业、现代服务业和教育等行业也受到私募股权资金关注(见表6-2)。

表6-2　2013年宁波市股权投资协会会员机构新增投资行业去向

投资行业	项目数(个)	金额(万元)
新能源/新技术	8	8625
现代服务业	3	3421
文化产业	2	3887
安全检测	2	2150
新材料	3	5771
生物技术/医疗健康	4	4612
电子信息	1	1000
制造业	7	12860
互联网	1	600
节能环保	1	2000
农林牧渔	5	13500
数字新传媒	19	1200
通信	2	5000
计算机科学	4	3100
教育	1	3700
安全检测	1	800
房地产	5	5650
其他	13	28925
合计	77	101151

数据来源:宁波市股权投资与创业投资行业协会。

2. 宁波私募股权投资(PE)发展中存在的问题

(1)对经济推动作用尚未充分显现

宁波私募股权投资活动,对于培育战略性新兴产业,加快宁波经济转型升级,助推企业成长,产生了积极作用。但与深圳、天津、苏州、杭州等城市相比仍有不少差距。宁波私募股权投资仍处于起步阶段,还没有引起社会资本的广泛关注,创业企业对引进私募机构的认识尚不到位,本土机构规模较小,缺乏具有国内影响力的品牌,发展相对滞后,产业资本与金融资本的融合能力有待进一步增强。

（2）规范行业运行的法律制度有待完善

市场经济是法制经济，如果市场参与者的行为长期处在无法可依的状态，这个市场即便有再大的吸引力，也不可能持续健康发展。宁波政府部门需在 PE 投资者准入、信息披露、监管部门之间的协调等方面探索出一些既有利于行业健康发展又切实可行的政策法规。

（三）宁波融资租赁发展现状及存在问题

融资租赁行业是宁波市近年来的新兴金融行业。融资租赁是指出租人根据承租人对租赁物的特定要求和对供货人的选择，出资向供货人购买租赁物，并租给承租人使用，承租人则分期向出租人支付租金，在租赁期内租赁物的所有权属于出租人，承租人拥有租赁物的使用权。融资租赁盘活了企业的存量资产，提高了资金使用效率。不同于一般银行信贷，融资租赁以租代融的方式调整了企业财务报表，改善了企业资产负债结构，资金使用相对灵活。

1. 宁波融资租赁发展现状

（1）租赁企业数量迅速增加，业务规模持续扩大

截至 2014 年底，全市共有融资租赁机构 44 家，注册资本达到 40.32 亿元，租赁资产余额为 68.05 亿元，开业以来累计服务客户数 8803 位，实现营业收入 3.41 亿元，上缴营业税和所得税 3.76 亿元，实现净利润 1.54 亿元。售后回租占比为 74.17％，平均收益率为 10.28％，租金回收率为 76.34％，宁波市内业务占比为 44.74％。宁波梅山岛保税港区是宁波市主要的融资租赁企业集聚区，目前已有 9 家公司正式落户梅山岛。2014 年，宁波市新增融资租赁企业 9 家，其中 8 家为外商投资企业。

（2）融资租赁公司与商业银行合作

融资租赁公司与银行合作，有助于双方的优势互补。银行授信给租赁公司，帮助拓宽其融资渠道和项目来源，同样租赁公司也可以为银行开拓新的业务，增加利润来源，双方实现共赢。

（3）政策支持鼓励

2012 年，宁波市政府率先出台《关于加快我市融资租赁业发展的若干意见》，推出一些支持政策，以吸引更多的国内外融资租赁企业到宁波设立机构、开展业务，鼓励本地企业发起设立融资租赁公司，支持已在宁波设立的融资租赁企业做大做强；支持融资租赁企业以采购本地制造的设备作为标

的;扩大全市各类企业对融资租赁产品的利用,有效控制融资租赁行业的风险,促进行业快速健康发展;充分发挥融资租赁业在推动全市经济社会发展中的重要作用,使宁波市成为浙江省融资租赁业的主要集聚地。

(4)成立行业协会

2014 年 12 月 18 日,宁波市融资租赁协会成立,为宁波融资租赁搭建了新的发展平台。

(5)创立全国首家专业服务机构

宁波融资租赁经纪有限公司成为中国第一家融资租赁行业的专业服务机构,宁波融资租赁服务行业的游戏规则将逐渐完善。

2. 宁波融资租赁发展中存在的问题

(1)市场渗透率仍然较低

市场渗透率是指年租赁交易额与年固定资产投资额的比率。目前,宁波融资租赁的市场渗透率仍然不到 5%。天津是我国融资租赁业最发达的城市,2011 年天津滨海新区的融资租赁市场渗透率就达到 16.2%。宁波融资租赁与天津、上海等城市差距很大,与融资租赁发达国家近 30% 的渗透率相比,更是相去甚远。

(2)中小企业融资租赁业务占比低

宁波规模大或者有较强背景的公司融资渠道多,融资比较容易,可以通过股市、银行贷款、融资租赁等渠道融资。但出于惯性操作和风险控制等原因,宁波融资租赁公司大都将目标集中于屈指可数的有央企和国企背景的群体,宁波市众多中小企业却因企业实力不强,难以满足租赁公司对财务审计制度和设备管理经验的要求,不得不求助于传统的融资渠道。在融资风险管理方面,过分看重金融风险防范的地位,增加了中小企业的融资成本,部分中小企业因此无缘借助租赁获得融资。

(3)融资租赁产品单一

目前融资租赁产品以直接租赁和售后回租为主,与银行传统的抵押贷款高度相似。联合租赁、信托租赁等新产品仅是上述两种方式的简单变种,在技术层面上未实现实质性突破,与传统银行信贷良性互补的预期格局仍相去甚远。在目标客户资信评估方面,仍然依靠银行信贷的传统评级方法,将股东背景、财务报告和公司规模等作为主要评估指标,忽略对企业未来成长的评价。

(4)融资租赁的政策支持还不够

由于资金来源不畅,融资渠道不多,营运资金成本过高,宁波融资租赁行业的规模一直不大。虽然宁波市政府出台了一些支持政策,但宁波市融资租赁整体政策环境并不尽如人意。例如,国家尚未出台太多的税收优惠政策,缺少对融资租赁专门的扶持政策,法律服务、保险服务、中介服务等配套服务发展迟缓,宣传推广不够,致使社会对融资租赁的重要性与独特优势认识不足。

(5)设备融资租赁累计折旧年限较长

折旧年限长,影响企业进行融资租赁的积极性。例如,船舶是航运企业主要的固定资产,占资金比例较大,租赁期限长,并仿照大型设备作为固定资产累计折旧年限不低于 10 年。加速折旧是国际上普遍给予融资租赁业的税收优惠政策。在头几年,租金低于折旧,出租人可以抵消其部分盈利,少缴纳税,出租人将这部分好处返还给承租人,承租人的融资成本自然就降低了。如西班牙规定大型融资租赁船舶的可以在国家规定的二分之一折旧年限内折旧完,小型融资租赁船舶可以在国家规定的三分之一折旧年限内折旧完。英国法律规定船舶每年折旧额为上年账面价值的 25%。

(四)宁波小额贷款公司发展现状及存在问题

小额贷款公司是指为执行国家金融方针政策,在法律法规规定的范围内开展业务,自主经营、自负盈亏、自我约束、自担风险、不吸收公共存款,经营小额贷款业务的有限责任公司或股份有限公司。宁波市小额贷款公司试点工作启动于 2008 年底,目前小额贷款公司已经成为宁波县域金融服务"三农"和小微企业的重要力量。

1. 宁波小额贷款公司发展现状

(1)公司数量继续增长,资本规模增大

2014 年,宁波市新增小额贷款公司 1 家,新增注册资本金 4.20 亿元。累计发放贷款 231.88 亿元,13671 笔,其中涉农及 150 万元以下贷款 98.84 亿元,9980 笔。实现营业总收入 12.26 亿元,上缴营业税和所得税 2.06 亿元,实现净利润 2.69 亿元。截至 2014 年底,全市共有小额贷款公司 43 家,其中 8 家在卫星城市试点镇和中心镇,1 家行业性小额贷款。全市小额贷款公司注册资本金总额为 80.90 亿元,所有者权益总计 87.53 亿元,银行融资11.77 亿元,可贷资金规模 99.30 亿元。贷款余额 102.10 亿元,平均年化贷款利率 17.78%。

(2)股东主要为民营企业

宁波小额贷款公司开拓了民间资本规范进入金融领域的渠道,宁波民间资本参与设立小额贷款公司的积极性非常高,41 家公司的股东绝大多数为民营企业,为宁波丰富的民间资本提供了相当宽阔的正规金融投资渠道。

(3)发挥了支小支农作用

小额贷款公司与银行差异化发展,利用股东在当地行业内的影响力与地缘优势,创新金融服务,推行了联保贷款、一次授信随借随还、房产余值二次抵押、大学生创业贷款等,基本能做到三天内放款,尽力为客户提供融资便利。

(4)发展平稳,盈利较好

几年来,宁波市小额贷款公司累计税收净贡献 3 亿元,多家公司已成为当地的纳税大户。另外,小额贷款公司的出现,一定程度上平抑了民间借贷的利率水平,压缩了民间高利贷的存在空间,有力维护了县域经济的金融安全和社会稳定。

2. 宁波小额贷款公司发展中存在的问题

(1)法律地位模糊

小额贷款公司在性质上仅属于一般工商企业,而不是金融机构,法律地位模糊,从事金融业务,却不能取得金融许可证,被排除在正规的金融体系之外,在同业拆借、税收优惠、财政补贴、法律诉讼等方面难以享受与金融机构同等的待遇。例如,小额贷款公司虽然从事贷款业务,但无法享受贷款损失准备金税前扣除的优惠政策。在目前没有任何税收优惠的情况下,小额贷款公司全部利息收入,应缴纳企业所得税 25%、营业税及附加 5.65%。此外,目前中央财政层面上没有针对小额贷款公司的财政补贴政策,小额贷款公司不能享受到国家对农村金融和小企业金融的一系列优惠政策。小额贷款公司融资不能采用同业拆借方式,只能采取工商企业贷款方式从银行获得融资,因而需要提供相应的担保,而小额贷款公司不具备充足的抵押和质押资产,从而增加了融资的难度和成本,进而增加了"三农"和小微企业的融资成本。

(2)资金来源不足

理论上,小额贷款公司有许多融资方式,如国家财政拨款、国外资金捐助、国内企业捐助、其他商业银行贷款等,但是在实际融资时面临许多困难。银监会和中国人民银行 2008 年联合发布的《关于小额贷款公司试点的指导意见》规定,小额贷款公司从银行业金融机构获得融入资金的余额,不得超过其资本净额的 50%;单一自然人、企业法人、其他社会组织及其关联方持有的股份,不得超过小额贷款公司注册资本总额的 10%。一直以来,银行再融资和股东增资扩股是小额贷款公司获得资金的两大主要渠道,但受限于

1：0.5的融资比例和10％的最大股东持股上限,这两种方式很难满足小额贷款公司的融资需求。

(3)未接入央行征信系统

目前各商业银行及非银行金融机构相继加入该系统,进而实现了客户资源与信用的共享与监管。但截至目前,小额贷款公司的业务操作与客户资信信息并未能列入该系统,这使得小额贷款公司无法查询贷款客户在银行的贷款和负债结构,同时商业银行也无法查询客户在小额贷款公司的借贷情况,直接导致了小额贷款公司与中小企业及个体工商户、商业银行与中小企业及个体工商户在融资对接中出现信息不对称问题,增大了小额贷款公司和商业银行的经营风险。

(五)宁波融资性担保机构发展现状及存在问题

目前,我国担保机构分为融资性担保公司和投资性担保公司两类。根据《融资性担保公司管理暂行办法》(银监会令 2013 年第 3 号),融资性担保是指"担保人与银行业金融机构等债权人约定,当被担保人不履行对债权人负有的融资性债务时,由担保人依法承担合同约定的担保责任的行为"。

1. 宁波融资性担保机构发展现状

宁波融资性担保公司整体资信水平低,资金规模偏小。截至 2014 年底,宁波市共有担保公司 63 家,比上年末减少 7 家,注册资本金为 35.12 亿元。担保实力弱,无法实现规模效益。全年累计担保额为 126.30 亿元,担保 0.83 万笔,担保户数 0.68 万户。开业以来累计担保总额为 1055.52 亿元,累计担保笔数 7.35 万笔。2014 年末在保业务笔数为 0.79 万笔,在保户数 0.8 万户,在保余额 108.64 亿元,期末在保余额与资本金倍数为 3.09。绝大部分公司综合实力弱,综合实力弱造成业务品种单一,担保机构的业务构成缺乏弹性的选择空间,较高的行业集中度和客户集中度容易影响融资性担保公司经营的稳健性。当经济周期、产业结构等发生重大变化时,极易使融资性担保公司陷入困境。

2. 宁波融资性担保机构发展中存在的问题

(1)风险管控能力有待提升

融资性担保公司是资本集聚且风险值极高的行业,融资性担保经营的是信用,管理的是风险,其核心是风险控制。这就必然要求由有长期行业经验的法律、财务、金融、企业管理等方面专业人才构成专业风险管控团队。

（2）缺乏操作性强的监管机制

虽然目前政府部门出台了一些有关担保公司的行业政策,初步建立了行业规范发展和审慎监管制度框架,但是融资性担保行业缺乏总体的规划和布局,且没有明确的监管政策和监管测试体系,无法控制担保业务快速增长所带来的潜在信用风险(包括部分机构业务过度集中所隐含的信用风险及部分机构成为新的融资平台的风险等),无法监控行业的营业规范性。风险管控能力和资信实力有待进一步完善。

（3）不能共享征信系统

目前担保公司不能共享人民银行的征信系统,不利于有效地识别风险,导致担保公司的信用识别成本和时间增加,影响担保业的发展。

（4）缺乏再担保机制

由于没有再担保公司,而绝大部分的担保公司是民营的商业性质,一方面容易造成银行的歧视,另一方面融资性担保公司的风险少了一个风险分散的有力渠道,加大了融资性担保公司的系统性风险。

（5）缺乏风险补偿机制

一方面,绝大部分的融资性担保公司在银担合作中承担全额担保,缺乏与银行的风险分担或利益共享机制;另一方面,融资性担保公司的反担保措施对风险补偿有限。一些反担保措施的变现力弱,可执行性不强,执行成本高,造成反担保风险分散能力差。

（6）资本结构和组织结构不完善

很多融资性担保机构的股东都是自然人股东,组织结构不完善。目前部分公司仍存在违规经营,个别融资性担保公司存在抽逃资金。主要原因是其主营业务收益率低下。

二、宁波新兴金融业态发展策略

（一）互联网金融发展策略

宁波需依托信息技术产业发达、互联网资源丰富和金融创新活跃的优势,着力推动金融与互联网互动发展、金融与实体经济融合发展,进一步拓展金融产业链,创新金融产品和服务模式,实现资本、技术、产业和人才深度融合,加快构建互联网金融创新集聚区,形成传统金融与互联网金融良性互动、共生互促的新格局,进一步提升金融资源配置效率。

1. 推动宁波量化交易金融平台加速发展

量化交易在国外已有 30 多年的发展历史,目前在欧美等发达国家资本市场,通过量化交易下单的交易额占比已超过 60%。随着中国资本市场对外开放,证券交易的品种、技术已逐步与国际接轨,国内量化交易已初具雏形,并将呈现几何级数、爆发性增长的态势。围绕量化交易形成的金融产业链,将带动金融、资本、信息技术、人才等要素资源的大规模集聚和深度融合。建议宁波市政府出台配套政策,鼓励宽谷奥立安等量化金融机构加快打造以"量化金融创客总部、财富管理中心、私募基金孵化平台、量化金融研究院"四大核心平台为基础的开放式平台,扎根宁波,辐射全国,打造国内最大的量化金融产业基地。从市级产业引导基金中划拨专项资金,投入和扩充量化交易母基金的规模,发挥母基金对量化金融产业的"孵化"和"杠杆"作用;鼓励宁波本地的私募股权投资机构及金融机构积极了解、投资和参与量化交易,实现业务合作共赢。

2. 推动宁波跨境贸易电商金融服务平台建设

2012 年底,宁波被国家发改委、海关总署列入国家第一批跨境贸易电子商务服务试点城市。截至目前,宁波共有 123 家企业试点跨境电子商务,其中跨境贸易电商进口业务已累计货值 2.75 亿元,共有来自全国的 68 万名消费者通过跨境购平台进行了商品购买,预计未来交易规模还会迅猛增长,跨境出口电商业务也即将启动。跨境贸易电商受口岸、通关便利性条件影响较大,地方政府有较大的主导权,建议宁波通过政府、园区和企业多方投资、合作共建的方式,依托宁波电子口岸与国际物流公司拥有海量通关数据的优势,打造宁波跨境电商服务平台,实现跨境贸易、互联网和金融的深度融合,实现平台的规模效应,在国内跨境贸易电商金融的竞争中尽快占据有利位置。

3. 加强互联网金融监管

按照适度监管的原则,建立完善互联网金融监管的组织保障体系,建立高效的联动合作工作机制,明确互联网金融监管细则及监管任务。建立健全互联网金融风险防范处置机制,探索建立互联网金融运行统计、风险监测、预警和应急处置机制,及时掌握行业发展动态和相关数据,严厉打击互联网金融领域违法犯罪活动,引导互联网金融企业严守政策法律红线,确保不发生系统性、区域性金融风险。推动成立互联网金融协会,实现互联网金融外部监管与行业自律的有机结合。

(二)私募投资基金发展策略

1. 促进企业投融资文化再造

私募股权投资的进入,改变了宁波企业长期依赖信贷的间接融资方式,实现了股权投资的直接融资方式。在信贷方式下,宁波企业的融资文化是有借有还;但在股权投资方式下,企业的融资文化则是利益共享,风险共担,好聚好散。要加强宣传,引导宁波企业融资文化从借贷文化向投资文化转变,促进金融资本加速转型。

2. 探索发展股权众筹

引导私募股权投资机构,介入互联网金融。在合法合规的前提下,发展股权众筹业务,打造全方位的服务平台,采用 O2O(online-to-offline)模式,科学管理,充分发掘项目源和资金池。

3. 建立银行私募合作平台

私募股权投资机构与银行签署中小企业金融服务战略合作协议,银行开展基金托管业务和股权投资跟贷业务。

4. 健全 PE 中介服务体系

培育和发展私募股权投资一级市场服务商,为私募股权投资基金募集寻找合格投资人、投资项目,改善私募股权投资市场信息不对称状况。成立私募股权投资二级市场发展联盟。汇集宁波私募股权投资机构、银行、证券公司、保险机构、财务公司、信托机构、中介机构(会计、咨询、评估、法律、公证、财务公关、资信评估等)、行业协会等,建立联盟成员间的沟通协调机制,为有退出需求的 LP(有限合伙人)提供一个公平、公正、运作规范的服务平台,通过一揽子配套服务,降低交易成本、提高交易效率。此外,发展联盟可以延伸服务,衔接孵化器、加速器、园区投融资活动,提供企业挂牌、上市、并购服务等。

设立或引入私募股权投资基金评级机构,提升产业园区私募股权投资基金质量,提高地区影响力和竞争力。

5. 争取和制定引进外商股权投资企业政策

宁波应尽快制定相关政策,引进外资股权投资企业。目前,上海、天津等地都制定有类似法规。中央政府也在进一步放宽外资进入。2014 年 7 月,国家外汇管理局下发的《关于在部分地区开展外商投资企业外汇资本金结汇管理方式改革试点有关问题的通知》,允许在 16 个试点区域以投资为主要业务的外商投资企业将外汇资本金直接结汇,划入被投资企业账户,为海外资金入境打开了新的通道。

(三)融资租赁发展策略

1. 为设备厂商租赁构筑综合服务平台

为厂商租赁构筑一个综合服务系统服务平台。在运作中,以委托租赁、商务代理、综合服务等各种方式,把与厂商形成委托代理联盟关系作为业务开拓核心。融资租赁主要是为设备部门提供融资服务,但服务平台更强调实现以设备生产厂家为驱动力量,以提供装备部门金融服务、解决其资金缺口为核心,以扩大需求、促进流通为目的的销售型租赁。

2. 拓展融资租赁公司的融资渠道

许多公司虽然业务拓展较快,但因为资金流动性短缺使得融资租赁业务停滞,从而陷入企业运营的恶性循环。目前国内已有少数融资租赁公司和个别中外合资的融资租赁公司成功发行金融债券,而境外融资、与保险资金对接、资产证券化等融资渠道也正在探索当中。建议:一是扩大融资租赁公司资金来源的范围;二是对于某些资金雄厚、管理水平高、信誉良好、效益高的融资租赁公司,通过上市从资本市场筹措资金;三是允许管理高效、规模较大、效益较好的专业化融资租赁公司发行企业债券,筹措中长期资金;四是适当放宽金融企业同业融资限制,解决流动资金不足的困难。

3. 建立多方合作的高效率融资租赁交易平台

融资租赁行业涉及众多政府主管部门,包括贸易局、金融办、工商局(主管融资租赁物权属登记)等,需要协调多部门形成合力。多方合作平台可有效连接行业的上下游,降低融资租赁交易成本,提高市场活跃度,放大集聚效应,有助于形成行业监管合力,发挥交易平台金融服务的核心功能,形成功能齐全、透明公开、运作规范的融资租赁市场。

(四)融资性担保发展策略

1. 与银行建立长效合作机制

融资担保机构与银行是利益共同体,都应承担与其利益相当的经营风险。以贷款担保为例,国际通行的做法是银行与担保机构分担风险。目前,我国担保机构承担100%风险,担保机构集中了过多风险。应建立二者共担风险的机制,风险分担的比例划分应由银行与担保机构以市场方式确定。

2. 完善再担保制度,完善风险补偿机制

融资担保是高风险、低收益的行业,需要一定的优惠政策扶持。建议宁波财政出资建立风险代偿基金,为担保公司提供反担保。担保业务出现风险后,由代偿基金代偿。担保公司盈利后,用担保费收入偿还代偿基金。另外,成立再担保机构,担保公司将承担的风险按一定比例进行再担保,转移部分风险。

3. 建立科学的内部风险管理体系

担保机构应从战略的层面出发,完善一整套科学的规章制度并认真贯彻落实下去,建立限额审批、审保分离、内部稽核和报告制度,包括贷前调查、贷中审查和贷后检查,健全管理责任制和风险准备金制等内部控制体系,在求稳的基础上求发展。

第七章　轨道交通背景下宁波站场经济培育

轨道交通改变人们的出行方式和目的地,从而创造城市聚集人流的新动力,将对宁波中心城区商业业态和空间格局的嬗变与重构产生重要影响。研究轨道交通背景下宁波站场经济培育,具有十分重要的现实意义。

第一节　基于轨道交通的站场经济形态

随着轨道交通建设的推进,基于轨道交通背景下的站场经济将会发挥越来越重要的作用,成为城市经济不可或缺的一部分。

一、站场经济的含义

交通站场是公共交通工具上客或下客的场所,是乘客乘坐公共交通工具的出发点或到达点,交通站场包括火车站、地铁站、汽车站、轮渡码头和机场等。

深圳市社会科学院的王世巍(2009)认为,站场经济是指交通站场及其周边区域所形成的产业和与这些产业密切互动的其他区域的产业。从现象发生区域和效力影响区域来看,站场经济可分为微观、中观和宏观三个层面。

微观层面的"站场经济",是指交通站场在发挥集聚、疏散公共交通工具和乘客基本功能的前提下,发挥出更多经济功能、实现更多经济价值的经济现象。发展微观层面的"站场经济",就要扩大交通站场体量规模,放大交通站场功能,建设交通功能与商业功能有机结合的大型建筑综合体。

中观层面的站场经济,是对微观层面的延伸,是指站场经济直接效力"央点"连同周边区域所形成的经济产业共振圈,即交通站场连同周边区域发生的一切经济活动和现象。发展中观层面的站场经济,要将交通功能及商业功能有机结合的大型建筑综合体与周边区域的建筑物实行科学"接驳"(无缝连接),形成人流互通与共享。

宏观层面的站场经济,是对微观层面的进一步延伸,除了包括交通站场及其周边区域所形成的一切产业,还包括与交通站场及其周边区域经济现象密切相关的其他区域的产业。交通站场及其周边区域的经济活动或经济现象发生的范围是固定的,通过交通物流不同的流通渠道可以将站场及周边地区与其他区域连接起来,从而使得站场经济的影响范围更广。

微观和中观层面的站场经济的产业范围主要是第三产业,而宏观层面的站场经济的产业范围更大,涵盖了第一、第二及第三产业。

从城市经济研究角度而言,微观和中观层面的站场经济是关注、研究和建设的重点。

二、基于轨道交通的站场经济分类

轨道交通站场从适用规模来看,车站有三种规模等级:一级站客流量3万~5万人,适用于客流量大,地处市中心区的大型商贸中心、大型交通枢纽中心、大型集会广场、大型工业区及位置重要的政治中心地区。二级站客流量1.5万~3万人,适用于客流量较大,地处繁华的商业区、中型交通枢纽中心、大中型文体中心、大型公园及游乐场、较大的居住区及工业区。三级站客流量小于1.5万人,适用于客流量小,地处郊区各站。

国内学者郝之颖通过国内外实践性对比和理论研究,提出选址新建高铁站场地区"三圈层"空间模式。第一圈层是交通服务区域,具有一定的"刚性",规模在1~1.5公里,主要是宾馆、餐饮、购物、旅游、咨询和信息服务等产业的分布,其规模与这些功能分布的半径成正比。第二圈层是直接拉动区,是对第一圈层的功能拓展和补充区域,主要是公共服务设施用地、交通及其设施用地、居住用地等基本分布。第三圈层是间接催化区域,大部分设置工业、仓储、居住和市政等功能用地。

轨道交通站场的出现与城市化进程及城市的发展是密不可分的。站场及周边区域商业等经济活动的发生,可以分为两种情况:一是先有商业后有交通站场。站场的建立可以巩固原有的商业,促进该地区的经济发展。二是先有站场后有商业。交通站场的建立能够直接提升站点周围房地产的价值,推动周围地区的商业发展,加强交通干道的经济聚集能力。站场是沟通城乡,联系生产、分配、交换及消费的纽带,交通站场有显著的经济效应、社会效应和环境效应。站场的建立能够促使城市资源重新配置,提高资源利用率,带动沿线经济发展。对城市居民而言,地铁、机场、火车站、汽车站的建立节约了出行时间,延长了家庭活动半径,从而提高了生活质量。利用电力驱动的城市轨道交通的兴起,能够减少汽车尾气排放,减轻大气污染,保护城市环境,提升城市形象,并且能够有效缓解交通拥堵的现象。

三、轨道交通对站场经济的影响

轨道交通对站场经济的变化与影响,主要表现在如下方面:

第一,人流导向的改变,潜在消费人流重新汇聚中心城区。宁波轨道交通1号线、2号线的建成通车,会引致大批潜在消费人群集聚中心城区。地铁使得人们的出行更加方便,同时地铁的建成能够吸引居民和企业聚集于附近,使沿线及周边商业日趋繁荣。以海曙区为例,天一广场、鼓楼、城隍庙等是宁波市区最繁华、人口密度最高的区域。地铁1号线通车以后,这一地区的人流量会持续增加。地铁使得人们进入市区更加方便,在鼓楼站和东门口站设有众多地铁出口,市民下车后步行5～10分钟即可到达天一商圈,给消费者带来了极大便利。地铁1号线起于鄞州区高桥西,终于鄞州区东环南路,途经鄞州区、海曙区、江东区,1号线东延伸线进入北仑区。地铁开通后,很多来自郊区(县)的消费者可能前往海曙区,意味着海曙商业圈的服务半径扩大,辐射范围更广。海曙区本地消费群体将倾向于留在海曙区消费,而鄞州区、江东区和北仑区的居民更愿意乘坐地铁来到海曙区消费,成为潜在消费人群。

第二,出行方式的改变,将会有效缓解中心城区地面交通压力。与普通公交车相比,地铁更加优越的行驶速度、乘车环境、舒适程度、安全系数,以及不受天气、行人影响的特性会让人们出行更加倾向于选择地铁。宁波市区以公交车作为上下班和购物的主要出行方式的人群占大多数,选择自驾车的只有少部分群体,这种出行结构非常有利于地铁作用的发挥。因为地铁吸引的客流中将有很大一部分是来自普通公交的乘客,在一定程度上意味着地铁能够吸引的乘客较多,地铁通达性的提高将惠及较大的群体。根据规划,到2020年,宁波轨道交通将形成由市域与城区两部分共5条线路组成的网络,总长度将达到173.1公里。城区轨道连接主要交迪吸引点,直接吸引范围覆盖率为 52.4%,间接吸引范围覆盖率为 87.9%,步行 10 分钟左右便可到达轨道交通的站点,将会有效缓解地面交通压力。

第三,消费者目的地的改变,单一出行逐步转向多目的出行。由于交通工具、距离、时间等因素的限制,人们的消费目的地可能是单一的、特定的。地铁的通行可以极大地节约出行时间、优化出行便利程度,促使消费者可以到达距离更远的地方或者由单一目的地转向多个目的地进行消费。随着现代地铁周边商业布局分布的发展,更丰富繁荣的商圈出现,使人们能够在以其他目的为主的出行中同时完成购物、就餐等,为消费者提供集娱乐、休闲、购物、美食为一体的一站式服务。地铁 2 号线建成后可以将铁路宁波站和鼓楼站连成一线,既可以推动南广场的发展,也可以吸引人群聚集到鼓楼站,还可以在鼓楼站完成 1、2 号线的换乘,行人可以更加方便地在鼓楼、天一、大卿桥站等地往返。

第四,居民消费结构的改变,功能性消费转向品牌化、体验式和参与式消费。理性消费者往往只为特定的消费品前往特定的目的地,地铁的开通对其影响体现在交通的通达性和便利性。非理性消费者往往没有明确的目的性,其消费具有随意性特点,是受地铁影响程度较大的群体。地铁通车后其消费结构将发生转变,消费习惯将从过去的功能性消费逐步过渡到品牌化消费阶段,他们将追求新服务和新的体验式消费,更青睐集购物、娱乐、美食、休闲于一体的一站式购物,感受与商家互动的参与式体验。过去消费者或许只需要能让他们物质和功能上得到满足的产品,现在他们将更加追求品质最优化和品牌忠诚感,比如从普通冰淇淋改为 DQ,从肯德基快餐改为特色餐厅,从逛街散步改为运动健身,等等,一系列消费和生活习惯将随之改变。高端消费将会稳中有升,中低端消费将更加火爆,尤其是节庆经济和夜市经济将会更加繁华。加快品牌化、连锁化、特色化的业态发展与布局,丰富大型购物场所中的业种,将成为未来 5~10 年宁波中心城区商业发展的趋势。

第五,业态的改变,轨道交通沿线商务商贸发展将出现分化格局,集聚与分散现象将同时出现。消费者消费取向的不同,将会导致沿线零售业态发展出现分化。消费者在地铁站口周边区域经常购买的商品主要是食品、日用品与服饰,对休闲娱乐的需求逐渐增加。地铁终将改变老城区内的商业格局,地铁交汇处和地铁端点将逐步发展成重要的商业中心。位于 1 号线和 2 号线交汇处的鼓楼站及其周边区域将会成为海曙区最繁华的商业中心,1 号线途经樱花公园、世纪大道站,可以促成江东区商业的聚集。2 号线建成通车后,必将大大改善老城区的交通条件,增强老城区的经济活力。地铁1号线通车后,海曙区的东门口站、鼓楼站、西门口站、大卿桥站等站点周边新建的店铺数量可能不会显著增加,但店铺内的业态、业种会有更新,优胜劣汰。地铁虽能带来部分商业的聚集,但有聚集就会有分散。地铁的分散效应将会导致一些传统业态、特色不鲜明业态的搬迁。部分传统业态由于租金较高、人气不旺、缺少了原有的商业氛围等原因将陆续倒闭或外迁。还会有一部分传统业态,依靠自身浓厚的商业发展基础和核心竞争力生存下来。于是,中心城区商业业态将呈现新业态与部分传统业态并存的局面。增加的业态将以食杂店、品牌店、专卖店、便利店、折扣店、购物中心等为主。在业种方面,预计将会大量增加的是餐饮快餐店及其他餐饮食品类、百货专卖、服饰、鞋具、饰品、化妆品店,还会增加电影院、美容护肤店等,增加的范围位于地铁沿线和地铁出站口附近。这些店面绝大多数以中低档消费为主,定位不高。

第六,商业布局的改变,点、线、面、网络循序推进,圈层式、网络化发展。地铁影响商业空间的格局,促使现有商业布局重新整合,使得地铁沿线的商业更具竞争力。一方面,站点周边原有的商业区将得到更好的发展;另一方面,结合地铁站点的规模与区域特性,将形成各具特色的新型商业中心。随着地铁的开通运营和地铁网络的逐步完善,轨道交通对宁波中心城区商业布局的影响将以点、线、面三种不同形式循序推进。"点"为商业块状集聚区即商业广场或购物中心,"线"为商业街道,"面"为商业辐射区。目前1、2号线还在未完全建成开通阶段,没有形成一个完整的轨道交通网络和换乘系统,因此地铁对中心城区的商业布局的影响只是局部的。中心城区的商业主要集中在鄞州区宁波万达广场、海曙区天一广场和鼓楼站、城隍庙、和义大道等地点。随着地铁的开通,商贸、商务、金融、文化产业将进一步增强集聚辐射功能,逐步形成精品商业与高端商务相互融合、经典时尚的产业发展带。商业发展将会随着地铁沿线形成带状发展趋势。随着远期交通不断完善,途经海曙区、鄞州区、江北区、镇海区、江东区的地铁线形成一个四通八达的快速交通网络,加上便捷的换乘系统,各区域的商业分布和土地利用强度将会在地铁交通的带动下进行整合与扩张,最终形成以地铁线路为骨架的面状分布。

第二节　宁波市轨道交通规划与建设现状

轨道交通时代的到来为城市经济的发展带来了机遇,随着轨道交通的建设和通车,地铁带来的人流、出行方式和目的地的改变,会对宁波站场经济带来影响。

一、宁波市轨道交通概况

宁波中心城区包括三江片区、镇海区、北仑区。甬江、姚江、奉化江三条江水汇聚在宁波,三江交汇的地方形成了三江口。

宁波市轨道交通网络规划以主城区为核心,以跨三江(姚江、甬江、奉化江)、连三片(三江片、镇海片、北仑片)、沿三轴(商业轴、水轴、公建轴)为指导思想构成骨架,由 6 条线组成放射式线网,辐射范围覆盖全宁波市区和余慈地区以及奉化组团,规划线网全长 247.5 公里(主城区内全长 177.4 公里)。

1 号线:东西向的基本骨干线。贯穿城区最重要的交通和商业发展轴,串联三江口商业中心、东部地区行政商业中心。

2 号线:西南—东北方向骨干线。沿甬江、奉化江等城市沿江发展轴布置,串联机场、火车南站、长途客运站等对外交通枢纽点。

3 号线:南北方向的骨干线。主要加强城市南北向的联系,照顾南北城市发展公建轴的客流。

4 号线:内部填充线(西北—东南方向)。贯穿慈城、三江片中心城区、鄞州工业区、南部高教区及东钱湖休闲度假区。

5 号线:内部填充线。主要作用是加强东部新城与鄞州间的联系。

6 号线:内部填充线。连接西部集仕港居住区、核心区及江东科技园区,加强城市东西向的联系。

其中宁波轨道交通 1 号线、2 号线、3 号线为轨道交通主干线,宁波轨道交通 4 号线、5 号线、6 号线为辅助线,共设置 19 座换乘站。根据国家批准的近期建设规划,宁波将首先建成轨道交通 1 号线和 2 号线一期工程,初步形成“十”字形轨道交通基本骨架。

二、宁波市轨道交通 1 号线与 2 号线

宁波轨道交通 1 号线为东西走向的骨干线,沿中山路城市生活轴线布置,全长 44.6 公里,分两期建设。宁波轨道交通 1 号线一期工程西起高桥镇,经望春路后转入地下,沿中山西路向东,经汽车西站、大卿桥、西门口、鼓楼、天一广场,下穿奉化江后沿中山东路向东,经樱花公园、世纪大道后,折入宁穿路向东,经海晏路、盛莫路至东外环路站。全线共设车站 20 座,其中,高桥西站、高桥站、梁祝站、芦港站、徐家漕长乐站等 5 站为高架站,望春站开始均为地下站。宁波轨道交通 1 号线一期工程(鄞州高桥西站至鄞州邱隘东环南路站)已于 2014 年 5 月通车运营,1 号线二期工程(鄞州邱隘东环南路站至北仑霞浦站)计划于 2015 年底通车运营。

　　宁波轨道交通 2 号线全长约 28.35 公里,西起古林镇,经过古林镇中心区、栎社机场,跨过机场公路后沿该路东侧一直向北延伸,经过石碶街道、藕池新村、段塘客运中心站,至气象路后线路转向东,经过南雅小区,沿南站路进入火车南站广场。而后线路迂回向北,经过三支街进入解放南路,并沿解放南路向北敷设,过中山东路后进入解放北路,经过鼓楼(换乘 1 号线),在解放桥北侧下穿姚江,进入大庆南路向北延伸。线路至环城北路时转向东,并沿环城北路、宁镇公路一直向东北方向延伸进入镇海区中心,而后线路在渡口路下穿甬江进入小港镇,向东南方向延伸,经过长山村进入北仑区,然后线路沿泰山路延伸至凤洋路,与宁波轨道交通 1 号线形成换乘。轨道交通 2 号线一期工程计划在 2015 年底建成。

表 7-1　宁波市轨道交通 1 号线与 2 号线主要站场节点

	站场节点	说明
1 号线	望春站	与宁波轨道交通 6 号线换乘
	大卿桥站	与宁波轨道交通 4 号线换乘
	鼓楼站	与宁波轨道交通 2 号线地下站"L"型换乘
	天一广场站	主要服务天一商圈,提升交通布局,缓解交通压力
	江厦桥东站	
	樱花公园站	与宁波轨道交通 3 号线换乘
	福明路站	主要服务周边的商场与居民、办公区。为世纪东方等大型购物中心扩大辐射半径
	世纪大道站	
	海晏北路站	与宁波轨道交通 5 号线换乘
	松花江路站	与宁波轨道交通 2 号线换乘

站场节点	说明
栎社国际机场站	主要服务机场交通,为来往机场的人群提供便利,填补机场交通不便的不足
石碶站	与宁波轨道交通5号线换乘
轻纺城站	扩大轻纺城的辐射范围
客运中心站	是宁波交通的一个枢纽和换乘点,使长途客运交通与市内轨道交通形成衔接
宁波火车站	与宁波轨道交通4号线换乘
城隍庙站	
鼓楼站	与宁波轨道交通1号线换乘
外滩大桥站	
正大路站	与宁波轨道交通6号线换乘
大通桥站	与宁波轨道交通3号线换乘
路林站	增加路林市场的辐射范围,缓解交通压力
三官堂站	与宁波轨道交通5号线换乘
宁波大学站	主要服务北高教园区的学生人群

表格左侧纵向标注：2号线

第三节　宁波中心城区重点站场经济的培育

借助重点站场经济的发展,把主要交通节点的人流、物流、资金流、信息流整合起来,发挥经济的辐射带动作用,优化与升级中心城区的商业业态,推动城市经济更好、更有效、更规范地发展。

一、轨道2号线和4号线换乘站场:宁波火车站枢纽

（一）站场经济现状

地铁交汇处容易形成新的商圈,特别是枢纽站周围。宁波火车站作为2号线和4号线的换乘站点,未来四五年内可能形成一个新的商圈。虽然目前地铁1号线并未经过此站点,但是宁波火车站是宁波市空间扩展最活跃的地区,附近汇聚了大量的人流,另外新铁路宁波站配套设施有南北广场、轨道交通2号线、轨道交通4号线、市域公交、市内公交、慢行交通和8条通

站道路等。随着火车南站改造扩建工程的完成,集疏运交通网络将逐步优化与完善,形成高效、便捷的铁路、公路、轨道交通、公交零距离换乘的现代化客运枢纽系统,特别是作为地铁 2 号线和 4 号线的换乘站点,有助于提高铁路宁波站的商业吸引力与竞争力。

目前,铁路宁波站区块周边宾馆、快餐居多,附近已经有肯德基、麦当劳等餐饮业进驻,大型商场也在重新装修,这些都在一定程度上预示了其商业未来的发展方向。铁路宁波站虽然具有较高的人气,人流量和流动频率都非常巨大,但特点是过客多、停留少,业态不够丰富,商业氛围不够浓厚。需要借地铁 2 号线建设作为契机,增强周边区块商贸功能,改善宁波站区块的购物环境,完善相应的服务体系配套设施,提升服务档次,改善人们对火车站脏乱差的印象,从而把过客、换乘游客变成现实的消费者。

(二)站场经济的培育导向

弥补和提升城市功能,构筑枢纽型商贸服务中心,发展成为仅次于天一商圈的宁波市级商业中心和宁波现代服务业发展集聚区,打造宁波城市门户区标志形象。站北综合服务组团,重点引进与汇聚城市核心商贸商务区外溢的高端商务办公、酒店式公寓。站南都会公园组团,重点发展特色商务楼宇、特色休闲购物、住宿餐饮、文化体验、展览展示、信息资讯以及休闲娱乐等产业。

地铁 2 号线通车后,宁波火车站和市客运中心的距离会拉近,所以宁波火车站可以作为铁路、地铁和公交的一个重要枢纽,通过增加新的业态发展新型商圈(集聚国内外旅行社、连锁餐饮、快捷酒店、高档商务楼宇、现代物流企业,将会形成集购物、餐饮、娱乐、商务于一体的新型商圈),构筑枢纽型商贸服务中心。同时,结合区域内历史街区、文化遗存的保护开发,加快休闲旅游功能区和配套设施建设,全力推进城市购物旅游、休闲旅游和文化旅游的国际化、现代化、个性化发展。引导旅行社集聚,推进旅游产业规模化经营,打造宁波市旅游集散中心。

二、轨道 1 号线和 2 号线换乘站场:鼓楼站

随着宁波轨道交通的建设和未来轨道线路的通车,鼓楼站是宁波中心城区重要的换乘站场。

(一)站场经济现状

鼓楼站周围规划了 16 个出口,重点分布在解放北路与中山东路两侧,靠近恒隆中心、中国人寿财险和鼓楼沿历史文化街区,靠近月湖 5A 旅游景区,人流量较大,地铁1号线和2号线通车后,鼓楼站将作为换乘站,迎来人流高峰。

鼓楼站周边有鼓楼沿、镇明路婚庆街、范宅、月湖西区历史文化街;鼓楼沿历史文化街区地处海曙心脏,是传统历史街区腹地,是宁波人流最密集、商业设施最完善的城市中心街区,是集吃、住、行、游、购、娱于一体的宁波民俗文化商游基地,有着浓厚的历史文化底蕴和繁荣的商贸基础。目前,鼓楼沿设有商铺600多间,以小吃饮品、服装鞋帽、工艺品和精品店等中低档消费为主,其中集聚了20余家传统老字号商铺。目前,鼓楼沿商业业态业种还不够丰富,配套服务和设施也不齐全。

(二)站场经济的培育导向

作为地铁1号线和2号线的换乘站,鼓楼站建成使用后,预计周边500米辐射圈内商业会持续繁荣。鼓楼站周边商业区将继续以餐饮、购物、休闲、旅游为主题,在商业业态发展方面需要发挥美食、住宿、配套服务、购物及创意商户为一体的体验式消费特色。多引进手工艺品、陶艺、沙画等创意体验互动商店,同时借老字号、特色小吃等特色项目来为鼓楼造势。品牌店、专卖店、便利店、折扣店等业态将会不断入驻,商旅文联动发展效应将更加明显。

三、中心城区轨道交通换乘站场:地下商业街

轨道交通1号线和2号线的开通,将促使宁波市中心城区原有商业格局转向地面、地下立体式联动发展。下面以宁波市中心城区海曙区鼓楼站—东门口站为例进行分析。

地铁建设对于海曙区开发利用城市地下空间来说是一个重要契机,它将成为海曙区地下商业的生长轴,为海曙区地下空间系统化发展创造条件,商业空间的发展逐渐立体化。地铁1号线的通车,将为鼓楼沿、天一商圈、和义大道提供配套服务的地下商业圈。通过合理规划,可实现这一地区地下商业与地面商业的无缝对接,方便顾客的自由流动,使得地下商业圈成为地面商业设施的有益补充。

(一)轨道交通枢纽站地下商业的分类

地铁站口地下商业集聚类型按区位可分为三大类:站厅商铺、通道商铺、与站口直接相连的地下商业街。

站厅商铺:地铁站厅商铺空间资源有限,且客户群并不多,一般只能发展1～2家连锁店,可供选择的主要是银行自动取款机、自动售货机、便利

店、西饼奶茶店等项目。

通道商铺:位于站口与地面之间的通道的商铺。这种商铺主要布局在人流特别多的站口出口通道上,数量有限,多为食杂店以及精品小百货、服装饰品等零散商铺。

地下商业街:与地铁站地下层连通发展而成的大型地下商业设施,以及在地下穿越道开发的地下商业设施。

(二)轨道交通枢纽站地下商业街现状

轨道交通1号线鼓楼站到东门口站区间的地下商业街。鼓楼—东门口区间,分为三层,地下一层和地下二层都是商业层,地下三层是轨道交通轨行区。两层商业街和中山东路平行,自西向东依次穿越厂堂街、开明街和碶闸街,连接地铁鼓楼站和东门口站的站厅层和站台层。其中,鼓楼站的站厅层位于地下一层,东门口站的站厅层位于地下二层。商业街每层大概长460米,宽22米,总建筑面积约2万平方米。商业综合体中央的开明街位置,有一个地下通道连接,设置4部电梯,供市民在地下一层和地下二层之间上下。鼓楼站—东门口站区间内,一共规划了14个出入口,这些出入口连接地下商业街和周边的天一广场、鼓楼沿、和义大道。另外,东门口(天一广场)站站台层也将用于商业开发,总建筑面积约为3900平方米。

目前,轨道交通1号线鼓楼站到东门口站区间的地下商业街处于建设、开发、招商中。

(三)轨道交通枢纽站地下商业街的经验借鉴

通过文献检索,发现先进城市(香港、北京、上海)和同级城市(杭州、武汉、南京、郑州)的中心城区,非常注重地上、通道和地下三维空间的商业业态的有机协调发展。

第一,地上商业或称地铁上盖商业通常是商业中心的重要组成部分。杭州地铁在市级商业中心或者中心商务区的上盖商业多为大型购物中心,或者商业街,基本以服饰等时尚消费品为主。在次级商业中心,地铁上盖商业多表现为社区商业,即社区购物中心。主要为超市、便利店、洗衣店等专业店,以及餐饮店,且多为中低档餐饮。而在待开发区域的地铁站口,基本是一片空地,尚未形成商业形态。同样在广州,地铁上盖商业以大型购物中心为主,地铁沿线成了大型购物中心的聚集地,购物中心汇集了多个行业、多种业态的众多店铺。上海中心商圈地区地铁上盖商业也以大型购物广场为主,按区位的不同设置不同的商业。主要为购物中心、大型超市、写字楼等。香港中心区地铁上盖基本为大型购物中心,各类地铁上盖商场经营定位明确,实行特色化经营和主题经营,集购物、休闲、旅游为一体。总的来说,地铁上盖商业尤其是商业中心区或者大型轨交枢纽区,商业基本以大型购物中心、大型超市为主。

第二,通道商业指位于站点与地面之间的通道的商铺,多属即时性需求。业态主要以便利店、西点面包店等连锁性零售店为主,不同的城市或者站口也会有报刊书店、银行网点、自动贩卖机等。杭州的通道商业主要以便利商店、西饼糕点店为主。几乎每个站内都有便利店(华润万家),在人口密集区还有西式糕点店。广州地铁通道商业以连锁经营为主,主要有银行、药店、书报摊、自动售货机、便利店、西饼店等项目,以及精品、服装等零散商铺。上海地铁各站站台通常没有或仅仅配少量即时、便捷的自动售货机和报纸杂志销售点。地铁站厅设置较多主要经营书报、洗衣、数码快照等面积小、服务即时、经营专业的商铺,商铺同样以连锁店为主。香港地铁站台因功能限制基本未设置商业,但各类广告布满站台通道壁、地铁隧道壁的有效空间。面积较大的站厅客流旺盛,因此分布着不少满足即时性、便捷性需求的商铺。商铺的业态设置以银行、便利店、西饼屋、干洗店等种类为主。北京地铁的过道、候车点、出入口等处,人流量大且速度快,以应急商品零售为重点经营对象,如报纸杂志、饮料、电话卡等,商业模式以点式的商业摊点为主。

第三,地下商业主要表现为地下商业街,换乘枢纽站的位置最适合开发规划地下商业街。香港沿线地下商业业态与站厅连接的地下商场定位明确、经营灵活,是融购物、休闲、娱乐、观光为一体的综合性商城。香港地铁公司注重地下商业的规划和设计,即使在地铁站内人行通道的地段,针对预留的商业空间和面积,除了室内高度等个别指标外,几乎完全按照商家地面店的标准进行规划设计,入驻商店基本为知名商家或连锁商家。如万宁、星巴克、肯德基、麦当劳、屈臣氏等全港知名的便利店。杭州的地下商业主要是商业街,与上盖广场连通,建设地下商业街,典型的是龙翔桥站的地下美食广场。广州依托地铁沿线及换乘点,建设与站口直接相连的商业街,以购物广场、超市等为主。上海的地下商场或商业街多建于客流量较大的站点,主要经营服装饰品,目标顾客瞄准时尚的青年男女,如静安寺伊美时尚广场、人民广场地下香港名店街等。南京地下商城一般经营流行性服饰、皮具和其他中低档商品,目标消费人群通常可以确定为大中学生以及追求时尚的年轻一族。地下商铺主要有地下便利店、时尚品专卖店、书报摊、服装店、食品店、饮用水店、餐饮店、鞋店等店铺。

（四）轨道交通枢纽站地下商业街的培育导向

如果鼓楼站到东门口站区间的地下商业街定位模糊、布局失衡，将会造成生意冷清、店铺租金居高不下的尴尬局面。需要深入研究、精准定位、布局合理、及时调整，对租户仔细筛选，寻找一些代表时尚与消费潮流的商家进场经营，达到商城物业、租客和顾客三赢的局面，提升三江口商圈的商业价值，带给宁波市民全新的购物、消费体验。

地铁的地下车站空间主要分为两个区域，即站厅和站台区域。为满足人流短时间实现上下车交换，站台层多按照设计规范进行设计，可用于进行商业运作的空间几乎不存在，而站厅层的设备房附近及穿越通道进出地铁的商业步行街区才是真正吸金之地。在进行商业业态定位时要认真规划这两部分区域的空间布局，力争发挥出商业店铺的即时便利效应，发挥出步行商业街的廊道效应，对过境的人流有消费吸引。

业态配置是个动态的过程，随着政策的变化、区域的经济发展、客户的消费习惯等因素的改变而改变。在地铁站商业的经济效益不断被发掘的过程中，地铁站商业业态定位的高端化趋势也逐渐显现出来。因此，在商业业态定位上不仅需要对现状的把握，还要对整体的发展趋势有所了解。海曙区在规划地铁商业业态配比时要根据区内的市场经济条件、消费者结构、消费水平和购物习惯，以及区域内商业业态组成现状来规划业态配置。在地铁站商业的业态配比时要结合站点周边的人口组成、站点使用者的出行目的、站点在整个轨道网络上的功能分析，以及地铁站顾客的消费行为特征等，根据消费者的需求对业态进行合理的配置，依据不同的开发形式，其对应的内部商业经营业态也应有所不同。对于车站上盖大型的商业综合体、商业中心的开发形式，其本质上还是普通的商业综合体，只是下部为轨道交通站点而已，因此其内部的经营业态与普通的商业综合体布置没有什么区别。

而对于站内商业、通道商业，由于其所处位置的特殊性和服务对象的特点，其经营业态与地面商业应有所区别，通常以布置自助、快捷、便利、日用的商业业态为主，而且单个经营店的规模都不大。

鼓楼站到东门口站区间的地下商业街的业态选择与培育导向主要有如下几种：一是便利店，包括两种类型的店面，便利性商品店和便利性服务店。便利性商品店，如书报摊、点心饮品店、西饼店、文具连锁店、便利店等；便利性服务店,如冲印店、打印店、洗衣店、宠物连锁店、银行分理处、电信服务处、旅行社分理处等。二是自助类设施,主要包括自动取款机(ATM)、通信自动缴费充值机、自动售货机、自助擦鞋机、自助购票机等。三是快速餐饮店,如麦当劳、肯德基、德克士等。四是小型超市。五是休闲娱乐店,如咖啡厅、饮品店、书店、美发美容美甲店、电玩店、网吧等。六是流行服饰店,如小型自由品牌的格子铺,以及流行服饰的专卖店。七是小型电子产品店。

第八章　移动互联网背景下宁波电商经济赶超

电商经济作为城市经济的重要组成部分,代表着城市经济未来发展方向。近年来,宁波电商经济发展迅速,取得了显著的成绩,但与杭州等先进城市相比,仍然存在明显的差距。当前,移动互联网发展突飞猛进,对基于固定网络的传统电子商务带来了颠覆式影响,为宁波电商经济的赶超提供了难得的机遇。本章在梳理我国、宁波周边先进城市以及宁波电商经济发展现状的基础上,分析移动互联网背景下电商经济的机遇与宁波优势,提出宁波电商经济赶超的基本思路、重点领域及支撑保障体系。

第一节　电商经济发展现状

随着网络设施的完善,淘宝、天猫、京东等网络购物平台的带动,以及人们消费习惯的改变,我国电子商务发展迅猛,连续多年保持高速增长,以江浙沪为主的长三角地区,以广州、深圳为主的珠三角地区,以北京为主的京津地区成为我国电子商务最为发达的地区。在长三角地区,杭州、上海、金华、苏州等城市电子商务处于领先发展位置,宁波发展速度较快,但交易规模总体上处于中等水平。

一、我国电子商务发展现状

(一)我国电商经济发展规模

近年来,我国电子商务交易额一直保持快速增长势头,长期保持同期

GDP 增速 2～3 倍的增长速度,电子商务正在成为拉动国民经济保持快速可持续增长的重要动力和引擎。2013 年,我国电子商务交易额突破 10 万亿元,同比增长 26.8%,其中网络零售额超过 1.85 万亿元,同比增长 41.2%,首次超过美国,成为世界第一网络零售大国。2014 年,我国电子商务市场交易规模达 12.3 万亿元,同比增长 21.3%。其中,网络零售额为 2.79 万亿元,比上年增长 49.7%,网络购物占比有明显提升;中小企业 B2B 电商市场营收增长超三成;移动购物市场规模增速超 200%。从网购用户来看,2014年底,我国网络购物用户规模达到 3.61 亿人,较 2013 年底增加 5953 万人,增长率为 19.7%;我国网民使用网络购物的比例从 48.9% 提升至 55.7%。受益于电商市场,中国快递行业市场规模快速增长,2014 年攀升至世界第一位;快递业务量达 140 亿件,跃居世界第一,同比增长 52%;快递业务收入完成 2040 亿元,同比增长 42%。

2009—2014 年,我国电子商务交易额总体保持较快的增长速度,年均增长 27.2%,每个年份都保持 20% 以上的增速。其中,2011 年增速最快,达到 42.2%。2011 年后,我国电子商务交易额保持较快增长,但增速呈逐年下降趋势。

（二）我国电商经济业态构成

2014 年,电子商务市场细分行业结构中,B2B 电子商务仍然是电子商务的主体,交易额达到 9.01 万亿元,占比超过七成,达到 73.5%。网络零售额达到 2.81 万亿元,占比 22.9%。在线旅游交易额为 2670 亿元,占比 2.2%。生活服务 O2O 交易额为 1757 亿元,占比 1.4%。

在 B2B 电子商务领域,中小企业表现突出,交易额达到 6.1 万亿元,占全国电子商务交易总额的 50.00%,占 B2B 电子商务交易额的 68.07%;规上企业电子商务交易额为 2.9 万亿元,占全国电子商务交易总额的 23.46%,占 B2B 电子商务交易总额的 31.93%。在网络零售领域,PC 购物交易额达 18848.0 亿元,占全国电子商务交易总额的 15.36%,占网络零售额的 66.97%;移动购物发展迅速,交易额达到 9297.1 亿元,占网络零售额的 33.03%。在在线旅游领域,在线机票规模最大,达到 1607.3 亿元,占在线旅游总交易额的 60.20%;在线酒店次之,交易额达到 636.1 亿元,占在线旅游总交易额的 23.82%;在线度假相对较少,交易额为 426.5 亿元,占在线旅游总交易额的 15.97%。在生活服务 O2O 领域,餐饮和休闲娱乐处于一个层次,交易规模为 600 亿～1000 亿元,其中餐饮交易额为 941.9 亿元,占生活服务 O2O 交易额的 53.61%,休闲娱乐交易额为 660.0 亿元,占生活服务 O2O 交易额的 37.57%;亲子、美容美护、婚庆处于同一层次,交易额都在 50 亿元上下(见表 8-1)。

表 8-1 2014 年我国电子商务细分领域构成

大类	小类	交易额(亿元)	总体占比(%)	大类中占比(%)
B2B 电子商务	中小企业	61358.6	50.00	68.07
	规上企业	28782.6	23.46	31.93
	小计	90141.2	73.46	100.00
网络零售	PC 购物	18848.0	15.36	66.97
	移动购物	9297.1	7.58	33.03
	小计	28145.1	22.94	100.00
在线旅游	在线机票	1607.3	1.31	60.21
	在线酒店	636.1	0.52	23.82
	在线度假	426.5	0.35	15.97
	小计	2669.9	2.18	100.00
生活服务 O2O	餐饮	941.9	0.77	53.61
	休闲娱乐	660.0	0.54	37.57
	亲子	55.7	0.05	3.17
	美容美护	54.1	0.04	3.08
	婚庆	45.2	0.04	2.57
	小计	1756.9	1.43	100.00

(三)我国电商经济空间分布

我国电商在地域分布上形成了"沿海领跑、内地崭露头角"的产业空间格局,以江浙沪为主的长三角地区,以广州、深圳为主的珠三角地区,以北京为主的京津地区是我国电子商务最为发达的地区,电商卖家主要分布在此区域。以武汉、成都、郑州等为代表的中西部城市近年来电子商务发展较快,总体交易规模快速提升。

2014 年,全国电子商务规模排在前 10 位的省(市)分别为:广东省、浙江省、北京市、上海市、江苏省、福建省、山东省、湖北省、四川省、河南省。前七位全部为东部沿海经济发达地区,中西部的湖北省、四川省、河南省位居后三位。2014 年,广东省电子商务交易总额达到 2.63 万亿元,来源于广东省的网络购物订单量突破 8 亿单,7.6 万余家企业开展电子商务活动,全国四分之一的网络零售交易额来自广东省。浙江省电子商务交易总额达到 2.56

万亿元,其中,全省实现网络零售额 5642 亿元,比上年增长 47.6%,总量约占全国五分之一。

从城市排名来看,北京、上海、广州、深圳四个一线城市遥遥领先。2014年,北京市的网络零售经营能力最强,交易额达到了 4294.65 亿元,占比为16.32%。电商百强城市中,排名前 20 位的是北京、上海、广州、深圳、杭州、佛山、金华、南京、苏州、温州、泉州、嘉兴、武汉、宁波、成都、东莞、台州、厦门、中山、郑州。前 20 强城市中,浙江省占据七席,数量最多,占比高达35%;广东省次之,占据五席,占比达到 25%。

（四）我国电商经济发展特点

当前,我国电商经济发展呈现出以下主要特点。

1. 网购群体主流年龄跨度增大

CNNIC(中国互联网络信息中心)数据显示,2014 年最主流网购用户(20～29 岁网购人群)规模同比增长 23.7%,10～20 岁网购人群用户规模同比增长 10.4%,50 岁及以上网购人群用户规模同比增长 33.2%。

2. 电子商务各领域呈寡头垄断格局

零售电子商务平台化趋势日益明显,平台之间竞争激烈,市场日益集中,淘宝、京东、亚马逊中国、当当网等电商巨头占据了总交易量的 90%。在B2B 领域,阿里巴巴占据市场份额的一半左右,我的钢铁网、环球资源、慧聪网紧随其后。在 B2C 领域,呈现天猫、京东、苏宁云商、唯品会多方竞争格局,2014 年,天猫和京东两家电商交易量占据所有 B2C 电商交易量的八成,其余苏宁云商、唯品会、亚马逊等各类电商只占两成。在 C2C 领域,淘宝一家独大。在团购领域,呈现美团、大众点评、糯米网三方竞争格局。在导航地图领域,呈现百度地图、高德地图竞争格局。

3. 电商产品趋于个性化、精细化、专业化

随着大数据时代的来临,电商企业根据对数据的准确分析,催生了许多能满足相对应的细分领域的垂直电商。垂直领域电商的优势在于专注和专业,形成独特品牌价值。同时,消费者趋于理性,购买行为愈来愈成熟,追求更个性化需求,C2B 模式应运而生。

4. 线上商务平台与线下实体平台逐步融合

随着移动互联网的发展,同时出于产业链上下游控制的需要,电子商务企业线上平台已经开始向线下平台扩张。在 B2B 领域,传统五强企业等上市公司已经覆盖到线下展览、认证服务等;在 B2C、C2C 领域,京东商城、当

当网在做好线上销售的同时,一方面投入资金到第三方物流,另一方面在一些重要城市自建物流,积极向线下实体平台扩张,抢占市场份额。而传统的制造商和渠道商则积极直面这些电子商务企业带来的威胁,不满足已有的线下销售渠道和份额,纷纷加入到 B2C 领域,自建网上直销商城,如苏宁易购、海信、国美等。

5. 跨境电子交易发展迅速,进入全球化大众消费时代

近年来,我国的跨境电子商务进口快速增长,涌现出一批活跃的进口 B2C 电商平台,"海淘"、海外代购等购物方式流行,化妆品、护肤品、奢侈品、新潮服装、电子消费品、食品和保健品等进口量增长迅猛。跨境电子商务出口零售增势迅猛。随着中国制造在海外市场的畅销,以及跨境支付体验的不断完善,2014 年跨境 B2C 业务在天猫、京东、苏宁等各大网络零售平台上线,大量出口服装、饰品、小家电、数码产品等日用消费品,实现在线交易。阿里巴巴数据显示,"双十一"期间,217 个国家和地区的消费者在阿里巴巴平台上进行交易。至此,跨境电商在中国进入全球化大众消费时代。

二、宁波周边城市电商经济发展现状

(一)杭州电商经济发展现状

杭州是全国唯一的"中国电子商务之都",集聚了一大批具有全国甚至世界影响力的电子商务领军企业及行业网站,全国每五个电子商务网站中就有一个源自杭州,年均增长率超过 50%,网络零售销售额接近全市社会消费品零售总额的一半。杭州电子商务服务收入从 2008 年的 40.02 亿元,增长到 2013 年的 550.49 亿元,年均增幅达 55%。2014 年杭州网络零售额达 2088 亿元,占全省网络零售总额的 37%。

经过 10 多年的发展,杭州已经形成了一支庞大的电商产业方阵。"航空母舰"阿里巴巴、淘宝网、支付宝等阿里系企业一马当先,网盛生意宝、祐康电子商务、珍诚医药、明通科技、艺福堂、泛城科技等一大批"巡洋舰"紧随其后。而在"巡洋舰"身后,还跟随着数十万像"小舢板"一样的小型电子商务企业,杭州已成为名副其实的电子商务"运营中心"、"结算中心"和"创新中心"。依托中国电子商务之都的影响力,杭州也集聚了一批优秀的电商相关企业。顺丰速递正在萧山机场建设集航空枢纽、分拣中心、国内国际快件物流集散"三位一体"的航空快件枢纽基地。思科(中国)也将总部落户杭州。同时,2015 年 3 月 12 日,杭州成为全国首个跨境电子商务综合试验区,对包括宁波在内的国内多个城市的跨境电商发展构成了巨大压力。

数据显示,杭州市共拥有 47 万个网商。在网站数量、B2B、C2C、第三方支付等领域均居全国第一。全国电子商务平台百强中,杭州占据 19 席。据艾瑞咨询统计,全国上规模的 B2B 交易平台中,销售额在 1000 万元以上的有 50% 在浙江,而这 50% 中又有八成位于杭州。

（二）金华电商经济发展现状

金华电子商务发展迅猛,在由浙江省商务厅等 10 个部门联合发布的《浙江省电子商务产业基地名录》中,浙江 88 个电商基地中金华占 22 个,比总数居第 2 位的杭州多 7 个。金华已然成为浙江电商基地第一大市,2014年跻身“中国电子商务十强城市”,成为十强榜单中唯一一个地级市。数据显示,2014 年,金华电子商务交易额达 2356 亿元,网络零售额达 943 亿元,总量居浙江省第 2 位,增长 40.9%;信息软件业营业收入首次突破 300 亿元,达到 330 亿元,增长 36%。与电子商务紧密相关的快递业务量达 6.12亿件,增长 72.4%,居国内第 6 位。全年新增网络经济市场主体近 1.5 万户,增长 260%,呈“井喷”态势。

金华电子商务产业特色优势明显。金华市区有“中国互联网百强企业”3 家(5173、银泰电子商务、长风信息)、“中国互联网最具成长性企业”1 家(9158)、中国商业网站百强企业 3 家(中国包装网、中国服装网、中国五金商城)、中国行业电子商务网站百强企业 8 家(东方五金网、中国服装网、中国服装人才网、中国食品产业网、中国包装网、中国安防产品网、中华收藏网、中国化妆品网)。2013 年 9 月,浙江搜富网络技术有限公司(中国食品产业网)获“国家电子商务示范企业”称号。

目前,金华全市有电子商务企业 500 多家,第三方电商交易平台近 30家,淘宝卖家超 12 万家。5173.com 成为全国最大的游戏服务网站;浙江天格公司(9158.com)、金华长风信息(呱呱视频娱乐)已经成为国内视频娱乐行业龙头企业;合丰信息科技已成为全省著名的国际服务外包企业,是北美最大的亚洲食品供应商;浙江银泰电子商务公司金华分公司旗下的银泰网已成为国内最大的网上“时尚 B2C”。

（三）苏州电商经济发展现状

苏州电商交易额快速增长,2011—2013 年,全市电子商务年交易额分别达到 1800 亿、2400 亿、3500 亿元,连续三年增幅保持在 30% 以上。苏州零售网商密度在全国大中城市中排名第 12 位。据阿里研究院发布的《2013 年中国城市电子商务发展指数报告》,苏州列全国“百佳城市”第 9 位。行业平台迅速崛起,以同程网、绸都网、模具网、婚纱网、龙媒科技、江苏化工品交易所等为代表的一批行业性电子商务平台异军突起。2014年上半年,全市前20家平台类电商企业实现交易额1263亿元。电商企业加速集聚,吸引了唯品会、亚马逊、中粮我买网、京东商城、苏宁云商等众多电商巨头、知名企业区域总部落户。常熟服装城与中国电信、阿里巴巴等合作搭建"中国(常熟)服装城电子商务平台",苏州蠡口家具城和淘宝网合作运营"华东家具产地——苏州馆"。

跨境电子商务蓬勃发展,苏州龙媒科技(环球市场华东总部)第三方跨境贸易电子商务服务平台,2013年实现订单交易额500亿元。江苏一达通外贸综合型电子商务平台为中小企业提供金融、通关、物流、外汇、退税等一站式服务,2013年实现交易额1.5亿美元。全市规划、建设了一批电子商务产业园。目前,正在建设培育的电商园超过20家,苏州金枫电商园、苏州科技园、苏州网商园、昆山花桥国际商务城、常熟高新技术开发区等电商园正加快建设。金枫电子商务产业园被列为国家电子商务示范基地。

三、宁波电子商务发展现状

作为首批国家电子商务示范城市,宁波凭借良好的产业环境、完善的信息基础设施、优良的区位优势,电子商务产业呈现出快速发展的良好势头。

(一)宁波电子商务发展主要特点

1. 总体保持较快发展速度

2013年,宁波电子商务交易总额为3015亿元,同比增长90.1%。2014年,宁波共实现网络零售额489.7亿元,同比增长82%,增幅位居全省之首,超过全省平均增幅35个百分点;网络消费额达492亿元,同比增长39.9%,首次实现网络零售顺差。从网络零售额来看,近几年来一直保持高速增长,从2012年的145.9亿元,增长到2014年的489.7亿元,年均增长83.2%。

2. 以中小企业为主的电子商务应用相对发达

在网商发展指数百强城市中,宁波名列第12位。入驻天猫商城的宁波网商(B店)有3045家,2013年共销售产品达65.9亿元,平均每个网商销售收入约200万元。入驻淘宝平台和阿里巴巴平台的宁波网商有3万家,以中小型外贸企业和个体商户为主。除此之外,电器行业的奥克斯、帅康、方太、公牛插座,汽车及配件行业的吉利、华翔,服装业的博洋、GXG、太平鸟等本地优势企业也纷纷试水电商。

3. 以大宗商品交易为主的电商平台发展优势明显

宁波 B2B 网站有 100 多家,主要涉及化工原料、有色金属、钢材等,其中"中国塑料城"年交易额达到 853 亿元,是全国最大的塑料原料网上交易市场和专业市场,其塑料价格成为中国塑料行情的"风向标";宁波液体化工交易网年交易额突破 100 亿元;宁波神化网是华东地区最大的电镀原材料和特殊化学品交易网站。

4. 以产业集群为依托的行业网站建设处于领先

宁波本地各种行业拥有网站上千家,涉及模具、厨具、文具、船务等行业,且大多数都是垂直型行业网站,即专注于某一行业,仅提供该行业相关信息,凭借专业和细分赢得市场,一般立足中小型企业。如 2004 年建成的"中国文具网",为中小文具企业提供行业市场动态、国内外文具贸易信息、专利、品牌宣传等信息服务,帮助宁波市文具行业加强产业链上下游合作,增强行业信息共享和商务协同,加快突破产业瓶颈,快速进行结构调整,开拓新的市场。

5. 连接生产与流通的公共服务平台建设有序推进

宁波航交所、世贸通、第四方物流平台、宁波电子口岸等政府公共服务平台服务于宁波优势产业,有效提升货物交易和流通。第三方支付平台甬易支付上线运营。2009 年宁波建立了国内第一个第四方物流平台信息标准体系的实体,成为国内第四方物流的试验场,其开创的"政、企、银"互动模式,受到科技部、国家发改委等部门专家学者的充分肯定。目前,其用户超过 7500 家,年信息发布量超过 120 万条,年均交易额超过 25 亿元。

6. 以进出口贸易为主的跨境电子商务率先试点

近年来,宁波涌现了一批优秀的外贸电商企业,如海商网、世贸通等。宁波跨境贸易电子商务服务平台门户网站于 2013 年 6 月 8 日正式发布,为跨境贸易电子商务企业打造了阳光化通道。阿里巴巴、敦煌网、环球资源网、中国制造网等都在宁波设立分支机构或建立外贸电子商务基地。2014年,宁波跨境贸易电子商务平台先后与淘宝、天猫国际、麦乐购等大型电商平台实现无缝对接,宁波口岸试点跨境电商企业达到 150 多家,备案商品8200 多种,其中上架销售商品 5100 多种,主要为母婴用品、食品、饮料、纺织品及其制成品、厨卫用具及小家电、文具用品及玩具等 16 大类快速消费品。据统计,2014 年宁波跨境电商交易额突破 3.5 亿元,在全国首批 5 个跨境贸易电子商务试点城市中,交易额、包裹量双双名列第一。

7. 移动电子商务发展迅猛

宁波重点扶持基于本地消费和以生活服务为特色的移动互联网 O2O 平台,初步培育出"淘甬宝"、"有享网"、"易购吧"等一批本土特色鲜明的网上购物平台。中国移动宁波分公司与海曙区、江北区签署战略合作协议,共同推进基于 4G 高速网络的移动电子商务平台建设。2015 年 2 月,国家发改委、中国人民银行联合下发通知,同意宁波、深圳、合肥、成都和贵阳等 5 个城市开展移动电子商务金融科技服务创新试点,宁波成为全国首批开展移动电子商务金融科技服务创新试点的 5 个城市之一,将切实完善移动电子商务安全、支付、应用、拓展环境,探索支持移动电子商务发展、移动金融创新应用的"宁波模式"。

(二)宁波电子商务存在的主要问题

1. 总体规模偏小

宁波电子商务交易规模相对偏小,网络零售发展滞后,总额排在杭州、金华、嘉兴、温州之后,2014 年宁波市网络零售额为 490 亿元,仅占杭州同期 2088 亿元的 23.5％,与金华的 943 亿元、嘉兴的 679 亿元、温州的 660 亿元相比,差距明显。在 2012 年发布的全国电子商务平台百强榜中,杭州占 19 家,金华占 10 家,宁波仅占 3 家。在浙江省 88 家电子商务产业基地中,宁波仅占 4 家,而金华 22 家、杭州 15 家、温州 11 家、绍兴 9 家、嘉兴 8 家。在 B2C 方面,入驻天猫商城的宁波企业仅 3045 家,个体商户 4 万家,占淘宝份额不到 1％。

2. 电子商务应用不够深入

传统产业与电子商务融合度低,宁波的纺织、服装、轻工、汽配、家电、五金、文具等传统产业尽管涉网企业数量众多,但缺少有品牌、有规模、有辐射力的龙头电商企业和平台。在传统批发和零售行业中,只有 20.8％的企业涉网,大多数企业还未实质性地开展或参与电子商务业务。一些企业虽然建了官方网站,但网站定位低,没有开展在线交易。只有少数拥有雄厚资金和人才实力的企业,如博洋、太平鸟和 GXG,在前期业务积累和品牌打造的基础上,建立了 B2C 官方网站开展交易活动。宁波本地 O2O 生活服务商大多集中在餐饮领域,普遍反映出其线下商户服务水平低、信息化程度不高、线上企业和线下商户的需求存在脱节等问题,制约了宁波 O2O 的健康发展。

3. 创新应用较少

宁波电商模式创新匮乏,缺乏原创能力,80％以上的电商企业只是在互联网上卖卖产品,停留在起步阶段。在 C2C 方面,社交电子商务、移动电子商务、电子商务大数据业务等比较热门的电子商务模式宁波涉足较少。宁波大量平台不具备交易功能,仅以提供信息为主,利用全网媒体进行精准整合营销的很少。

4. 电子商务相关人才匮乏

电子商务基础人才较充裕,但高端人才供给不足,从事第三代电子商务平台技术开发、网络整合营销、电子商务模式创新等工作的人才缺口一直维持在高位。引领电子商务创新驱动发展潮流的企业家队伍和创业群体规模较小,既掌握信息技术又熟悉市场运作的复合型人才和创业型人才相对缺乏。高校电子商务专业课程设置不够合理,实务应用培训不足。高级专业人才引进机制难以适应电子商务的发展需求。

第二节　移动互联网背景下电商经济发展机遇
与宁波电商经济赶超的优势

以 3G、4G 网络以及家庭/商务 Wi-Fi 为代表的移动互联网的快速发展,对电子商务发展带来了深刻影响,基于移动互联网的移动电子商务成为电子商务发展的"蓝海"领域,对于创新电子商务发展方式、拓展电子商务新空间具有重要意义。宁波作为我国率先系统部署智慧城市建设、较早开展电子商务试点的城市,在发展移动电子商务乃至通过移动电子商务带动整个电子商务方面,具有明显的比较优势。

一、移动互联网背景下电商经济发展机遇

(一)智能手机的普及为移动购物的迅速发展提供了基础

据《第 35 次中国互联网络发展状况统计报告》显示,截至 2014 年底,中国智能手机出货量达到 4.5 亿部,智能手机成为人们的普遍选择。中国手机网民规模达 5.57 亿人,较 2013 年增加 5672 万人。网民中使用手机上网的人群占比由 2013 年的 81.0%提升至 85.8%,手机已成为第一大上网终端,中国互联网全面进入移动互联网时代。据工信部公布数据显示,截至 2014 年底,我国固定宽带用户规模超过 2 亿户,家庭 Wi-Fi 普及率已达到 81.1%,3G、4G 移动宽带用户超过 5.8 亿户,其中 4G 用户达 9700 万户。2015 年 2 月,工信部向中国电信和中国联通发放了 LTE FDD 制式 4G 牌

照,移动网络基础设施将会进一步完善,推动移动互联网快速发展。智能手机的普及和移动网络设施的完善为移动购物的快速发展打下了坚实的基础。

(二)全面进入全民 APP 时代

手机网民的增长和手机使用率的提升,使得 APP 呈现井喷式增长,各类 APP 应运而生,为移动电子商务发展提供了支撑。截至 2014 年底,Google Play、苹果应用商店中的 APP 总量分别达到 143 万款和 121 万款,苹果 iOS App Store 应用软件的日下载量在 2014 年 11 月就突破了 800 万次。小米手机 2014 年 11 月应用商店的下载量已突破 100 亿次,日下载量超过 5000 万次。总的来看,人类已经迎来了全民 APP 时代,越来越多的 APP 进入了人们的生活,成为人们生活中不可或缺的一部分,打车、团购、理财、在线旅游、海外购物、餐饮、休闲娱乐等需求都可以通过 APP 实现。在传统企业层面,多数企业也在加大 APP 开发应用力度。据悉,Interbrand 排名全球前 100 的品牌中,90％以上拥有自己的 APP,并且多数企业拥有不止一款 APP。APP 逐渐成为企业在移动互联时代商业布局的战略投资,成为企业实现移动营销并聚拢消费者的关键。

(三)移动购物和移动支付成为电子商务的发展趋势

随着智能手机等移动设备的普及,移动电子商务快速渗透到消费者的生活中,正呈现出爆发式增长的势头,移动购物和移动支付正在成为电子商务发展的必然趋势。CNNIC 数据显示,2014 年我国手机网络购物用户规模达到 2.36 亿户,增长率为 63.5％,是网络购物市场整体用户规模增长速度的 3.2 倍,手机购物的使用比例提升了 13.5 个百分点,达到 42.4％。团购方面,2014 年底我国团购用户规模达到 1.73 亿户,较 2013 年底增加 3200 万户,增长率为 22.7％,我国网民使用团购的比例从 22.8％提升至 26.6％。手机移动支付方面,基于移动互联网的新型移动支付如手机钱包客户端、应用内支付、手机刷卡器、二维码支付、NFC 近场支付等新型的移动支付方式发展迅猛,移动支付市场进入爆发式增长阶段。2014 年底,我国手机支付用户规模达到 2.17 亿户,增长率为 73.2％,移动支付 45.24 亿笔,金额达 22.59 万亿元,同比增长 134％,网民手机支付的使用比例由 25.1％提升至 39.0％。以天猫双十一为例,2014 年天猫双十一总成交额达到 571 亿元,其中移动端成交 243 亿元,占总成交额的 42.6％,双十一全天,支付宝移动支付交易笔数达到 1.97 亿笔,同比增长 336％。

（四）互联网 O2O 模式前景不可限量

在移动互联网时代，基于线上线下融合发展的全渠道营销 O2O 模式，将能更好地发挥优势，获得更大的空间，实现高速发展。通过手机 APP 的移动属性，可以使 O2O 模式发挥到极致。利用手机 APP，可以根据受众定位、区域定位、时间定位、阅读偏好、手机机型、操作系统类型、手机品牌价位等方式进行定向精准营销，寻找目标用户，有效改善传统的经营和营销模式，助推零售、餐饮、旅游、交通、金融、教育等传统行业打通线上和线下，使消费者在移动环境下产生更多增量消费。目前，互联网 O2O 商业模式仍处在形成与摸索阶段，涉及的行业集中度显著，餐饮、住宿、休闲等 O2O 市场模式趋向于成熟，医疗、家政等 O2O 市场需求尚待释放，还未广泛惠及各行业的中小微企业。

二、宁波电商经济赶超的优势

（一）基础设施优势

在信息基础设施方面，随着智慧城市建设的深入推进，信息基础设施进一步完善。截至 2014 年底，互联网城域出口带宽 2200G，覆盖宁波城乡的高速光网全部建成，市民上网已实现高速宽带化，城区家庭宽带接入能力最低达 30M，最高达 100M；农村光纤网络接入水平平均达 4M，基本实现行政村村村通光纤。建成 6400 个 4G 信号宏站，实现乡镇以上城镇区域的 4G 网络全覆盖。互联网宽带接入用户达 285 万户，3G 用户达 446 万户，4G 用户达 137 万户。交通基础设施方面，2013 年末全市公路总里程达到 1.09 万公里，公路网密度为 111 公里/百平方公里，达到中等发达国家水平，形成了"一环六射"的高速公路网络。宁波栎社机场由 4D 级升格到 4E 级，开通航线 50 多条。在电子商务产业基地方面，宁波已经建成了宁波（国际）电子商务产业园、宁波电子商务城江北园区、宁波跨境贸易电子商务基地、宁波空港国际贸易示范区等产业发展载体。

（二）产业优势

宁波临港经济和传统产业集群发达，石化、纺织、服装、机械、汽配、家电、五金、文具等传统产业保持良好的发展势头，电子信息、新材料、生物医药等新兴产业发展迅速。雅戈尔、太平鸟、博洋控股、罗蒙等大型企业已经在电子商务领域取得巨大成绩，但还有众多中小企业暂未"触网"，未来大量中小企业与电子商务无缝对接，将会推动我市电子商务的快速发展。同时，宁波拥有 1.5 万家外贸进出口企业,发展跨境贸易电子商务的优势明显、潜力巨大。在电子商务支持服务方面,宁波软件和信息服务基础较好,2014年,软件和信息服务业完成产值 301 亿元,连续多年保持 30% 以上的增长速度,拥有大量在细分领域具有较大影响力的典型企业,为宁波市电子商务的发展提供了强大的支撑保障。

(三)港口物流优势

宁波港作为国内第二大深水良港,2014 年港口货物吞吐量完成 5.25 亿吨,集装箱吞吐量 1870 万标箱,其中货物吞吐量增幅位居全球主要港口第 1位,集装箱吞吐量超过韩国釜山港,跃居世界第 5 位,海铁联运增幅位列全国 6 个示范通道之首。梅山保税港区建设成效显著,已开通至韩国、南美、美国、印度等地的国际集装箱班轮航线 42 条。宁波物流体系发达,物流企业超过 5000 家,国际国内物流巨头在宁波设立了产业基地。随着智慧物流系统的建设,宁波物流运输效率大幅提升,已经建成港口智能闸口系统、智能集卡系统、智能集装箱系统等物联网应用系统,以及宁波电子口岸、宁波第四方物流信息网等。

(四)市场优势

宁波各类专业市场发达,共有消费品综合市场、农副产品市场、工业消费品市场、生产资料综合市场、工业生产资料市场、农业生产资料市场、服务类型市场等各类商品交易市场 600 多个。中国塑料城、中国轻工模具城、中国裘皮城、中国有色金属材料城等已成为全国性的专业交易市场。大宗商品交易所、宁波保税区进口葡萄酒市场、宁波航运交易所、中国镍金属交易市场等大宗商品交易市场发展迅速,成为我国重要的大宗产品交易平台。随着各类专业市场通过电子商务开展业务,将会大大扩大市场规模。

(五)人文优势

宁波作为东方大港和浙东学派发源地,自古重视务实创新,恪守诚实守信、经世致用、兼容并包、真抓实干等理念,孕育了"容忍失败、宽容异端、鼓励原创"的创新精神和"生生不息、传帮接带"的创业文化,人们创新竞争意识强,敢于探索、敢于创新、敢于尝试新鲜事物,并具有互帮互助、团体作战等优良传统,在推动"大众创业、万众创新"方面拥有天然文化优势。在强调创新的电商商务时代,宁波具有无与伦比的人文优势。

(六)政策优势

宁波作为国家首批电子商务试点城市和跨境贸易电子商务试点城市,

拥有明显的政策优势。同时,2014 年以来,宁波加大对电子商务的重视程度,相继发布了《关于深入推进"电商换市"加快电子商务发展的若干意见》、《关于建设宁波电子商务城(宁波服务外包集聚区)的实施意见》、《关于加快推进甬易第三方支付平台建设和发展的若干意见》、《宁波市工业企业"电商换市"三年行动计划》、《关于加快引进和培养电子商务人才的若干意见》、《关于推进我市快递业健康快速发展的实施意见》等政策文件,设置了规模为 3 亿元的电子商务发展专项资金,并在产业基地建设、鼓励企业开展电子商务、市场扶持、人才引进与培训、物流配送等方面出台大量优惠政策。

第三节　宁波电商经济赶超的思路与重点

在新形势下,要实现宁波电商经济的赶超,必须在深刻认识电商经济发展趋势的基础上,充分发挥宁波的比较优势,树立创新思维,全面理清宁波电商经济赶超的基本思路,明确重点突破的关键领域。

一、宁波电商经济赶超的思路

(一)发挥优势

充分发挥宁波的港口物流优势、产业优势和政策优势,深化电子商务在大宗商品、优势制造业、对外贸易等特色领域的应用,积极发展 B2B、B2C 行业性电商平台、跨境电商平台,培育 O2O 一体化发展的电商模式。

(二)错位发展

宁波在 PC 端综合型电商平台打造方面与北京、杭州等先进城市相比,已经拉开很大差距,难以赶超。在未来发展中,应该通过错位发展的思路,大力发展跨境电商、移动电商。

(三)抢抓先机

移动电商成为电子商务发展的必然趋势,与传统电商相比,移动电商不仅仅是购买通道的变化,更重要的是通过数据挖掘帮助商家与客户之间建立崭新的沟通关系,并创造出新的商业价值,市场前景非常广阔。要想在移动电商领域有所作为,必须抢抓先机,及早布局。

(四)创新驱动

积极引进消化吸收先进技术和经营管理模式。依托电子商务示范、试点项目建设,鼓励和引导电子商务技术创新、服务内容创新和商业模式创新,通过创新引领宁波电子商务跨越发展,实现突破。

二、宁波电商经济赶超的重点

(一)重点推进移动电子商务

1. 构建开放、综合的移动电子商务服务平台

集成移动电子政务服务和移动电子商务应用,以统一的智能终端入口,打造一站式移动生活服务。通过智慧交通、智慧健康、智慧旅游、智慧教育、政务云等智慧应用系统建设,推动交通、交管、医疗、教育等社会公共服务资源向移动应用领域开放,为市民提供基于移动终端的便民服务,并向金融机构和第三方支付机构开放数据接口,鼓励发展移动支付,培养市民移动消费习惯。在以移动电子政务服务为先导的基础上,促进移动购物、移动服务等各项移动电子商务应用,提高移动电子商务在消费领域的渗透力。

2. 大力发展生活服务类 O2O 电商模式

鼓励发展线上线下互动融合的 O2O 模式,发展基于移动网络的生活服务类电子商务平台,全方位提供美食、娱乐、购物、家政等本地消费服务信息,积极推广网络团购、社交网推广、大数据定向营销等新型移动电商模式,发展更加个性化、实时化、社交化、精准化的移动电子商务。鼓励应用手机、平板电脑、手提电脑等智能移动终端,面向公共事业、交通旅游、就业家政、休闲娱乐、市场商情等领域,发展移动支付服务、便民服务和商务信息服务。

3. 鼓励企业发展移动电子商务

支持传统电子商务平台企业同步开展移动电子商务。鼓励企业建设移动电子商务服务平台,开发移动 APP,通过定制化的企业级 APP 为客户提供更加细致高效的服务。鼓励企业用新一代移动通信、物联网、云计算技术拓展电子商务应用,推动移动电子商务应用向工业生产经营和生产性服务业领域延伸。

4. 大力发展数字内容产业

引进和培育一批优势关联企业和龙头企业,重点引入全国性、行业性内容提供商,鼓励音乐影视、游戏动漫、阅读视频等移动互联网其他细分产业与移动电子商务有效融合,以拓宽市场领域,满足不同用户群体的消费需求。完善新媒体播控平台和影视内容服务平台,支持高清互动影视、IPTV和互联网新媒体发展,鼓励基于 4G 网络开发高清视频、移动网游、3D 导航等数字产品,促进移动互联网产业发展。

(二)加快发展跨境电子商务

1. 做大做强跨境电商平台

支持宁波世贸通、跨境购等跨境电商平台做大做强,鼓励建设面向细分行业的专业国际贸易平台,为企业提供海外推广、物流、融资等一站式服务。鼓励跨境贸易电子商务第三方交易平台、通关服务平台进行技术改造和技术升级,帮助这些平台在境内外进行推广和宣传。鼓励宁波外贸企业利用跨境电商平台开展国际贸易。依托宁波国际物流发展股份有限公司,建设综合性的公共服务平台,整合商贸基础信息资源,规范电子商务数据标准,推进数据共享,提供电子商务通关、物流、数据交换、外贸协同、商务信息、商务信用等综合服务。引导跨境贸易电子商务经营主体平台与公共服务平台实现对接。

2. 推进跨境电商基地建设

充分发挥试点政策优势,在宁波保税区、栎社保税物流中心建设电子商务进口商品分销基地,重点开展母婴用品、食品、饮料、纺织品等境外产品销售,将宁波打造成全国主要的进口快消品物流集散中心。在海曙区打造电子商务出口基地,推进物流仓储等配套设施建设,引进海关、税务、物流、邮政等单位,实现跨境电商出口业务的通关、结汇、退税、邮包寄递等业务一站式受理。

3. 推动电子商务国际业务合作

鼓励面向全球产业链协作的跨境电子商务发展,支持电子商务企业开展业务流程整合和服务外包,鼓励国内外专业机构建立电子商务和电子物流呼叫服务中心、在线多语即时转换中心、网络架构维护和数据采集分析中心等。推动市重点电子商务企业加强与世界各国的信息网络交换和信息资源共享,推进电子商务物流、认证、标准、支付、监管等合作。

(三)做大做强传统电子商务

1. 全面深化电子商务应用

引导各地根据地方特色和优势全面推进电子商务发展,鼓励广大制造销售企业积极发展电子商务,构建线上线下相统一的全渠道销售模式,引导中小企业积极融入龙头企业的电子商务购销体系。普及工业企业电子商务应用,鼓励工业企业利用第三方平台开设网络旗舰店、专卖店等网络零售终端。支持行业龙头企业发挥资本、信息化优势,建立独立电子商务平台,以产业链为基础,以供应链管理为重点,实现采购、生产、销售全流程电子商务。鼓励传统百货、超市、便利店等商贸批发、零售企业依托原有实体网点、货源、配送等商业资源,广泛应用互联网、物联网、云计算等电子商务技术,实现采购、库存、销售、配送的电子商务化。鼓励专业批发市场和日用消费品交易经营户依托实体市场资源优势,加快在第三方平台进行网上交易,实现实体市场与网上市场深度融合。

2. 培育壮大电商平台

加快推进电子商务城建设,鼓励和支持面向产业集群的行业电子商务平台发展,引进和培育集贸易、物流、支付等服务于一体的行业垂直类电子商务平台,推动产业链协同联动。做大做强航交所、塑料城网上交易市场、甬商所、土拨鼠等电子商务平台,建立全市统一的安全高效电子支付平台,实现信息流、商流、资金流和物流的"四流合一",将宁波建设成为功能完备、交易便捷、市场认可度高、在华东地区乃至全国有重要影响力的大宗商品交易中心、定价中心和结算中心。依托行业优势,支持有条件的企业电子商务平台向行业平台转化,整合和提升现有行业电子商务平台服务功能。

3. 加快发展网络营销

大力发展 B2C、C2C 网络销售,鼓励大中型批发零售企业和生产企业借助第三方电子商务平台或自建电子商务平台开展营销活动。鼓励更多个人通过网店等形式投资创业,引导网商向公司化、品牌化、规模化发展。支持专业化网络销售企业承接传统企业电子商务业务,培育一批网络销售领域的总代理、总经销。在阿里巴巴、淘宝、京东、苏宁云商等第三方电子商务平台开设网上"宁波特色商品馆"、"宁波电子商务专区",鼓励有条件的县(市)区开设地方特色馆。鼓励品牌企业自建网上购物平台,利用实体营销平台升级网上营销,以电子商务统筹各类实体、虚拟资源。

第四节　宁波电商经济支撑与保障体系建设

电子商务发展不是孤立的,而是一个完整的生态系统,需要仓储物流、电子支付、软件开发、网店设计、网络推广、专业人才、诚信体系、网络监管等一系列要素提供全方位的支撑和服务。推进宁波电商经济跨越发展,必须从生态系统完善的角度,不断优化完善服务体系,提升综合支撑水平。

一、完善电子商务支撑体系

（一）积极发展电子商务服务业

大力发展电子商务解决方案提供、软件开发、网店设计、仓储管理、网络推广、摄影美工、客服培训、售后服务和代运营等电子商务服务业态。培育和引进一批数据挖掘、网络营销以及精于用户体验的专业设计和咨询的电子商务专业服务企业，提升用户服务设计水平，提高用户体验度和智能终端用户转化率。做好与国内外知名电子商务平台的业务对接，鼓励为本地工商企业开展电子商务提供一站式服务。

（二）强化仓储物流配送体系

充分发挥宁波港口、交通优势，积极推进智慧交通、智慧物流等智慧应用系统建设，将第四方物流信息平台和各大电商交易平台逐步实现系统衔接，完成物流服务与商流服务的无缝对接，提高电子商务服务效率。大力推进江北陆港物流园区、宁波保税区物流园区、宁波栎社保税物流园区、奉化方桥物流园区、梅山保税港区物流园区等园区建设，重点发展现代化智慧物流，打造区域电商仓储物流中心。培育和引进一批效益良好、服务优质、运作高效的快递物流企业，重点引进大型的电子商务物流企业在宁波设立区域物流中心。推进物流大数据应用，完善物流支撑体系。探索与电商巨头、快递领军企业或第三方的合作模式，加快物流末端配送体系创新，完善网购商品投送公共设施和末端物流配送点。

（三）积极发展电子支付

1. 鼓励金融机构建设移动支付平台

全面推广移动支付技术应用，与金融机构积极合作，争取在宁波设立移动支付结算平台。深入整合内容提供商、金融机构和基础电信运营商等资源，积极拓展行业和全国市场，构建移动交易服务平台，探索建立以基础电信运营商和金融机构融合发展为基础、以内容提供商和专业服务商整合创新为主体的移动电子商务全产业链联动发展模式，营造更加开放的异域合作移动电子商务发展环境。探索网银支付认证和电子商务认证相结合的统一认证体系建设，建立安全、快捷、便利的客户身份认证方式。

2. 健全电子支付第三方服务

支持甬易支付、市民卡等已获得第三方支付牌照的企业在依法合规经营的基础上，加快产品和服务创新，积极发展基于声纹、指纹、虹膜、面部识别等技术的移动支付方式,做大做强非金融机构支付服务市场,打造全国领先的第三方支付平台。加快建立由网上支付、移动支付、跨境支付以及其他支付手段构成的综合支付体系。积极引进全国性互联网金融与支付平台企业入驻宁波。鼓励有资质的非金融支付结算组织企业在金融服务领域探索和创新,为企业提供行业性支付解决方案,探索保理业务、权利质押、动产质押等多形式支付结算服务,用信息技术解决贸易行为的资金流瓶颈。

3. 积极开展移动电子商务金融科技服务创新试点

紧抓宁波作为全国首批开展移动电子商务金融科技服务创新试点城市的重大机遇,由人民银行宁波支行组织建设完善移动金融安全可信公共服务平台,为商业银行、电信运营商、支付机构、电子商务企业等各方搭建互信互通的桥梁,提供跨行业、跨区域、跨机构的系统互联、资源共享、数据交换、交易实名等公共基础服务,构建移动电子商务交易可信保障体系。积极应用中国人民银行的支付清算系统、网上支付跨行清算系统,完善宁波同城票据电子交换系统,推动电子商务跨境人民币结算。推广应用具有安全芯片、支持硬件数字证书、采用国家密码管理局规定算法的移动智能终端,保障移动电子商务交易的安全性和真实性,满足大额资金交易的电子商务需求。支持相关企业重点在手机信贷、信用服务、实名认证、在线支付、移动银行等领域,探索创新符合电子商务多元化需求、安全便捷的移动金融服务。探索符合不同应用场景和满足市场不同需求的移动支付技术方案、商业模式和产品形态,推动传统金融服务向移动金融应用拓展。

二、推进电子商务创新发展

(一)大力推进电子商务相关技术创新

积极利用新一代移动通信、物联网、云计算、三网融合、下一代互联网等新型信息技术,推动电子商务技术创新。着力解决制约电子商务发展的关键技术、核心技术、共性技术问题。支持拥有自主知识产权的本土移动电子商务企业不断加强核心技术研发和科技成果转化应用,提升企业核心竞争力。引进一批先进技术和产品与本土企业进行嫁接,增强企业创新应用能力。

(二)推进商务模式创新

引导和鼓励企业加强对运营模式、服务模式、产业链上下游合作模式、网络渠道与实体渠道合作模式等的持续创新,探索网络购物城、线上交易线下体验及提货等模式,提升在快速发展和持续变化的电子商务环境中的产业竞争力和盈利能力。探索电子商务领域商流和资金流的对接,延伸电商平台的金融服务功能,推进电子商务由商品交易向集商品交易、数据分析和金融服务为一体的现代综合经济活动发展。探索易货交易、网络预售等电商新模式。支持电商平台利用大数据技术进行数据挖掘,开展精准营销。加强对平台数据的监测和分析,为政府决策和企业经营提供参考。

（三）创新移动电子商务应用

支持基于新一代信息技术和移动终端运营的社交、商品交易、生活服务、营销推广、娱乐视听、游戏、移动支付等移动电子商务新业态。支持电子商务企业、内容提供商、移动增值服务提供商与电信运营商、移动综合应用平台商之间的合作,拓展移动电子商务市场。加强与微信、微商城、微淘等微平台对接,引进移动电商资源及特色创新项目。鼓励基于微信、微博的电商自媒体人、投融资资讯中介等新媒体落户宁波。支持企业利用微信订阅号和服务号传播企业文化和产品信息,创新微商城、微店、移动支付等专业应用,形成企业自营微平台,拓展推广营销渠道。

三、健全电子商务保障体系

（一）加大要素保障

保障项目用地。对国家、省和市重点电子商务项目和各类电子商务产业基地、电子商务物流基地,优先安排用地指标。鼓励利用存量土地发展电子商务产业,在不改变用地主体、不重新开发建设等前提下,利用工业厂房、仓储用房等存量房产、土地资源兴办电子商务企业、电子商务服务企业和园区。

提高资金保障水平。引导和鼓励金融机构创新推广电子商务发展需要的金融产品和服务,加强对电子商务企业的信贷支持。大力吸引国内外战略投资、风险投资、私募股权投资等机构入驻宁波。充分利用宁波电子商务发展专项资金,重点支持市级电子商务产业园区建设和重点企业培育、电子商务专业人才培训和高端人才（团队）引进、电子商务推广应用、关键技术研发及电子商务模式创新、电子商务示范创建活动。各县（市）区政府要安排相应的专项资金,充分发挥资金的导向作用,切实提升电子商务发展水平。

增强人才保障。建立健全电子商务专业人才培养和引进机制,营造良好的电子商务人才环境。聚合高等院校、培训机构、社会力量和知名企业的优势资源,加强校企合作和需求对接,设置科学合理的专业课程,建立实训基地和开展实务培训,重点培养既精通商务又熟悉信息技术的电子商务专业人才。同时加大对电子商务优秀人才的培养力度,造就一批支撑电子商务发展的核心高端人才。大力引进市外优秀电子商务领军人才、高端运营商和高级职业经理团队，为宁波市电子商务发展提供有力的人才保证和智力支持。经认定的优秀电子商务领军人才，参照相关规定享受经费资助、住房补贴、落户居留、配偶就业、子女就学、医疗保障等优惠政策。

（二）完善信息基础设施保障

加快"光网城市"、"无线城市"、"三网融合"工程建设，构建宽带、泛在、融合、安全的信息化基础设施。推进城区家庭、企业和政府用户光网全覆盖及农村光纤进村，构建以光纤为主的宽带网络体系。以第四代移动通信为主，以第三代移动通信和无线局域网为补充，打造无处不在、安全快捷的高速无线宽带网络。建设公共服务云平台和数据存储灾备基地，为企业提供安全稳定、弹性升级、数据推送、数据集成等云端服务，支持基础电信运营商和云计算服务企业建设大数据服务设施，面向市场和行业开展云计算服务，开发利用电子商务生态圈数据。

（三）健全监督与诚信保障

不断深化网络经营亮照和实名认证，实现网络经营创新监管，建立经营者信用监管档案，完善分类监管制度，建立网上巡查与实地检查相结合的监管机制。建立健全网络信用投诉处理机制、违法失信行为查处机制、交易者黑名单禁入机制，营造良好的网络信用环境。建立健全多部门联动的监管机制，打击依托网络的制售假冒伪劣商品、侵犯知识产权等违法失信行为。

完善诚信认证体系。依托"信用宁波"信息系统，扩大其覆盖范围，把宁波市域内电子商务企业与消费者的信用记录纳入"信用宁波"系统，建立宁波电子商务信用信息数据库及联合征信平台，促进电子商务信用信息与社会其他领域信息的对接和共享，打造涵盖线上线下经营活动的具有公信力的电子商务信用服务平台。支持有条件的第三方机构联合宁波电子商务信用信息数据库及联合征信平台，建立科学的信用评价体系，开展电子商务信用调查、信用认证、信用评估、信用担保等服务，构建集诚信平台、诚信商家、诚信产品和诚信消费者等为一体的电子商务诚信体系。建立电子商务企业联盟，抵制不诚信经营，鼓励企业联合建立电子商务信用风险赔偿机制。鼓励第三方电子商务网上安全认证机构，大力开展网上安全认证技术的开发和应用，提高认证的技术、管理和服务水平。大力推动数字证书、电子印章、电子签名在电商领域的应用，推进跨境数字证书互认。

参考文献

[1] 阿瑟·奥莎利文. 城市经济学. 周京奎,译. 北京:北京大学出版社,2008.

[2] 爱德华·格莱泽. 城市的胜利. 刘润泉,译. 上海:上海社会科学院出版社,2012.

[3] 巴曙松. 服务和促进实体经济转型是下一步中国金融改革的方向. (2012-10-11). http://caijing.chinadaily.com.cn.

[4] 陈玮,应联行."地铁时代"杭州城市商业布局的嬗变与重构. 浙江建筑,2013(2).

[5] 陈元. 新金融发展战略助推上海国际金融中心建设. (2011-07-18). http://www.cf40.org.cn.

[6] 陈忠暖,冯越,江锦. 地铁站点周边的商业集聚及其影响因素. 华南师范大学学报,2013(11).

[7] 董晨甦. 新加坡自由贸易区的发展. 港口经济,2014(2)36—38.

[8] 方创琳,宋吉涛,蔺雪芹. 中国城市群可持续发展理论与实践. 北京:科学出版社,2010.

[9] 方向阳,陈忠暖. 城市地铁站口零售商业集聚类型划分的探讨——以广州为例. 经济地理,2005(7).

[10] 冯云廷,王雅莉,苗丽静. 城市经济学. 大连:东北财经大学出版社,2011.

[11] 郝之颖. 高速铁路站场地区空间规划. 城市交通,2008(9).

[12] 胡敏. 城市地铁建设对沿线商业圈的影响研究. 成都:西南交通大学学位论文,2007.

[13] 黄绍明.小额贷款公司现状、国外经验及发展思路.时代金融,2012(6).

[14] 孔曙东.国外中小企业融资经验及启示.北京:中国金融出版社,2007.

[15] 李敦瑞.中国现代服务业主导产业选择研究——基于产业关联视角.经济问题,2011(11).

[16] 李瑞莎.天津港城互动关系演化路径研究.天津:天津师范大学学位论文,2013.

[17] 李迅雷.新金融发展的趋势与战略.(2012-09-08).http://www.cf40.org.cn.

[18] 栗书茵,康莹.美国区域产业结构调整的投融资支持及启示.北京工商大学学报(社会科学版),2009(3).

[19] 刘通午,周永坤.滨海新区金融业态.北京,中国金融出版社,2014.

[20] 刘艳妮.从我国的金融业态看民营金融控股集团发展模式.广西农村金融研究,2006(3):38—40.

[21] 卢子跃.做大做强城市经济:宁波发展的战略选择.宁波经济(三江论坛),2013(10):3—5.

[22] 陆大道.以全新方式驱动"第四极".湖北日报,2015-04-20.

[23] 宁波市统计局.宁波统计年鉴2013.北京:中国统计出版社,2013.

[24] 上海市城市规划设计研究院综合交通规划分院(综合交通规划研究中心).伦敦港口从航运向金融服务转型.http://mp.weixin.qq.com/s?biz＝MzA4MzkxNjUxNw＝＝&mid＝201502385&idx＝1&sn＝c14523a8faf93f278d230d4d990f1720&scene＝1.

[25] 深圳市统计局.深圳年鉴.http://www.sz.gov.cn/zjsz/sznj.

[26] 藤田昌久,雅克-弗朗科斯·蒂斯.集聚经济学——城市、产业区域与区域增长.刘峰,张雁,陈海威,译.成都:西南财经大学出版社,2004.

[27] 田莉,桑劲,邓文静.转型视角下的伦敦城市发展与城市规划.国际城市规划,2013(6):13—18.

[28] 汪长江,成桂芳,谭卫平,等.港口物流学.杭州:浙江大学出版社,2011.

[29] 王缉宪.解读香港经济的本质:扩展的贸易圈与升级的产业内涵.http://blog.sina.com.cn/s/blog_6ba065170101ebhj.html.

[30] 王辑宪.中国港口城市的互动与发展.南京:东南大学出版社,2010.

[31] 王世巍."交通站场经济"含义初解.南方论丛,2009(4).

[32] 魏敏,李国平.区域主导产业选择方法及其应用研究——一个关于陕西

省主导产业选择的案例.科学学研究,2004(1).

[33] 吴海东.浅析我国中小企业信用担保与银行信贷融资.技术与市场, 2012(4).

[34] 吴军.场景理论与城市发展.中国名城,2013(12).

[35] 吴军.场景理论与城市公共政策.社会科学战线,2014(1).

[36] 吴忠.深圳经济发展报告.北京:社会科学文献出版社,2012.

[37] 武剑.新时期我国商业银行的战略转型.(2012-02-07).http://www. cf40.org.cn.

[38] 肖本华.政府引导下的国际金融中心建设:亚洲金融危机后的新加坡经 验及其对上海的启示.华东经济管理,2011(1).

[39] 肖林.上海迈向全球城市的战略路径.全球化,2013(2):96—128.

[40] 肖林.我们的上海、中国的上海、世界的上海——关于面向未来30年上 海发展战略的思考.科学发展,2015(1):5—9.

[41] 谢平,邹传伟.互联网金融模式研究.金融研究,2012(12).

[42] 熊广勤.战略性新兴产业发展的金融支持国际比较研究.现代管理科 学,2012(1).

[43] 许继琴.宁波港航物流服务体系研究.杭州:浙江大学出版社,2012.

[44] 许继琴.产业集群与区域创新系统.北京:经济科学出版社,2006.

[45] 许圣道,张康健.城市经济转型期伦敦创意产业的发展及启示.商丘师 范学院学报,2012(1):30—33.

[46] 许学强,周一星,宁越敏.城市地理学.北京:高等教育出版社,2009.

[47] 许志桦,潘裕娟,曹小曙.香港港口与城市发展.城市观察,2012(1): 59—67.

[48] 阎庆民.加快新金融业态创新发展,助推上海两个中心建设.(2012-12- 31).http://www.cf40.org.cn.

[49] 杨永春,冷炳荣,潭一洺,等.世界城市网络研究理论与方法及其对城 市体系研究的启示.地理研究,2011(6):1009—1020.

[50] 俞海山.发挥产业集聚效应增强宁波城市经济的辐射功能.宁波日报, 2013-08-13(A07).

[51] 曾刚,倪外.新中国成立以来上海城市经济发展研究.经济地理,2009 (11):1777—1782.

[52] 张红利.地铁交通的社会经济效应及其对城市商业格局的影响.贵州社 会科学,2012(10).

[53] 左学金,陆沪根. 上海浦东经济发展报告. 北京:社会科学文献出版社,2012.

[54] Friedman J. The World City Hypothesis. Development and Change, 1986, 17(1):69-83.

[55]Hall P. The World Cities. London:Heinemann,1966.

[56] Jacobs J. The Economy of Cities. New York:Vintage Books,1969.

[57] Sassen S. The Global City. Princeton:Princeton University Press,1991.

索　引

后　记

本书为宁波市社科院研究基地"宁波市区域经济研究基地"的最终研究成果之一。宁波市区域经济研究基地以宁波市经济社会发展中的区域经济问题为研究对象,以宁波大学商学院应用经济学学科团队为主要研究力量,致力于服务地方经济发展。

宁波市区域经济研究基地首席专家、宁波大学商学院许继琴教授负责书稿框架的拟定、初稿修改及全书的统稿审定。各章撰写人为:第一章,陈博、许继琴;第二章,董永虹、王小西;第三章,陈钧浩;第四章,杨丹萍、张杰、林琼;第五章,阎永哲;第六章,贺翔;第七章,王启仿;第八章,刘尚海。

书稿撰写过程中,宁波市社科院林崇建副院长、宁波市政府发展研究中心沈小贤副主任、宁波市社科院经济所宋炳林副所长、宁波市社科院科研管理处吴伟强副处长对本书的写作提纲、初稿提出了宝贵的修改意见;宁波市社科院副巡视员、科研管理处俞建文处长给予了本书经常性的帮助和指导;宁波大学人文社科处张真柱处长给予了大力支持,在此一并向他们表示感谢。限于时间和水平,本书难免有不当和疏漏之处,恳请读者批评指正。

作　者

2015 年 8 月

图书在版编目(CIP)数据

　　基于产业视角的宁波城市经济研究 / 许继琴等著.
—杭州：浙江大学出版社,2015.12
　　ISBN 978-7-308-15194-8

　　Ⅰ.①基…　Ⅱ.①许…　Ⅲ.①城市经济－经济发展－
研究－宁波市　Ⅳ.①F299.275.53

　　中国版本图书馆 CIP 数据核字(2015)第 234068 号

基于产业视角的宁波城市经济研究

许继琴　等著

责任编辑	田　华
责任校对	杨利军　於国娟
封面设计	春天书装
出版发行	浙江大学出版社
	(杭州市天目山路 148 号　邮政编码 310007)
	(网址:http://www.zjupress.com)
排　　版	浙江时代出版服务有限公司
印　　刷	浙江省良渚印刷厂
开　　本	710mm×1000mm　1/16
印　　张	14.25
字　　数	250 千
版 印 次	2015 年 12 月第 1 版　2015 年 12 月第 1 次印刷
书　　号	ISBN 978-7-308-15194-8
定　　价	45.00 元